잠언속의 보화캐기
(153개의 지혜보화)

잠언 속의 보화캐기

· 초판 1쇄 발행 2011년 12월 20일

· 지은이 김주한
· 펴낸이 민상기 · 편집장 이숙희 · 펴낸곳 도서출판 드림북

· 등록번호 제 65 호 · 등록일자 2002. 11. 25.
· 서울 중구 충무로3가 25-17 더우빌딩 3층
· Tel (031)829-7722, 070-8882-4445 Fax(02)2272-7809
· 필름출력 주신그래픽스 · 인쇄 영진문원 · 제책 동신제책사
· 총판 : 하늘유통(031-947-7777)

· 책번호 49 · ISBN 978-89-92143-39-4 03230
· 잘못된 책은 교환해 드립니다.
· 이 출판물은 저작권법에 의해 보호를 받는 저작물이므로 무단 복제할 수 없습니다.
· 독자의 의견을 기다립니다.
· www.dreambook21.co.kr

153
가정 예배서

잠언 속의
보화캐기

|김주한 지음 정일웅 교수(총신대 총장) 추천|

드림북

|추천사|

'잠언 속의 보화캐기' 를 추천합니다

    김주한 목사님의 '잠언 속의 보화캐기' 발간을 진심으로 축하드립니다. '잠언' 은 예수님께서 말씀하신 '밭에 감추어진 보화' 에 비유할 수 있는 성경입니다. 잠언은 우리 삶에 풍성한 지혜를 줄 뿐 아니라, 하나님을 믿는 것이 얼마나 큰 축복인지를 알려주는 성경입니다. 유대인들은 어릴 때 부터 탈무드와 더불어 잠언을 암송하면서 삶의 지혜를 배운다고 합니다.

    그러나 우리 한국교회 성도들이 잠언을 읽을 때에 어려움이 많다는 이야기를 듣게 됩니다. 왜냐하면, 잠언에 나오는 히브리식 사고나 잠언이 기록될 당시의 역사적, 문화적 배경을 이해하지 못하면 잠언의 깊은 의미를 이해하기가 어렵기 때문입니다.

    이런 현실에 안타까워하던 차에, 본인의 제자인 김주한 목사님께서 잠언서로 만든 153편의 가정예배서를 발간한다는 소식을 듣게 되었습니다. 본서의 초고를 읽으며 내심 얼마나 기뻤는지 모릅니다. 무엇보다 잠언서의 깊은 의미를 현대적인 적용을 통해 쉽게 풀어냈기 때문입니다. 예컨대 네비게이션이라는 주제를 통해 잠언서 5장의 하나님의 훈계와 인도하심을 풀어냅니다. 잠언서를 이렇게 쉽고 재미있게 풀어낼 수 있나 싶을 정도였습니다.

그래서 저는 성도들이 1주일에 3회씩 이 책을 가지고 가정예배를 드린다면, 1년만에 잠언서의 보화와 같은 하나님의 지혜를 경험할 수 있다고 생각하여 본서를 여러분에게 추천합니다. 사실, 개인적으로 한국교회가 Q.T는 강조하면서 가정예배를 소홀히 한다는 아쉬움이 있었습니다. 그런 점에서 본서의 발행을 통해 가정예배가 더 활성화 되기를 바랍니다. 온 가족이 하나님의 말씀으로 하나가 될 때에 한국교회의 기초가 더욱 튼튼해 질 것이기 때문입니다.

마지막으로, 김주한 목사님이 담임하시는 의정부 한지붕교회에 놀라운 부흥이 있기를 기원합니다. 또한, 한지붕교회 성도 여러분의 가정과 김주한 목사님의 사역 위에 하나님께서 놀라운 은혜를 베푸시기를 바랍니다. 감사합니다.

2011년 11월
총신대학교 총장 정 일 웅 교수

저자 서문

많은 크리스천들이 지혜의 책인 잠언서를 통해 매일 묵상과 가정예배를 드리는 것으로 알고 있습니다. 특별히 31장으로 되어있는 책의 구조상 매월 그 날에 해당하는 장을 읽고 묵상하며 은혜 받는 크리스천이 많이 있습니다. 그럼에도 불구하고 상대적으로 시중에 잠언서를 다루고 있는 주해집이나 예배집은 매우 드문 것이 현실입니다.

본 예배서는 쉽고 짧으면서도 명쾌하게 잠언의 말씀을 모든 가정 구성원들이 오늘의 메시지로 받을 수 있도록 가정 예배용 책자로 꾸몄습니다. 기존의 잠언 본문만 있는 가정예배를 쉬운 해석과 적용을 통해 3,000년 전의 잠언을 오늘의 시대에 맞는 지혜의 글로 재해석 해 놓았고, 시사성이 없음으로 모든 세대에 걸쳐서 읽혀질 수 있도록 했습니다.

153일 동안 순차적으로 드리는 잠언 묵상과 예배를 통해 잠언 전체를 통독하면서 하나님이 잠언 속에 감추어 두신 지혜와 보화를 캐어내는 은혜가 있을 줄을 믿습니다.

특별히 153일로 구성한 이유는 요한복음 21장에서 베드로가 예수님을 부인하고 절망 중에 디베랴에서 물고기잡고 있을 때 부활하신 주님을 뵙고 153마리의 물고기를 건져 올려 주님께 드렸듯이, 매일의 잠언묵상을 통해서 인생의 방황 중에 있는 성도들이 지혜와 모략을 발견하고 153

가지에 이르는 삶의 보배를 성도들 개인과 가정이라는 배안에 가득 건져 올리기를 바라는 마음에서입니다.

  흔쾌히 추천서를 써 주신 총신대학교 정일웅 총장님께 감사를 드립니다. 또한 어려운 출판현실에서도 본서를 출판해 주신 드림북출판사의 민상기 사장님께도 감사를 드립니다.

  베드로의 배에 만선의 기쁨이 가득했던 것처럼 성도들 인생의 배에 건져올린 153개의 지혜보화가 가득하길 소망합니다.

2011년 11월
저자 김주한 드림

차 례

1. 가정 예배 / 14
2. 하나님 경외하기 / 16
3. 돌이켜 회개하는 자 / 18
4. 헛배가 부를 때 / 20
5. 구원에 이르는 지혜 / 22
6. 예수 목걸이 / 24
7. 범사에 하나님 인정하기 / 26
8. 청지기 인생 / 28
9. 징계 / 30
10. 저절로 도는 별 / 32
11. 구약의 지혜=신약의 예수 / 34
12. 하나님의 지혜 / 36
13. 마음 지키기 / 38
14. 몸 지키기 / 40
15. 네비게이션 / 42
16. 인생의 키 / 44
17. 보증에 대하여 / 46
18. 스승 개미 / 48
19. 삐뚤어진 것 / 50
20. 이쁨 받기 / 52
21. 또 다른 눈 / 54

22. 피해가기 / 56

23. 생명의 방 사망의 방 / 58

24. 외치는 소리 / 60

25. 나를 간절히 찾는 자 / 62

26. 문제의 답 = 예수 그리스도 / 64

27. 창조자 = 예수 그리스도 / 66

28. 완전한 자기부인 / 68

29. 징계는 사랑하는 자에게 / 70

30. 나머지 부분 / 72

31. 예수대로 / 74

32. 정직과 근면 / 76

33. 의인의 입은 생명샘 / 78

34. 사랑은~ / 80

35. 드러내는 사탄 / 82

36. 믿는자의 재물관 / 84

37. 말 많은 자의 허물 / 86

38. 하늘에 속한 사람 / 88

39. 두려움과 소원 / 90

40. 말은 먹는 것입니다 / 92

41. 공평한 추 / 94

42. 흥망성쇠가 입에 달렸습니다 / 96

43. 한담하는 말 / 98

44. 절제 / 100

45. 부하게 하시는 하나님 방법 / 102

46. 사람을 얻읍시다 / 104

47. 훈계를 받읍시다 / 106

48. 면류관을 씌웁시다 / 108

49. 면류관을 씌우는 인생 / 110
50. 비교하지 맙시다 / 112
51. 짧은 뿌리 깊은 뿌리 / 114
52. 입술의 열매로 삽시다 / 116
53. 지혜로운 자의 혀는 양약이니라 / 118
54. 그냥 하나님 말씀대로 삽시다 / 120
55. 게으름은 큰 병입니다 / 122
56. 생명샘에서 생명나무 실과를 먹고 삽시다 / 124
57. 염전 / 126
58. 같이 있으면 닮습니다 / 128
59. 초달은 사랑입니다 / 130
60. 입술을 지킵시다 / 132
61. 조금 불편해도 큰 것을 얻읍시다 / 134
62. 죄를 심상히 여기는 자 / 136
63. 웃을 때에도 마음에 근심이 있습니다 / 138
64. 스스로를 믿는 자 / 140
65. 부자와 가난한 자 / 142
66. 견고한 의뢰 / 144
67. 노하기를 더디하는 것 / 146
68. 유순한 대답이 불끄는 물이네요 / 148
69. 미리 말씀 드리고 삽시다 / 150
70. 사람의 마음이 날을 결정합니다 / 152
71. 마음 편한 것이 우선입니다 / 154
72. 감동 시키는 말 / 156
73. 관점1 / 158
74. 관점2 / 160
75. 관점3 / 162

76. 경영 / 164

77. 악인도 악한 날에 / 166

78. 교만 / 168

79. 예쁜 짓 / 170

80. 길과 걸음 / 172

81. 기준예수 / 174

82. 즐거움을 주는 말 / 176

83. 사망의 길 / 178

84. 화와 분은 다스려야 합니다 / 180

85. 일의 작정 / 182

86. 가정화목 / 184

87. 연단 / 186

88. 천하명의 / 188

89. 하나님 특별관리 구역 / 190

90. 하나님 일반관리 구역 / 192

91. 사랑하기 / 194

92. 다툼을 좋아하는 자 / 196

93. 시비 / 198

94. 어디서 지혜를 얻을 수 있습니까 / 200

95. 네 부모를 공경하라 / 202

96. 땅 끝을 보지 맙시다 / 204

97. 말을 아끼는 자 / 206

98. 듣는 기도 / 208

99. 별식 : 남의 말 / 210

100. 병을 이기는 힘 / 212

101. 혀의 권세 / 214

102. 복 있는 남자 / 216

103. 생각 없는 자 / 218

104. 여호와의 뜻 / 220

105. 다투는 여인 / 222

106. 게으름의 공통점 3가지 / 224

107. 거만과 어리석음 / 226

108. 술에 대하여 / 228

109. 모략 길어내기 / 230

110. 듣는 귀와 보는 눈 / 232

111. 태도의 중요성 / 234

112. 입술이 귀한 보배 / 236

113. 속히 잡은 산업1 / 238

114. 속히 잡은 산업2 / 240

115. 믿음은 기다림입니다 / 242

116. 여호와의 등불 / 244

117. 물길을 보지 말고 삽을 드신 분을 믿읍시다 / 246

118. 눈이 높은 것 / 248

119. 말 밭이 있습니다 / 250

120. 이김은 여호와께 / 252

121. 내 것으로 만들기 / 254

122. 덕을 세우는 인생 / 256

123. 규모 있는 인생 / 258

124. 날개달린 재물 / 260

125. 쉼 속으로 / 262

126. 하나님 없는 인생 / 264

127. 내 마음을 내게 주며 / 266

128. 악인의 형통 / 268

129. 원수가 넘어질 때에 / 270

130. 행한 대로 갚겠다 하지 말며 / 272
131. 좀~더 / 274
132. 은밀한 일 / 276
133. 얼음 냉수 / 278
134. 좋은 것도 적당히 / 280
135. 좋은 기별 / 282
136. 미련한 자 / 284
137. 어처구니 없는 일 / 286
138. 궤휼 / 288
139. 내일 일을 자랑하지 말라 / 290
140. 숨은 사랑보다 나은 면책 / 292
141. 우리는 서로의 거울입니다 / 294
142. 칭찬으로 사랑을 / 296
143. 의인은 사자 같이 담대합니다 / 298
144. 착하고 능력 있는 사람 / 300
145. 성실 / 302
146. 묵시가 없으면 방자히 행하거니와 / 304
147. 주권자이신 하나님을 의지하라 / 306
148. 이단 구별하기 / 308
149. 두 가지 소원 / 310
150. 패역한 세대 / 312
151. 부족함을 안다는 것 / 314
152. 사랑하는 어머니가 사랑하는 아들에게 / 316
153. 현숙한 여인 / 318

가정예배

개회 : 사도신경 / 찬송 305장 / 성경 잠1:1:~6

가정창조

오늘부터 지혜의 글인 잠언을 가지고 가정예배 시간을 갖기를 권합니다.

하나님이 태초에 아담을 창조하셨습니다. 그러나 그보다 정확한 표현은 가정을 창조하셨다고 해야 합니다. 아담을 만드신 후 아담의 갈비뼈로 하와도 만드셨으니까요! 가정은 사회의 기초이기도 하지만 그보다 앞서서 하나님의 창조원리의 기초이기도 합니다. 하나님은 아담 가정을 세우셨지만 그들은 사탄에게 져서 실패했습니다. 그래서 하나님은 두 번째 아담인 예수를 통하여 사탄을 이기게 하셨습니다. 예수님의 십자가 죽음과 사망권세 이기신 부활을 통하여 사탄을 굴복시키셨습니다.

혼인잔시

그래서 예수 믿는 사람은 이 세상을 살아가는 동안 예수를 신랑으로 삼고 예수와 결혼할 날만 기다리고 사는 사람들입니다. 교회의 성도들이 예수와 결혼하는 어린양의 혼인잔치는 예수님이 이 땅에 다시 오시는 재림의 날이며 세상의 종말이기도 합니다. 그러니까 성경은 가정 창조에서 시작해서 예수님으로 인해 참된 하나님가정이 만들어지는 것으로 끝맺고 있습니다.

세상이 가정으로 시작해서 가정으로 끝납니다. 그것이 성경입니다. 하나님은 한 개인을 보신다기보다 한 가정을 보십니다. 이것이 하나님의 시각입니다. 개인은 안 보고 가정만 보신다는 말이 아니라 가정을 단위로 내려다 보시고 가정단위로 복을 주시는 것을 기뻐하십니다. 그것을 좋아 하십니다. 건강한 사회와 교회가 되기 위해서 우리가 이렇게 저렇게 노력한다고 하지만 우리의 모든 각 가정이 건강하면 됩니다. 우리가 하나님을 아버지로 모시고 한지붕 아래서 그분의 지도와 통제아래 살면 됩니다. 가정예배는 우리 집의 주인이 하나님이시라는 것을 확인시켜 드리는 일입니다.

보배 건지기

물론 모든 식구가 예수 믿지 않는 가정이 있습니다. 그러나 혼자라도 식순에 따라서 찬송하고 기도하고 말씀을 보시기 바랍니다. 기쁘게 찬송하고 기도할 때 하나님의 영이 그 가운데 함께 하실 줄로 믿습니다. 하나님께서 잠언에 담아두신 지혜를 통해서 보배와도 같은 깨달음과 영적인 지식을 우리 가정에 더해 줄 것입니다. 오늘 잠언이 처음 시작되는 본문의 말씀처럼 어리석은 자는 슬기롭게 되며, 젊은자에게는 지식과 근신을 주고, 지혜있는 자는 그 학식이 더할 것이요, 명철한 자는 모략을 건져 올리는 역사가 있을 줄 믿습니다.

기도 : 사랑하는 하나님 아버지! 우리의 가정이 예수를 신랑삼고 우리 주님 세상에 다시 오시기 까지 주의 보내신 성령의 인도하심 가운데 살아가는 가정이 되길 원합니다! 잠언 가정예배와 큐티를 통하여 하나님께서 이 땅에 두신 지혜를 깨닫게 하옵소서!

폐회 : 주기도문

2 하나님 경외하기

개회 : 사도신경 / 찬송 410장 / 성경 잠1:7~9

우리는 어디서

참된 지식은 내가 어디서 왔는지를 알면서부터 시작됩니다. 물론 우리는 부모님에게서 왔고 조상에게서 왔습니다. 그러나 우리를 지으신 분은 따로 계십니다. 부모님은 우리를 낳으셨지만 그 위에 생명을 부여하신 분은 하나님이십니다. 아기가 엄마뱃속에서 생겨날 때 엄마가 아침마다 아기에게 '어제는 심장이 생겼으니 오늘은 팔다리가 나와야 한다' 라고 말하지 않았습니다. 부모는 생명이 만들어지는 과정에 참여하지 못하고 할 수도 없습니다. 그저 내 몸을 빌려 만들어 놓으신 작품만 보고 감상할 뿐입니다. 그리고 하나님 솜씨에 감탄합니다. 그걸 자기 솜씨라고 말하고 자기 작품이라고 말하면 너무나 어리석은 사람입니다.

오직 필연만이

사람들은 생명탄생이 자연의 법칙과 질서에 의해서 우연히 만들어졌다고 합니다. 그러나 생명이란 말에 우연은 없습니다. 오직 필연만 있습니다. 내가 여차저차해서 우연히 여기 생겨났다면 그 말을 누가 믿겠습니까? 필연이 곧 하나님이십니다. 생명은 생명과학을 연구하는 과학자들의 머리에서 나오는 것이 아닙니다. 생명의 창조자이신 하나님에게서 나오는 것입니다.

또한 생명은 사람들에게 놀라움과 신비와 경외감을 줍니다. 오늘 본문에서도 경외라는 말이 나옵니다. 경외라는 말은 '두려워서 떤다' 라는 말입니다. 하나님을 두려워할 줄 알고 사는 사람은 참으로 큰 지식을 가지고 사는 사람입니다. 이것이 모든 지식의 기초가 되고 지혜의 뿌리가 됩니다. 어딜 가나 하나님이 내려다 보고 계심으로 함부로 살지 않습니다. 힘들어도 하나님이 붙들어 주실 것을 믿습니다.

하나님이 없다고 해야

그러나 하나님이 없다고 하는 사람은 사실 하나님이 없어서 없다고 말하는 것이 아니라 하나님이 없다고 해야 내 맘대로 살 수 있기 때문에 없다고 하는 것입니다. 본문 8절 처럼 하나님의 지혜를 멸시합니다. 훈계를 멀리합니다. 그러나 인생이 언제나 내 맘대로, 내 생각대로, 내 식대로 되지 않습니다. 내 맘대로 내 식대로의 속에는 결코 내가 진정 원하는 만족과 행복이 그 안에 있지 않습니다. 어린아이라면 부모 그늘 아래 있고서야 참된 행복이 있는 것처럼, 하나님이 지으신 인생 또한 하나님을 두려워하며 섬길 때에 하나님 주시는 안식과 평안이 그 안에 가득하게 되는 것입니다.

우리가족 모두는 오늘 9절의 말씀처럼 하나님의 법을 떠나지 않는 것으로 머리에 면류관을 쓰고, 하나님을 경외하는 것으로 목에는 금사슬을 두르고 살아가는 은혜가 있기를 바랍니다.

기도 : 거룩하신 하나님 아버지! 참된 지식은 하나님 경외 하는 것에서 나온 다는 것을 잊지 않고 사는 하루가 되게하여 주시옵소서! 예수님 이름으로 기도합니다! 아멘!

폐회 / 주기도문

돌이켜 회개하는 자

개회 : 사도신경 / 찬송 444장 / 성경 잠1:20~30

누가 부르네요

오늘 본문에 보면 지혜가 누군가를 부르고 있습니다. 마치 사람처럼 지혜가 길거리와 성중 높은 곳에 서서 큰 소리를 지르고 있습니다. "너희 어리석은 자들은 어리석음을 좋아하며 거만한 자들은 거만을 기뻐하며 미련한 자들은 지식을 미워하니 어느 때까지 하겠느냐"고 소리치고 있습니다. 지혜가 지금 굉장히 안타까워하고 있습니다.

잠언에서 지혜는 인격화된 주님의 영이십니다. 구약의 지혜를 신약으로 그대로 가지고 오면 하나님의 성령이 되십니다. 주님의 영이 지금 탄식하고 있습니다. 하나님의 지식을 받지 않고 싫어하기를 도대체 언제까지 하겠느냐고 소리를 높이고 계십니다.

돌이키는 자

구약에 기록된 하나님의 율법은 십계명으로 요약되고 그것을 펼치면 613개의 개별 율법이 되며, 그것은 248개의 '하라!' 와 365개의 '하지 말라!' 로 구분되어 있는데 사람의 마음은 청개구리 같아서 '하지 말라!' 는 것은 하고 싶고, 반대로 '하라!' 고 하는 것은 하고 싶지 않은 것이 죄된 성향을 지닌 우리 사람들의 마음입니다.

그러나 23절의 말씀처럼 하나님의 말씀을 듣고 그 죄된 성향을 돌이키는 자는 하나님께서 당신의 신을 그에게 부어 주신다고 하십니다. 성령을 받는 길은 회개를 통해서 입니다. 하나님의 영은 돌이켜 회개하는 영혼을 가까이 하십니다.

두려운 날

　우리에게는 맑은 날만 있지 않습니다. 구름끼고 흐린 날도 있습니다. 그냥 흐린 정도가 아니라 번개와 천둥이 치는 날도 있을 것입니다. 25~26절에서 주님은 우리에게 말씀하십니다. 우리가 주의 교훈과 책망을 계속해서 멀리하고 죄를 돌이키지 아니하면 우리가 재앙을 만날 때에 즉 두려운 날이 임할 때에 주님께서 웃으신 답니다.

　지혜로운 자는 흐린 날을 대비하는 사람입니다. 대표적인 흐린 날은 세상 마지막에 있을 심판의 날입니다. 하나님의 진노가 불같이 쏟아지는 날입니다.

　33절의 말씀처럼 "오직 내 말을 듣는 자는 평안히 살며 재앙의 두려움이 없이 안전하리라."하신 말씀이 우리가 이 세상을 살아갈 때와 우리 주님 다시 오실 때에 우리 가정에 이루어지길 소원합니다.

　기도 : 하나님 아버지! 우리 인생 속에서 주님이 말씀하시는 소리를 듣게 하시고, 온전히 말씀 가운데 순종하며 살아갈 때에 주님 지켜주시는 복을 받게 하여 주시옵소서! 예수님 이름으로 기도합니다! 아멘!

　폐회 / 주기도문

헛배가 부를 때

사도신경 / 찬송 195장 / 성경 잠1:29~33

하나님을 알만한 것

성경은 오늘도 계속해서 하나님 지식을 갖지 않는 자를 향하여 어리석다고 말하고 있습니다. 그런데 재미있는 것은 사람들이 하나님 존재를 부인하는 것은 아닙니다. 오늘 29~30절 말씀처럼 그들은 하나님의 그 말씀을 싫어하고, 미워함으로 업신여긴 것입니다.

사람 마음에는 하나님을 알만한 것을 두셨다고 로마서에서 기록하고 있습니다. 우리가 하나님을 생각한다는 것 자체가 곧 그의 존재를 증명하는 것입니다. 여기서 벗어날 수는 없습니다. 사람들은 하나님의 훈계를 멀리하고 책망을 싫어한 대신에 모두 자기 나름대로 여기에 기쁨이 있고 행복이 있을 거라 생각하며 자신의 길을 갔습니다. 그리고 31절 처럼 '자기행위의 열매를 먹고 자기 꾀에 배불렀습니다.' 그런데 배가 부르기는 불렀는데 헛배가 불렀습니다.

헛배의 경험

혹시 헛배가 부른 경험이 있으십니까? 뭘 먹긴 먹었는데 영 다시 먹어야 할 것 같은 느낌 말입니다. 저는 개인적으로 양식을 먹고 나면 이런 기분을 느낍니다. 분명히 배가 부르긴 부른 것 같은데 영 느끼하고 이상합니다. 그래서 다시 밥을 찾아 먹습니다. 영적으로도 헛배가 부를 때가 있습니다. 몸으로는 열심히 일해서 돈도 벌어보고 머리로는 많은 꾀(지식)를 내서 사회적 지위도 얻고 명예도 얻었는데 영 이상 합니다! 배가 부르긴 부르기는 한데 영 이게 아닌 것 같습니다. 그 까닭은 우리는 영적인 존재이기 때문에 하나님 아니고서는 세상에 그 무엇으로도 채워지지 않는 부분이 있기 때문입니다.

밥 찾아 먹기

헛배 찬 것을 빨리 느껴야 합니다. 그 느끼한 기분을 빨리 감지해야 합니다. 그것이 진짜 배부른 것인 줄 알고 넋 놓고 있으면 그것이 우리를 죽입니다. 가스가 올라와서 터트리고 맙니다.

32절을 보시기 바랍니다. "어리석은 자의 퇴보는 자기를 죽이며 미련한 자의 안일은 자기를 멸망시키려니와"라고 합니다. 하나님 말씀 먹지 않고 엉뚱한 것만 먹으면 헛배가 부릅니다. 또 그것을 느끼지 못하고 안일하게 살면 곧 멸망이 찾아온다는 것입니다. 공동번역 성경이 이 32절 부분을 쉽게 의역해 놓았습니다. "어리석은 자들은 나에게 등을 돌렸다가 자멸하고 미련한 자들은 마음을 놓고 있다가 나둥그러진다."

한국 사람들이 양식을 먹어도 밥을 먹어줘야 하는 것처럼 하나님나라 사람들은 세상 음식 먹어도 반드시 하나님 말씀을 먹고서야 힘내서 사는 사람들인 줄로 믿습니다.

기도 : 사랑하는 하나님 아버지! 자기 꾀에 헛배 부른 자가 되게 하지 마시고 오직 하나님 주시는 말씀을 받아먹고 사는 자녀들이 되게 하여 주시옵소서! 예수님 이름으로 기도합니다! 아멘

폐회 : 주기도문

구원에 이르는 지혜

5

개회 : 사도신경 / 찬송 327장 / 성경 잠2:1~8

침노하는 자

오늘 본문은 지난번과는 반대가 되었습니다. 지혜가 사람을 부르는 것이 아니라 사람이 지혜를 부르고 있습니다. 사람이 지혜를 향해 비로소 귀를 열고 명철을 얻으려고 소리를 높이고 있습니다. 보배를 찾는 것 같이 간절히 구하고 있습니다. 지혜는 그것을 얻고자 하는 자의 마음이 먼저입니다. 아무리 지혜가 길거리에서 소리친다고 해도 지혜의 가치를 모르는 자에게는 길거리에서 발에 채이는 돌과 다를 것이 없습니다.

구원, 천국, 지혜는 성경적으로 다 같은 의미입니다. 구원을 얻는 길이 지혜고 구원의 결과가 천국입니다. 이것들은 모두 사모하는 자의 것입니다. 간절히 구하는 자의 것이고 찾는 자의 것이며 두드리는 자의 것입니다. 주님 말씀처럼 천국은 침노하는 자의 것입니다. '침노한다' 는 것은 그것을 차지하려 하는 자의 간절한 마음을 말합니다.

사람의 지혜와 하나님의 지혜

구원을 주든지 십원(?)을 주든지 별 관심이 없고 아무 느낌이 없는 자를 가리켜 성경은 어리석고 미련한 자라고 말하고 있습니다. 왜 아무 느낌이 없습니까? 그것이 당장 돈 되는 지혜가 아니기 때문입니다. 내 욕심을 이루어주는 지혜가 아니기 때문입니다. 그러니까 성경은 지혜를 가리켜 말하기를 우리가 생각하는 지식의 종합판단 능력이나 무슨 처세술 같은 것을 지혜라고 하지 않고 하나님 경외하는 것을 지혜라고 말하고 있습니다. 사람이 생각하는 지혜와 하나님이 말씀하시는 지혜의 정의가 이렇게 다릅니다.

지혜를 캤더니 경외가 나왔네요

오늘 4~5절의 말씀을 보시기 바랍니다. 4절에서 지혜를 구할 때에 은을 구하는 것 같이, 보배를 구하는 것 같이 찾았더니 뭐가 발견 되냐면 지혜가 아니라 5절에서 난데없이 "여호와 경외하기를 깨달으며 하나님을 알게 된다"고 말씀하고 있습니다. 즉 하나님을 경외하는 것이 성경이 말하는 진짜 지혜가 됩니다. 하나님 경외하는 것을 깨닫게 되고 그것을 배우고 터득함으로 7절의 말씀처럼 그는 완전한 지혜를 얻게 됩니다. 이어서 10절의 말씀으로 가면 그 지혜는 인격이 되어 우리 마음에 들어오시며 우리를 즐겁게 합니다. 또한 어려움 가운데 처한 인생길에서 우리를 구원하며 천국 문 앞에서도 역시 우리를 구원하여 맞이 해 드릴 것입니다. 마치 보화를 찾는 것처럼 찾았던 지혜는 결국 우리 주님 예수 그리스도이신 것을 믿습니다.

기도 : 하나님 아버지! 우리가 하나님 아버지를 두렵고 떨림으로 섬기는 것을 통해 참된 지혜를 얻게 하시고, 그 지혜가 우리 주님 예수님이신 것을 알게 하시고, 예수님의 도움과 인도하심을 평생 받고 사는 우리 모두가 되게 하여 주시옵소서! 예수님 이름으로 기도합니다! 아멘

폐회 / 주기도문

예수 목걸이

개회 : 사도신경 / 찬송 442장 / 성경 잠3:1~4

아버지의 유언

오늘 본문은 사랑하는 아버지가 사랑하는 아들을 향하여 유언처럼 말하고 있는 본문입니다. 사람은 죽을 때에 마지막 말을 남깁니다. 그 때의 말은 아무 말이나 할 수 없습니다. 가뜩이나 기운이 없는데 긴말을 할 수도 없고 짧은 말로 그가 평생에 터득한 진리를 말해야 합니다.

어떤 사람이 평생을 알코올 중독자로 살다가 임종시에 자식들을 불러 모으고 '술 먹지 말라!' 한 마디하고 죽었다고 합니다. 적어도 그 사람에게 있어서 그 말은 일생이라는 시간을 투자해서 얻은 진리입니다.

그러나 자식들은 그 말을 우습게 여겼습니다. 어느 때 목사님이 그 자녀를 만났는데 그 아버지 하던 것과 똑같이 술독에 빠져 있더랍니다. 그래서 '왜 아버지 유언을 안 지키냐!'고 하니까 '그 아버지의 그 아들이지 별 수 있겠습니까!' 하더랍니다. 망조가 든 집안입니다.

길조가 들어야지 망조가 들어서야 되겠습니까! 길조가 든 집안은 부모님의 말씀이 아무리 단순하고 평범한 말이라 할지라도 그 말을 잊지 않습니다. 지키기 위해 몸부림을 칩니다.

마음판에 새기라

오늘 3절 말씀에 나온 아버지는 아들에게 인자(仁慈)와 진리로 목걸이를 삼아서 목에 걸고 다니라고 합니다. 처음에 1절에서는 그냥 주의 법을 잊지 말고 마음으로 지키라고 하다가 아무래도 이게 약하거든요. 그래서 목에 목걸이처럼 달고 다니라고 하고 그것도 안 되겠다 싶으니까 아예 마음판에 새기라고 하십니다.

사람은 어리석어서 먼곳에 진리가 있는 줄 압니다. 그러나 진리는 단순하고 평범하며 우리 가까이에 있습니다. 사람들은 주님이 "내가 곧 길이요 진리요 생명이다"라고 말씀하신 주님의 말씀을 지나칩니다. 간과합니다. 무시합니다. 어디 복잡한 이론 속에 진리가 있는 줄 압니다.

그러나 그렇지 않습니다. 진리는 하나님의 아들 예수께서 진리입니다.

은혜와 진리

오늘 본문 3절에 기록된 대로 우리가 생명처럼 목에 메고 마음판에 새겨야 할 '인자'와 '진리'는 신약의 말씀대로 하면 곧 예수 그리스도이십니다. 신약의 요한복음에 보면 "말씀이 육신이 되어 우리 가운데 거하시매 우리가 그 영광을 보매 아버지의 독생자의 영광이요 '은혜'와 '진리'가 충만하더라" 했습니다. 여기서 '은혜'와 '진리' 이신 주님이 곧 오늘 본문에 나온 '인자'와 '진리' 입니다. 원어상 같은 말입니다. 우리가 목에 걸어야 하는 '인자'와 '진리' 목걸이는 장신구 목걸이가 아니라 곧 예수 그리스도 목걸이를 말합니다.

살아계신 예수 그리스도의 말씀이 내 생명처럼 목에 걸려있고 내 마음판에 새겨져 있는 우리 가족이 되시길 바랍니다. 그러면 오늘 4절 말씀처럼 우리가족 모두를 저 세상 사람들 앞에서 그리고 무엇보다 하나님 앞에 은총과 귀중히 여김을 받게 하실 것입니다. 할렐루야!

기도 : 사랑의 주님! 부활하셔서 지금도 생명의 말씀으로 우리와 함께 하시는 주님과 항상 동행하며 사는 오늘이 되게하여 주시옵소서! 예수님 이름으로 기도합니다! 아멘

폐회 / 주기도문

범사에 하나님 인정하기

개회 : 사도신경 / 찬송 478장 / 성경 잠3:5~8

어리석은 지식

오늘 말씀은 너무도 유명한 잠언의 말씀입니다. "너는 마음을 다하여 여호와를 신뢰하고 네 명철을 의지하지 말라 너는 범사에 그를 인정하라 그리하면 네 길을 지도하시리라" 입니다. 사람은 자신들의 평생 쌓은 지식과 경험을 의지합니다. 그것을 종합해서 나름대로의 인생론을 펼치고 그 안에서 자기만족과 행복을 찾아갑니다. 중요한 것은 어리석은 사람일수록 내 지식과 경험의 한계를 모른다는 것입니다. 지식을 쌓으면 쌓을수록 그만큼 모르는 부분이 더 많아진다는 것을 인정해야 하는데 조그만 지식을 스스로 과대평가하고 자신의 지식을 절대화한다는 것입니다. 어느 철학자의 말대로 바닷가에서 수영 한번 하고는 바다를 다 알고 경험했다는 것과 같습니다.

범사에 인정하기

범사에 그를 인정하라!는 말씀에서 범사는 이 세상에서 일어나는 모든 일입니다. 이 세상에서 하나님께서 관여하지 않으시고 돌보고 있지 않은 분야는 하나도 없다는 말씀이 됩니다. 그러므로 지금 벌어지고 있는 크고 작은 모든 일들 속에 하나님이 그 안에 계시고, 하나님의 계획과 뜻과 섭리가 있다는 것을 인정하라는 것입니다. 우리의 신앙생활은 계속해서 하나님을 인정해 나가는 생활입니다. 그 일속에 하나님의 선하심이 나타날 것이고 하나님의 지혜와 능력이 나타날 것을 믿는 생활입니다. 하나님의 지혜는 곧 그 분의 능력이기도 합니다. 우리의 지혜와 능력이 보잘 것 없다는 것을 빨리 깨달아야 합니다. 그렇지 않으면 죄를 짓습니다. 본문 7절의 말씀을 공동번역에 의하면 이렇게 됩니다. '스스로 지혜롭게 여기는 것이 악입니다.' 왜 자기가 힘써서 얻은 지식이 죄악이 됩니까? 그것은 하나님 지식과 대항하려 하기 때문입니다.

보약

전능하신 하나님의 지혜를 의지하는 것 자체가 8절 말씀처럼 그 자체로 보약이 됩니다. 우리가 불안한 세상을 살면서 신경안정제 안 먹어도 됩니다. 내일 있을 일들을 놓고 밤잠 못자는 일 없습니다. 400인을 이끌고 야곱을 치러오는 에서의 강퍅한 마음을 하나님이 부드럽게 만지셨던 것처럼, 내가 만날 사람들 미리 만나 주실 것이고 그 일 해결해 주실 것이라는 믿음이 우리의 뼈와 골수를 윤택하게 하는 것입니다. '하나님을 인정하라' 는 오늘 본문의 말씀은 권유나 설득이 아닌 명령형으로 되어 있습니다. 하나님 명령에 순종함으로 내 모든 염려와 걱정을 하나님께 맡기고 참된 평안과 자유함을 누리시는 우리가족 모두가 되시기를 기도합니다.

기도 : 하나님 아버지! 한 뼘도 되지 않는 우리의 지혜와 경험을 의지하지 않고 오직 날 돕고 계시는 하나님을 인정하고 의지함으로 온전한 담대함과 평강을 얻는 우리 심령이 되게 하여 주시옵소서! 예수님 이름으로 기도합니다! 아멘

폐회 : 주기도문

청지기 인생

개회 : 사도신경 / 찬송 307장 / 성경 잠3:9~10

세상의 주인

하나님이 계시다는 것을 믿게되면 자동적으로 믿어지는 것이 있는데, 그 분이 계시는 하늘나라가 있다는 것과 영원한 형벌이 있는 지옥을 믿게 되는 것입니다. 또한 우리가 죄값대로 지옥에 가지 않고 천국에 갈 수 있는 유일한 길은 하나님의 아들 예수 그리스도를 믿어야 한다는 것입니다.

그리고 하나가 더 있습니다. 그것은 바로 세상 모든 만물이 다 하나님 것이라는 믿음입니다. 모든 만물을 하나님이 지으셨음으로 모든 것이 하나님의 소유입니다. 그리고 하나님은 지으신 만물을 제 멋대로 돌아가게 그냥 내버려 두지 않으시고 친히 다스리고 계십니다.

이것이 믿어지기 시작하면 이제는 다 하나님 것이라는 고백이 내입에서 나오게 됩니다. 내 자녀도 내 재산도 내 건강도 내 생명도 다 하나님의 소유입니다. 하나님이 주신 것입니다.

관리인(청지기)

나는 단지 관리하는 사람입니다. 경영인이고 관리인일 뿐이지 오너가 아닙니다. 이것이 우리 기독교의 오랜 청지기 인생관이고 우리가 본받는 청교도들의 신앙관이었습니다.

하나님은 우리 앞에 있는 소유를 우리가 어떻게 관리하는지를 저 위에서 가만히 내려다 보십니다. 모든 것을 하나님에게서 받은 줄로 알고 주신 하나님께 감사하고 사는지, 아니면 그저 자기가 잘나고 똑똑하고 재수가 좋아서 잘살게 된 것임으로 자기 배만 채우고 사는지를 보십니다. 이 모든 것이 하나님 소유라는 것을 인정해야 합니다. 당장 오늘 밤 나의 생명을 하나님이 거두어 가시면 우리 앞에는 내 자녀도 없고, 내 재산도 없고, 내 지식까지 아무것도 없습니다.

처음 익은 열매로

그런데 하나님 것으로 인정한다는 것이 말로는 쉬운데 행동하기가 어렵습니다. 그 행동하는 것에 대해 오늘 본문이 말씀해 주고 계십니다. 9절을 보면 '네 재물과 처음 익은 열매로 여호와를 공경하라' 는 말씀이 나오게 됩니다.

물론 재물이라는 열매가 내 앞에 맺혀지기까지 나의 아이디어와 수고와 땀이 있는 것이 사실입니다. 그러나 그것이 결실을 거두기까지 은혜를 주신 분은 하나님이십니다. 마치 농부가 부지런히 논과 들에 나가 잡초를 뽑고, 거름과 비료를 주며 곡식을 키우지만 정작 그 열매를 맺게 하시는 분은 하나님이십니다. 농부는 어린묘목이 빨리 나오라고 잡아 다닌 일 없습니다. 하나님이 비를 주셨고 태양을 주셨습니다. 자랄 수 있는 적당한 기후조건을 주셨습니다. 이것을 인정하라는 것입니다. '하나님이 아홉을 하셨으면 나는 하나를 했을 뿐입니다' 라는 고백을 하라는 것입니다. 그 고백이 우리들 소득의 제일 위의 것이며 처음 것인 십의 일조를 떼어서 하나님께 드리는 것입니다. 그렇게 하면 우리 하나님은 네 창고가 가득히 차고 네 즙 틀에 새 포도주가 넘치게 하시겠다고 10절에 축복의 말씀을 해주고 계십니다.

기도 : 사랑하는 주님! 우리가족 모두가 우리 가정의 주인이 되신 하나님을 인정하고 처음 익은 열매를 하나님께 드리며 살 때에 하나님은 우리 가정에 창고를 가득 채우시고 우리 즙 틀에 새 포도주가 넘치는 은혜를 받게 하실 것을 믿습니다! 예수님 이름으로 기도합니다! 아멘!

폐회 : 주기도문

징계

개회 : 사도신경 / 찬송 364장 / 성경 잠3:11~12

출처가 어딘지를

하나님께서는 당신의 자녀들이 그릇된 길로 나갈 때는 징계하십니다. 내가 계속해서 그릇된 길로 나가는데도 징계가 없다면 그는 참 아들이 아닙니다. 히브리서 12:7-8을 보면 "하나님이 아들과 같이 너희를 대우하시나니 어찌 아버지가 징계하지 않는 아들이 있으리요 징계는 다 받는 것이거늘 너희에게 없으면 사생자요 친아들이 아니니라"고 말씀합니다.

믿음의 길을 떠나 세상길로 나갈 때 징계가 있거든 '아! 하나님이 나를 사랑하시는 구나!' 하고 생각하면 맞습니다. 날씨 맑은 주일은 놀러가고 비오는 주일만 교회 나오는데도(?) 사업은 더 잘 되고 돈이 더 많이 벌리거든 '아! 하나님은 날 버리셨구나!' 하고 생각하면 이것도 맞습니다. 그런데 전자는 있을 수 있는 일인데 후자 같은 상황이 일어나기는 좀 어렵습니다. 그냥 세상에서 출세하고 잘 되기만 하면 하나님이 날 사랑하는 것이라고 착각하는 경우가 있기 때문입니다.

그러나 성경은 그렇게 말하지 않습니다. 하나님께서 주신 것이 있고 세상이 준 것이 있다고 말합니다. 이 둘은 겉모양은 똑같은데 분명히 출처가 다릅니다. 하나는 부모님이 주신 것이고 하나는 유괴범이 준 것입니다.

징계의 목적

징계에는 분명한 목적이 있습니다. 징계는 힘 있는 자의 횡포가 아닙니다. 가끔 보면 자식들에게 부모가 스트레스 풀듯이 징계하는 경우가 있습니다. 남편에게 받은 스트레스 자녀에게 풉니다. 엉뚱한 곳에서 받은 화를 꼬투리를 잡아 학생들에게 푸는 선생님도 있습니다.

하나님에게는 이러한 왜곡된 형태의 징계가 없습니다. 스트레스성 징계가 없습니다. 분명한 교육목적을 가지고 징계 하십니다. 그리고 맞을 때는 정말 아픕니다. 따끔합니다. 어떤 때는 정말 그 아픔이 뼈 속을 스밉니다. 그래야만 교육 효과가 있습니다. 그러나 그 아픔에서 날 향하신 하나님의 사랑을 발견하는 사람은 하나님의 마음을 헤아리는 사람입니다. 지금 회초리를 내려치고 있는 부모의 마음을 아는 자녀는 그 부모에게 정말 존귀한 자녀입니다.

이놈~

역설적인 말이지만 혼나는 것은 참 좋습니다(?). 나쁜 길로 나가는데도 혼내주는 분이 없을 때 그것처럼 불행한 일이 없습니다. 그릇된 길로 행하고 있는데도 아무도 누가 나에게 '이놈~!' 하고 소리치는 분이 없다면 나는 불쌍한 사람임에 틀림 없습니다. 그래서 로마서 1장 24, 28절 말씀대로 이 세상에서 가장 불쌍한 사람은 죄에 빠져 있든지 더러운데서 구르고 있던지 하나님이 내버려 두신 사람들이라는 말씀이 맞습니다.

혹 잘못을 범했을 때라도 용서를 구하고 하나님 아버지 품으로 얼른 달려드는 하나님 가정의 하나님의 자녀들이 되시길 바랍니다.

기도 : 사랑하는 주님! 징계 속에 나타난 하나님의 사랑을 깨닫게 하시고 우리 인생을 바른길과 의의 길로 인도하여 주옵소서! 예수님 이름으로 기도합니다. 아멘!

폐회 : 주기도문

저절로 도는 별

개회 : 사도신경 / 찬송 40장 / 3:19~21

태양계의 시간관념

매년 새로운 해를 맞이하면서 생각하는 것이 있습니다. 그것은 지구가 태양주위를 일 년에 한번 정작 돌기는 자기가 돌았으면서 태양이 1년 됐다 2년 됐다 말한다는 것입니다. 어찌 보면 저 태양은 우리가 생각하는 태양계의 시간관념을 벗어나서 불타고 있는데 마치 그것이 우리의 시간 속에 있는 것처럼 착각하고 있다는 것입니다.

케플러

천문학자 케플러는 신실한 신앙인이었다고 합니다. 그런데 그와 함께 천문학을 연구하는 한 친구는 하나님의 존재를 부인하는 사람으로 '태양계란 그 자체의 힘으로 생성된 것이며 운행되는 것이지 누가 만든 것이 아니다' 라고 케플러 앞에서 공공연히 말했습니다.

케플러는 어느 날 태양계의 모형을 실제 크기의 축소 비율에 맞게 각 별들을 만들고 별들이 각자 정해진 궤도를 돌아가게 하는 장치를 만들어 그 친구에게 보여 주었습니다. 그것을 본 친구는 매우 감탄해 하며 케플러에게 물었습니다.

"누가 이렇게 아름다운 천체 모형 구조물을 만들었나? 자넨가?"
"아무도 아니야! 자기 힘으로 생겨나서 저절로 도는 걸세!"
"이 친구야! 그게 말이 되는가?"
"그렇지? 이렇게 작고 보잘 것 없는 장난감도 만들어 움직이게 하는 사람이 있는데 이 거대한 우주 만물이 창조주 없이 어디서 생겨나고 어떻게 한 치의 오차도 없이 질서 있게 돌아갈 수 있겠는가?"

인생운행

크신 하나님의 존재는 마치 우리들이 지구가 도는 큰 소리를 들을 수 없는 것처럼 가리워진 듯이 보이지만, 겸손한 마음을 가진 사람들에게는 하나님이 그 지혜의 정신을 그들에게 주사 하나님의 존재와 그의 일하심을 보게 하십니다. 한해 한해를 살아가면서 겸손한 마음으로 우리의 삶 속에 하나님을 모시고 살아갈 때, 한 치의 오차도 없이 우주를 운행하시는 주님께서 우리의 인생운행 또한 한 치의 모자람과 부족함 없이 완전하게 이루실 것을 믿습니다.

기도 : 온 우주를 창조하시고 운행하시는 하나님 아버지! 우리의 기도를 들어주셔서 우리의 인생을 복되고 은혜가 가득한 인생으로 운행하여 주시옵소서! 예수님 이름으로 기도합니다! 아멘

폐회 : 주기도문

구약의 지혜=신약의 예수

개회 : 사도신경 / 찬송 495장 / 성경 잠3:13~26

하나님의 모든 것

예수 그리스도는 우리가 알 수 있는 하나님의 모든 것입니다.

하나님을 보고 싶은 사람은 아들이신 예수를 보아야 합니다. 하나님의 지혜를 얻고자 하는 사람은 예수의 말씀을 들어야 합니다. 성경은 사람의 지혜를 얻기보다는 하나님 지혜를 얻으라고 합니다. 사람 지혜가 그저 눈앞에 이익만 쫓아가는 것이라면 하나님 지혜는 멀리 바라보고 사는 것입니다. 인간의 지혜가 일확천금을 얻어 당장 돈 벼락을 맞는 것이라면 하나님의 지혜는 영원한 천국을 얻는 것입니다. 사탄은 한탕의 돈 벼락 속에 천국이 있다고 속입니다.

그러나 진정한 천국은 한 걸음 한 걸음씩 이 세상에서 사는 동안 예수의 보호하심과 인도하심 가운데 사는데 있습니다. 믿음생활 승리하면서 살다가 하늘나라까지 가는데 있습니다.

예수를 아는 것이 지혜입니다. 내안에 예수를 모시는 것이 은혜입니다. 예수와 함께 사는 것이 생명입니다.

예수를 가진 자

오늘 본문 13절부터 기록된 지혜는 예수 그리스도의 상징입니다. 구약의 지혜, 특히 잠언서의 지혜는 예수님을 가리킵니다. 지혜와 명철이 기록된 본문을 예수를 넣어서 읽으면 더욱 의미가 확실해집니다. 13절부터 갑니다. "예수를 얻은 자는 복이 있나니 이는 예수를 얻는 것이 은을 얻는 것보다 낫고 그 이익이 정금보다 나으니라 예수는 진주보다 귀하니 너의 모든 사모하는 것으로 이에 비교할 수 없느니라 그 우편 손에는 장수가 있고 그 좌편 손에는 부귀가 있나니 예수의 길은 즐거운 길이요 그 첩경은 다 평강이라 예수를 얻는 자에게는 그에게 생명나무라 예수를 가진 자는 복되도다 여호와께서는 예수와 함께 땅을 세우시고 예수와 함께 땅을 굳게 펴셨고 예수로 해양이 갈라지게 하시며 공중에서 이슬이 내리게 하셨느니라 내 아들아 온전히 예수를 지키고 예수로 내 눈앞에서 떠나지 않게하라 그리하면 예수가 네 영혼의 생명이 되며 네 목에 장식이 되니니 네가 네 길을 안연히 행하겠고 네 발이 거치지 아니하겠으며 네가 누울 때에 두려워하지 아니하겠고 네가 누운즉 네 잠이 달리로다 너는 창졸간의 두려움이나 악인의 멸망이 임할때나 두려워하지 말라 대저 여호와는 너의 의지할 자이시라 네 발을 지켜 걸리지 않게 하시리라"

참된 지혜

우리의 지혜가 아무리 높고 우리가 아무리 멀리 보는 혜안을 가졌다고 해도 15분 후의 내 인생을 모릅니다. 그저 어제도 살았으니까 오늘도 살아지겠거니 하고 막연히 삽니다. 그러면서 하나 둘씩 세상을 떠나갑니다. 그 때문에 거두절미하고 예수를 의지해야 합니다. 하나님의 아들인 예수를 마음으로 영접하고, 모시고, 바라고 믿고 사랑하면서 사는 것이 지혜입니다.

기도 : 하나님 아버지! 오직 예수 십자가의 은혜를 통해서 하나님의 생각을 찾고, 하나님의 지혜를 알게 되고, 하나님의 능력을 체험하는 은혜가 우리 가족 모두에게 있기를 기도합니다. 예수님 이름으로 기도합니다! 아멘!

폐회 : 주기도문

하나님의 지혜

개회 : 사도신경 / 찬송 359장 / 성경 잠4:5~12

하늘이 땅에서 높음같이

오늘도 주님은 우리에게 하나님의 지혜를 말씀하고 계십니다.

지혜는 하나님의 생각을 아는 것입니다. 하나님의 생각을 찾아가는 것입니다. 내 생각을 하나님의 생각이라고 하면 안 됩니다. 그러면 큰일 납니다. 참 많은 사람들이 자기 생각이 하나님 생각과 같을 줄 압니다. 그런데 그게 그렇지 않습니다. 하나님 생각과 내 생각은 전혀 틀립니다.

이사야 55:8-9을 보면 "이는 내 생각이 너희의 생각과 다르며 내 길은 너희의 길과 다름이니라 여호와의 말씀이니라 이는 하늘이 땅보다 높음같이 내 길은 너희의 길보다 높으며 내 생각은 너희의 생각보다 높음이니라"고 말씀하십니다.

내 생각

우리는 세상을 살면서 내 생각을 쫓아가서는 안됩니다. 그 끝에는 멸망이 있습니다. 내 생각은 이런 겁니다. '착하게 살면 구원받을 거야!' '하나님 사랑이라고 하는데 내가 죄진 것 대충 그냥 봐주시고 천국 데려가 주실 거야!' '지옥에 아마 자리가 없을 걸!' '주머니 털어 먼지 안 나오는 사람이 어디 있겠어. 그 사람 다 지옥가면 천국은 누가가나!'

이러한 생각은 내가 만든 선악의 기준에서 나온 발상입니다. 그러나 하나님의 선악 판단 기준은 사람보다 훨씬 더 높습니다. 더 철저합니다. 사람이 만든 법은 실제로 도적질해야 잡아 가지만 하나님은 우리가 마음에 탐심만 품어도 잡아 갑니다. 사람이 만든 법은 실제로 간음해야 잡아 가지만 하나님은 음욕을 품고 여자를 보는 자를 잡아갑니다. (언제 잡아가 냐고요? 우리주님 세상에 다시 오실 때입니다.) 하나님은 세상법이 볼 수 없는 사람 마음 깊숙한 곳을 훤히 다 보시기 때문입니다.

한 길

너무 어렵습니다. 너무 높습니다. 여기에 걸리지 않을 사람은 한 명도 없을 것 같습니다. 정말 천국 갈 사람 한 명도 없을 것 같습니다. 그래서 하나님은 한 길을 준비하셨습니다. 그 길이 바로 아들이신 예수 그리스도 입니다. 예수가 바로 하나님의 생각입니다. 예수님의 십자가가 곧 하나님의 길입니다. 이 길을 통해서만 우리는 천국에 가는 것입니다.

독생자 예수 그리스도를 통해서 모든 법을 다 지키게 하시고 모든 사람의 죄를 짊어지고 친히 죽게 하셨습니다. 그래서 예수만 믿으면 사실은 예수님이 지킨 법인데 하나님은 내가 지킨 법으로 인정해 주십니다. 예수님이 짊어지신 십자가인데 내가 진 십자가로 인정해 주십니다.

"그리스도 예수 안에 있는 자에게는 결코 정죄함이 없나니 이는 그리스도 예수 안에 있는 생명의 성령의 법이 죄와 사망의 법에서 너를 해방하였음이라" (롬8:1-2)

이것이 하나님의 지혜입니다. 예수 십자가의 지혜는 사람보기에는 미련해 보입니다. 그러나 구원 얻을 우리에게는 하나님의 능력입니다.

기도 : 거룩하신 하나님! 지혜는 곧 우리 주님이신 것을 믿습니다. 지혜이신 우리 주님과 평생을 동행하면서 사는 은혜를 허락하여 주시옵소서! 예수님 이름으로 기도합니다! 아멘!

폐회 : 주기도문

마음 지키기

개회 : 사도신경 / 찬송 453장 / 성경 잠4:20~27

마음 다잡기

우리의 몸은 마음이 정한 바를 따라갑니다. 우리의 마음이 죽겠다고 하면 우리의 몸은 죽음의 대열을 갖춥니다. 우리가 절망하면 우리의 마음만 삶의 의지를 상실하는 것이 아니라 우리의 피도 우리 몸을 돌 의지를 상실하고 외부의 병원균과 싸울 의지를 잃어 버립니다. 그래서 의사들은 병을 고치기 전에 환자의 마음부터 다잡아 놓습니다. 낫고자 하는 본인의 의지가 없다면 백약이 무효가 되기 때문입니다. 마음이 흐트러지면 다른 것은 볼 것이 없습니다. 마음을 추슬러야 하고 다잡아야 합니다.

지킬 만한 것

그러면 우리의 마음을 지옥에 내려가게 하는 것, 그것은 무엇입니까? 그것은 우리 주위에 있는 환경일 수 있습니다. 경제적 환경의 어려움에 우리의 마음도 무너질 수 있습니다. 식구들 간에 겪는 가정문제 일수도 있습니다. 또한 오랜 질병의 고통과 싸우느라 마음까지 황폐화된 경우도 있습니다. 학생들 같으면 성적이 떨어지면 지옥을 경험합니다.

그러나 이 모든 환경이 달라지고 주변이 내가 원하는 모양으로 바뀌어야 내 마음이 흔들리지 않을 것이라고 말하는 것은 어리석은 것입니다. 오늘 본문 23절 말씀을 보면 "무릇 지킬만한 것보다 네 마음을 지키라"고 하십니다.

사람들이 생각할 때 '이것이 지킬만한 것이다!' 라고 생각하는 것이 있습니다. 이것만 지키고 있으면 행복할 것이라고 판단한 것, 그러나 그것들이 사실은 다 변하는 것이고 그다지 지킬 만한 것이 되지 못한다는 데에 있습니다.

눈이 어디에

주님은 '네가 생각하기에 지킬만한 것이라고 생각되는 그 일에 집착하지 말고 그것을 바라보는 네 마음(눈)을 지키라'고 하십니다. 환경은 지하실에 있어도 눈은 2층에 있어야지요. 2층에 있으면서도 눈은 지하실만 보고 있으면 그 사람은 지하실에서 사는 사람입니다. 2층 마음으로 살면 하나님은 그 몸도 이제 곧 2층으로 옮겨 주십니다.

간혹 우리의 환경이 지하로 내리막질 칠 때 우리 마음도 따라가는 일이 없기를 바랍니다. 환경은 자기가 아무리 내려가 봐야 우리 마음만 안 내려가면 하나님께서 다시 올라오게 하십니다.

이 믿음이 예수 믿는 사람에게 있어야 합니다. 우리 마음이 있는 곳에 우리 믿음이 있고 우리의 믿음이 있는 곳에 하나님의 역사가 있기 때문입니다. 세상 사람은 환경과 같이 다닙니다. 예수 사람은 환경은 저기 따로 놓고 예수님과 같이 다닙니다. 여기에 생명의 근원이 있습니다.

기도 : 하나님 아버지! 무릇 지킬 만한 것보다 우리의 마음을 지키게 하시고 우리의 눈이 항상 밝은 곳을 바라보고 감사하면서 살 수 있게 하여 주시옵소서! 예수님 이름으로 기도합니다!

폐회 : 주기도문

몸 지키기

개회 : 사도신경 / 찬송 404장 / 성경 잠5:1~14

음녀의 입술

우리 주님은 지난 주간에 마음을 지키라고 말씀 하셨습니다.

오늘은 몸을 지킬 것을 말씀해 주고 계십니다. 하나님의 사람들은 마음도 세상에 빼앗기지 말아야 하지만 몸도 세상에 빼앗겨서는 안 됩니다. 가지 말아야 할 집이 있습니다. 가까이 해서는 안 되는 사람이 있습니다. 거기는 음녀가 사는 집입니다. 그런데 음녀의 집에는 꿀이 있다고 본문 3절에 말씀합니다. 달콤한 꿀을 찾아 괜히 기웃거리다가는 이내 기름보다 미끄러운 음녀의 입술로 빠져들고 그 끝에는 비참한 말로가 있다고 말씀하고 있습니다. 저것이 악이고 더러운 것이다 하면 일단 보지를 말고 그 근처에도 가지 말아야 합니다. 괜히 근처에서 구경만 한번 한다고 하다가 기름보다 미끄러운 음녀의 입술로 홀랑 빠져드는 것입니다.

더러운 육체

9절 이하를 보니까 깜박 음녀의 유혹에 넘어가 버린 사람의 모습을 말씀하고 있습니다.

본인의 몸과 가정을 더럽히는 것은 물론 그가 평생 쌓은 존영을 잃어버리고, 타인이 그의 재물을 취하게 되며 그가 평생 수고한 것이 엉뚱한 사람의 집에 가게 된다는 것입니다. 더 나아가서 목숨까지 위태롭게 된다고 말씀하고 있습니다. 한번 음녀의 꾀임에 넘어간 것 치고는 그 결과가 너무나 치명적입니다. 몸은 몸대로 더러워지고 가정은 가정대로 다 무너지고 무엇보다 하나님 보시기에 더러운 육체가 됩니다.

구약의 노아시대를 보면 의로운 셋의 계보에 속한 하나님의 경건한 아들들이, 모두 가인의 악한 계보에 속한 사람의 딸들의 아름다움을 보고 그녀를 취하고는 모두가 다 육체가 되었다고 말씀하고 있습니다. 하나님 형상도 없고 영혼도 없는 그야말로 몸뚱이뿐인 육체가 되었습니다. 그래서 하나님은 물로 세상을 심판하실 계획을 세우신 것입니다.

내 우물의 샘

15절 이하의 말씀처럼 내 안의 우물에서 흐르는 샘을 마셔야 합니다. 그것을 타인과 나눠서도 안 되고 집밖으로 흘려보내서도 안 됩니다. 내 몸을 지키는 것이 내 가정을 지키는 것이고 내 신앙을 지키는 것입니다. 하나님 보시기에 거룩한 성전으로 우리의 몸을 깨끗하게 해야 할 것입니다.

기도 : 하나님 아버지! 우리의 몸과 생황을 스스로 구별하여 깨끗하게 지키게 하시고 하나님 받으시는 거룩한 육체가 되게 하여 주시옵소서! 예수님 이름으로 기도합니다! 아멘

폐회 : 주기도문

네비게이션

개회 : 사도신경 / 찬송 478장 / 성경 잠5:21~23

길 안내

요즘은 자동차들마다 '네비게이션' 이 하나씩 달려 있습니다. 학교 다닐 때부터 '네비게이토' 라는 선교단체가 있어서 처음 나왔을 때부터 그 이름이 그렇게 생소하지는 않았습니다.

원래의 말뜻은 항해라는 말로 바다에서 배를 타고 목적지까지 안전하게 도착하는 기술을 말합니다. 그런데 이것이 자동차에 달려서 모르는 길을 안내하는 기계 이름이 되었습니다.

모르는 길을 찾아가는데 있어서 중간에 헤매거나 불안해 할 필요 없이 안전하게 목적지까지 인도해 준다는 의미로 보았을 때, 우리의 인생길을 천국까지 안전하게 인도해 주는 성경과도 참 많이 닮아 있었습니다.

위에서 보십니다

자동차의 네비게이션과 연결된 인공위성은 고속도로의 입구와 나들목은 물론 길의 처음과 끝을 보고 있습니다. 21절에 '대저 사람의 길은 여호와의 눈 앞에 있나니 그가 그 사람의 모든 길을 평탄하게 하시느니라' 고 말씀하셨습니다. 우리 인생길의 처음과 끝을 인공위성보다 더 높은 곳에서 하나님이 보고 계십니다. 그리고 성경을 통하여 바른길, 생명 길을 일러 주십니다.

하나님은 우리가 태어나서 죽을 때 까지 우리가 가게 될 인생길을 이미 한 눈에 다 보고 계십니다. 어디에 요철이 있고, 어디가 미끄러운지, 어디서 고개를 넘어야 하며, 어디쯤에서 비가오고 천둥이 치는지 하나님이 보고 계십니다. 하나님이 좌 회전하라면 좌회전 해야 합니다. 유턴하라면 지금까지 온 길이 아무리 아깝더라도 유턴해야 합니다. 브레이크 한번 밟는 일 없이 잘 나가는 인생이라고 하나님 말씀 어기고 계속 나가다가는 그 끝에 낭떠러지가 있습니다. 멸망이 있습니다. 하나님이 "좌회전 해라! 이제 그만 유턴해라!" 하는 음성이 들리길 소망 합니다.

그럼에도 불구하고

내가 아무리 멀리 본다고 해도 그것은 땅에서 보는 것입니다. 그런데 조금만 더 가보자고 하다가 23절 말씀처럼 훈계를 받지 않음으로 죽게 됩니다. 미련함이 많음으로 인하여 결국은 길을 잃고 헤매게 됩니다. 그러나 우리에게 더욱 큰 소망이 있는 것은 네비게이션의 안내를 무시하고 혹 경로를 이탈했다고 해도 언제나 거기서부터 다시 안내가 시작된다는 것입니다.

서너번 거역했으면 '계속 내 말대로 안 따라오니 기분 나빠서 이제 안내 종료합니다!' 그래야 하는데 언제나 거기서 다시 시작입니다. 우리의 인생안내도 이와 같습니다. 하나님은 우리 인생안내를 포기하지 않으십니다. 하나님 택하신 백성들의 인생길을 끝까지 책임지시고 목적지인 천국에까지 무사히 인도하시는 하나님이신 것을 믿습니다.

기도 : 우리의 전 인생을 다 보고 계시는 하나님 아버지! 우리의 인생길 위에 항상 함께 하시고 주님께서 인도하시는 길을 따라 순종하게 하옵소서. 예수님 이름으로 기도합니다! 아멘

폐회 : 주기도문

인생의 키

개회 : 사도신경 / 찬송 288장 / 성경 잠6:2

방향키

항공모함이나 유조선 같은 커다란 배가 움직이는 것은 작은 키에 의해서 입니다. 키를 오른쪽으로 틀면 그 커다란 배는 오른쪽으로 가고 키를 왼쪽으로 틀면 왼쪽으로 갑니다. 배와 마찬가지로 우리 몸에도 지극히 작은 것에 불과하지만 전체를 움직이는 방향키 역할을 하는 것이 있습니다. 사람들은 그것을 머리라고 하고 생각이라고 합니다. 머리가 생각한대로 인생방향이 바뀐다고 합니다. 그런데 성경은 그것을 조금 더 구체화해서 진리를 말씀해 주고 있습니다. 우리 몸의 방향키는 바로 '혀' 라고 합니다. 약3:4을 보면 혀가 몸에 비해서는 작은 것이지만 마치 배의 키와 같은 역할을 한다고 말씀하고 있습니다.

말씀하시는 하나님

성경은 사람의 말이 아니라 사람과 세상을 지으신 분의 말씀이신고로 진리입니다. 사람들은 머리까지만 봅니다. 그러나 하나님은 그 머리에서 나온 말을 봅니다. 그러므로 우리는 머리가 생각한대로 말을 하고 살아야 합니다. 그러면 우리의 행동이 따라가는 겁니다. 생각만 하고 있으면 안 됩니다. 사람들은 주로 생각만 하고 있습니다.

어떤 사람이 성공한 것을 보고는 '저거 내가 생각했던 건데' '내가 계획했던 건데' 하는 분들을 종종 봅니다. 머릿속에 생각만 잔뜩 쌓아 놓습니다. 하지만그것은 모래성에 지나지 않습니다. 그렇지만 말을 하게 되면 행동을 수반하게 됩니다. 의지가 동반되게 됩니다. 사람이 붙게 됩니다. 어떤 사람은 생각의 힘을 말했는데 생각만으로는 너무 약합니다. 하나님은 생각하고 계시는 분이 아니라 적극적으로 말씀하고 계시는 하나님이십니다.

행복이 있는 곳으로

성경이 말씀하는 대로 우리 혀의 키를 돌리시기 바랍니다. 행복하고 싶으면 행복이 있는 곳으로 내 혀를 돌려놔야 합니다. 허탄한 말을 하고 욕된 말을 하고 독이든 말을 하고는 행복을 기대할 수 없습니다. 왜냐하면 인생의 키를 불행쪽으로 돌려놨기 때문입니다.

성공하고 싶으면 축복하는 말을 하고 감사하는 말을 하고 칭찬하고 격려하는 말로 내 혀를 틀어야 합니다. 원망의 말을 하고 불평하고 남 탓하고 있으면 성공하기 힘듭니다. 실패하는 쪽으로 인생 핸들을 돌려놨기 때문입니다. 먼저는 하나님께 말하고 그리고 자기 자신에게 말하고 그 다음에 사람들에게 말하십시오. 사랑한다고 말하고, 감사하다고 말하고, 능력 주시는 주님 안에서 할 수 있다고 말하십시오!

기도 : 하나님 아버지! 우리의 혀가 우리 인생의 방향키라는 사실을 알았습니다. 오랫동안 고정되어 있던 방향키를 돌기는 어렵습니다. 그러나 우리의 입술 키를 온전히 감사가 있는 곳으로 돌려주시기를 간절히 기도합니다. 예수님 이름으로 기도합니다. 아멘

폐회 : 주기도문

보증에 대하여

개회 : 사도신경 / 찬송 411장 / 성경 잠6:1~5

사정이 너무 딱해서

오늘 주님께서는 보증에 대해서 말씀해 주고 계십니다. 보증은 담보로서의 빚보증을 말합니다. 빚은 져서도 안 되겠지만 남의 빚을 떠안아서도 안 됩니다. 세상에 처음부터 남의 빚을 떠안을 양으로 보증서는 경우는 없습니다. 사정이 너무 딱해서 친척인데 하면서 정에 이끌려 도장을 찍어준 것인데 그 도장 하나가 평생 쌓은 삶의 모든 기반을 다 앗아가는 것이 됩니다. 지난 시간에는 음녀의 유혹에 넘어가서 한 사람의 평생 쌓은 존영이 다 날아가는 것을 보았습니다.

단잠은 없습니다

오늘은 우리 삶의 기반인 재산 지키는 것을 말씀하시고 계십니다.

오늘 말씀에 보면 보증을 서는 것이 마치 새가 올무에 걸려드는 것으로 말씀하고 있습니다. 2절 말씀에 보면 '네 입의 말로 네가 얽혔으며 네 입의 말로 인하여 잡히게 되었느니라' 고 표현하고 있습니다. 처음에 딱 자르지 못하고 우유부단하게 형제인데, 친척인데 하면서 마음 약해지다가 그만 걸려든 것입니다. 3절에는 '네가 네 이웃의 손에 빠졌은즉 이같이 하라 너는 곧 가서 겸손히 네 이웃에게 간구하여' 그 뒤에 4절 말씀이 중요합니다. '너는 그것이 풀리기까지 잠잘 생각은 꿈에도 말고 아예 눈 붙일 생각을 접어두라' 고 말씀하십니다. 이 상황이 지금 얼마나 절박한 상황인지를 잘 표현해 주고 있습니다. 보증선 이후로 결코 단잠은 없습니다.

보증서는 것이 결코 형제와 친척을 위하는 길이 아닙니다. 보증을 서준 것으로 그를 살리고 내가 망하는 것이 아닙니다. 괜한 의협심이 나올 부분이 아닙니다. 같이 망하는 것입니다. 아무 이유 없는 나와 자녀들까지 망하는 것입니다.

사랑의 빚 외에는

하나님은 하나님의 자녀들이 빚없이 살기를 원하시고 평생을 빚질 일이 없이 살기를 바라십니다. 허황되지 않게 성실하고 규모있게 살면 결코 빚질 일 없습니다. 보증 서 달라고 할 일 없습니다. 하나님의 사람들에게는 오직 사랑의 빚만 있습니다. 로마서 13:8을 보면 '너희가 사랑의 빚 외에는 아무 빚도 지지말라' 고 하셨기 때문입니다.

잠언은 지혜의 책입니다. 수천 년을 이어내려 온 하나님의 지혜를 기록한 진리의 말씀입니다.

그러면 그 말씀대로 지켜야 합니다. 친구관계가 끊어져도 형제관계가 끊어져도 보증만은 안 됩니다. 너무 매정하다고 해도 어쩔 수 없습니다. 제가 목사로서 어리석게 보증 섰다가 잠언 22:26 말씀처럼 침상채로 날라가는 경우를 종종 보았기 때문입니다. 보증서는 일에 관련하여 잠언은 수차례에 걸쳐 그 어리석음을 기록하고 있다는 것도 기억해야 합니다.

사탄으로부터 신앙을 지키고, 음녀로부터 정결을 지키고, 보증으로부터 재산을 지키는 은혜가 있기를 바랍니다.

기도 : 하나님 아버지! 우리가 마음을 지키고 몸을 지키듯이 하나님 주신 귀한 재산을 지키는 지혜가 있게 하여 주시옵소서! 예수님 이름으로 기도합니다! 아멘

폐회 : 주기도문

스승 개미

개회 : 사도신경 / 찬송 492장 / 성경 잠6:6~11

진짜 바쁘네!

식구들과 산에 갔다 내려오던 길에 아들이 어느 썩은 나무를 들추어 냈습니다.

그 밑에는 새카맣게 움직이는 것들이 있었습니다. 순간 놀랬습니다. 개미집이었습니다.

밥알 같은 알들이 쌓여 있었습니다. 일시에 일사불란하게 움직이는 개미들을 보고 감탄했습니다. 불과 일분도 안되어 밥 반 공기 분량의 알들이 땅 속으로 사라졌습니다. 한참을 넋 놓고 바라보다가 아들이 한 마디 했습니다. '아빠! 얘네들 진짜 바쁘다!' 그래서 제가 '사람보다 낫다!' 그랬습니다.

성실

그런데 제가 뚫어지게 관찰한 것은 따로 있었습니다. 혹시 빈둥거리는 놈이 있나 하고 찾아 보았습니다. 족히 수만 마리는 됨직한 개미들 중에서 단 한 마리의 개미도 뒷전에 있거나 요령 피우는 놈이 없다는 것이었습니다. 성경이 개미에게서 배우라고 하는 것은 성실입니다. 누가 보고 있어야만 잘하고 누가 지키고 있어야만 움직이는 사람은 하나님 믿는 사람이 아닙니다. 골3:24을 보면 "무슨 일을 하든지 마음을 다하여 주께하듯 하고 사람에게 하듯 하지말라 이는 유업의 상을 주께 받을 줄 앎이니 너희가 주 그리스도를 섬기느니라!" 했습니다. 어디서나 하나님의 눈을 의식하고 매사에 충성하는 사람은 하나님을 잘 믿는 사람입니다.

준비하는 인생

또한 개미에게서 배우는 것은 준비하는 인생입니다. 우리 인생은 개미가 겨울나기를 준비하듯 우리 인생의 겨울을 준비해야 합니다. 인생의 겨울나기가 물론 노후대비도 될 수 있겠지만 가장 큰 겨울은 우리가 죽어 하나님 앞에 섰을 때입니다. 믿음을 준비하지 못한 사람은 그 대가가 너무나 치명적이라는 사실을 우리는 잠시도 잊지 말아야 할 것입니다.

오늘 말씀에 좀 더 졸자, 좀 더 자자하면 빈궁이 강도같이 찾아온다고 하십니다. 강도가 두건 쓰고 들어오는 것이 아니라 게으름이 강도처럼 몰래 들어와서 우리의 소중한 것들을 강탈해 간다고 하십니다. 일상생활의 게으름, 믿음생활의 게으름을 물리쳐야 겠습니다.

빈민촌에 가면 사람들이 오후 늦게나 일어나서 세상 한탄만 하고 정치인들이 정치를 잘못해서 자기가 이렇게 되었다고 하고, 시대를 잘못 만났다고 하고, 불평불만만 한다고 합니다.

게으른 삶의 특징은 불평입니다. 남의 탓만 합니다. 시대만 탓합니다. 그러나 하나님 앞에 부지런한 자의 삶은 충성되고 성실하고 책임 있는 자로서의 존귀한 인생인 줄로 믿습니다.

기도 : 하나님 아버지! 우리가 성실하고 부지런한 인생을 살아서 나중에 착하고 충성된 종이라 칭찬받는 하나님의 자녀들이 되게하여 주시옵소서! 예수님 이름으로 기도합니다! 아멘

폐회 : 주기도문

삐뚤어진 것

개회 : 사도신경 / 찬송 337장 / 성경 잠6:12~15

악이 흘러나오는 곳

오늘 본문 12절을 보면 악한 자가 제일 먼저 그 악의 기운을 드러내는 곳이 입이라고 말씀합니다. 악하고 불량한 사람은 입으로 정작 그 마음의 더러움을 드러냅니다. 욕을 하고, 비난하고, 시기하고, 자랑합니다. 반대로 입이 깨끗한 사람은 그것으로 선한마음을 드러냅니다. 칭찬하고, 자애롭고, 사람을 세우는 말을 합니다.

자연의 법칙이라는 것이 그렇습니다. 무엇이든지 가득차면 흐르게 되어 있습니다. 악이 가득차면 악이 흐릅니다. 바로 입으로 흐릅니다. 혹 내 입에서 악한 말이 흘러 나왔거든 '내가 본래는 선한 사람인데 어쩌다가 실수한 것이다' 라고 생각하지 마시고 '본래 내속에 쌓였던 것이다' 라고 생각하면 맞습니다. '속에서 쌓여 있던 것이 약간의 외부의 충격에 흘러나온 것이다' 라고 생각하고 얼른 회개해야 할 것입니다.

눈짓 발짓

13절을 보면 그 다음으로 악이 흘러나오는 곳은 눈입니다. 더러운 말을 뱉고는 그리고 이내 눈이 돌아갑니다. 본문에는 '눈짓' 으로 번역되어 있는데 이 말은 '눈으로 말해요. 살짝쿵 말해요' 뭐 이런게 아니라 흘기는 눈, 증오의 눈, 유혹하는 눈 등등의 악한 의도를 가진 눈짓을 말합니다. 이것이 모두 다 실은 마음에서 가득차 있던 것이 흘러나온 것입니다.

그리고 이어서 '발로 뜻을 보인다' 라고 합니다. 안타까운 일입니다.

왜 그 좋은 것 다 놔두고 뜻을 나타낼 수 있는 것이 발길질이 되어야 합니까! 왜 손가락질로 뜻을 보여야 합니까! 마음속에 무엇인가 지금 심하게 굽어 있고 왜곡 되었고 삐뚤어져 있습니다.

똑바로 펴고 삽시다

본문의 불량하고 악한 사람은 다른 말로하면 삐뚤어져 있는 사람을 말합니다. 마음이 삐뚤어져 있기 때문에 그 안에서 무엇이든지 굽어서 나옵니다. 세상을 봐도 삐뚤어져 보이고 사람을 봐도 삐뚤어져 보입니다. 14절 말씀처럼 그 마음에 패역을 품고 항상 악을 꾀하며 시비를 걸고 다툼을 일으킵니다. 그러나 예수 믿는 사람은 혹 굽은 것이 우리 속에 들어가도 그것이 바로 펴져서 나오게 됩니다. 상대의 잘못이 보여도 감싸고 싶은 마음이 들고 부족하고 모자란 것이 있으면 내 것으로 채우고 싶은 마음이 생깁니다. 예수님이 내 속에서 이 마음을 주십니다.

오늘 성경에서 불량한 자로 표현된 악한 자는 삐뚤어진 자입니다. 삐뚤어진 마음으로 가득해서 입으로 눈으로 발로 손으로 악을 흘려보내며 살아갈 때 그는 갑자기 재앙을 맞는다고 합니다. 어느 순간 없어져 버리는 것입니다. 도움 없이 당장에 패망한다고 오늘 본문 15절에 기록하고 있습니다. 그러나 예수님을 모시고 예수님이 주신 마음으로 사는 사람은 예수님께서 내 안에 굽은 생각만이 아니라 우리의 굽은 인생길까지도 곧게 뻗게 하실 줄을 믿습니다.

기도 : 하나님 아버지! 우리의 심령과 가정 안에 계신 성령께서 인생의 굽어있는 마음과 길들을 곧게 하시고 평탄케 하시기를 기도합니다! 예수님 이름으로 기도 합니다! 아멘

폐회 : 주기도문

이쁨 받기

개회 : 사도신경 / 찬송 417장 / 성경 잠6:16~19

교만

오늘 본문에는 하나님이 싫어하시는 것 몇 가지가 기록되어 있습니다. 이것을 잘 알아서 피하면 역으로 하나님을 잘 섬길 수가 있습니다. 하나님은 우선 교만을 제일 싫어하십니다. 가장 크게 보시는 죄중의 하나가 교만죄입니다. 세상에는 이런 범죄 항목이 없습니다. 그런데 하늘나라에는 있습니다. 교만은 하나님의 말씀보다 내 생각을 더 위에 두는 것입니다. 교만은 또 다른 의미에서 우상숭배입니다. 삼상15:23에 사울왕이 하나님의 말씀을 불순종했을 때 하나님은 우상숭배의 죄목을 사울왕에게 적용하셨습니다. 즉 교만을 다른 말로하면 불순종입니다. 내 뜻에 안맞기 때문에 하나님의 뜻을 어기는 것입니다. 그러나 교만의 반대인 겸손은 순종입니다. 하나님은 교만을 싫어하시는 것처럼 겸손을 좋아 하십니다. 뭘 좀 안다고, 힘이 좀 있다고, 돈이 좀 있다고, 교만을 떨어서는 안됩니다. 나보다 더 큰 힘이 있고, 나보다 더 높은 지식이 있고, 이 모든 세상의 주인이 계신다는 것을 깨닫고 그리고 겸손해야 합니다.

거짓말

다음으로 하나님은 거짓말을 싫어 하십니다. 그 이유는 하나님 앞에는 거짓말이 없기 때문입니다. 하나님 앞에서는 거짓말이 불가능합니다. 그런데 사람들은 이 불가능에 오늘도 계속 도전합니다. 어리석은 일입니다. 눈 가리고 아웅한다는 말이 여기에 해당 될 것입니다. 사람들은 내가 안 보이면 없는 줄 알고 내가 모르면 없는 것 인줄 압니다. 그러나 우리 위에 커다란 하나님의 눈이 있습니다. 특별히 거짓말은 대부분 악한 의도에서 일어납니다. 상대를 속이고 부당한 이익을 취하기 위해 이루어집니다. 억울한 사람을 만듭니다. 그러나 그 억울한 자의 호소가 하나님께 들립니다. 17절의 무죄한 자의 피를 흘리는 손도 이와 같습니다. 무고한 자에게 해를 입힐 때 그 피가 하나님을 향해 울부짖습니다. 하나님은 억울하게 형 가인에게 죽임을 당한 아벨의 핏소리가 땅에서 내게 호소한다고 창 4:10에서 말씀하셨습니다.

18~19절의 악한 마음으로 꾀를 내고 악으로 빨리 달려가고 형제 사이를 이간질 하는 것도 마찬가지입니다. 모두가 다 하나님이 보고 계신다는 것을 모릅니다. 하나님이 듣고 계신다는 것을 인정하지 않습니다.

내 머리 위에

하나님이 내 앞에 항상 계신다는 것을 의식하면 우리는 교만할 수도 없고 거짓을 말할 수도 없고 악한 꾀를 내며 악으로 달려 갈수도 없습니다. 어찌 거짓으로 증인되며 형제사이를 이간하겠습니까? 하나님의 이쁨을 받으려면 간단합니다. 내가 땅 위에서 무엇인가를 할 때 내 머리위에서 하나님이 지금 눈을 크게 뜨고 보고 계시는 것을 믿으면 됩니다. 귀를 크게 열고 듣고 계시는 것을 믿으면 됩니다. 그러면 하나님은 그를 크게 기뻐하십니다. 이것이 믿어질 때 그는 큰 믿음으로 성장한 것입니다.

기도 : 하나님 아버지! 우리의 머리 위에서 항상 우리 인생을 불꽃같은 눈으로 지켜보고 계시는 하나님 아버지를 생각할 수 있게 하여 주시옵소서! 예수님 이름으로 기도합니다! 아멘

폐회 : 주기도문

또 다른 눈

개회 : 사도신경 / 찬송 411장 / 성경 잠6:20~26

정결

지혜의 글인 잠언은 오늘도 하나님 백성이 성적인 부분에서 성결한 삶을 살 것을 말씀하고 있습니다. 이 육체의 성결에 대해서는 이미 앞에서도 다루었습니다. 그런데 또 이렇게 나오고 있습니다. 아니, 잠언 7장까지도 전 본문이 성적으로 깨끗하라는 말씀으로 가득차 있습니다. 다른 지혜의 말이 얼마든지 있을텐데 왜 이렇게 많은 지면을 할애하고 중복해서 성적인 타락을 경고하고 있는 것일까요? 가장 큰 이유는 너무나도 많은 사람들이 이 7계명인 음란죄에 넘어가기 때문입니다. 음란죄에 넘어가면 그의 영혼이 죽습니다. 더러워진 것은 몸인데 죽는 것은 영혼입니다. 하나님께서 가까이 할 수 없는 영혼이 됩니다.

떡 한 조각만이

영혼만 죽는 것 이 아니라 그의 평생 쌓은 존영이 다 날라 가고, 가정이 무너지며, 건강도 잃어버리고 재산마저 남의 손에 넘어 간답니다. 오늘 본문 26절에 보면 그 손에 떡 한 조각만 남는다고 기록되어 있습니다. 실제로 우리는 주변에서 성의 타락으로 참으로 많은 것을 잃어버린 사람을 보게 됩니다. 하지만 22~23절에서 처럼 하나님의 말씀을 마음에 새기고 목에 걸고 다닌 사람은 그 말씀이 그를 지키는 등불이 되고 빛이 되고 생명이 되는 것입니다. 사람은 본성적으로 죄에 약합니다. 특별히 성적으로 약합니다. 24절 이후에 음란한 사람이 혀로 호리고 색을 보이면서 눈을 깜박이면 정신을 잃어버리기 쉽습니다. 요염한 목소리로 호리는 음녀에게서 요셉처럼 뛰쳐 나와야 합니다. 부드러운 목소리로 '사모님~'하고 접근하는 음남에게서 도망쳐야 합니다. 누가 이 유혹을 뿌리칠 수 있습니까? 하나님의 말씀이 그 목에 걸린 사람만이 이 유혹에서 이길 수 있습니다.

사냥꾼

26절에 보면 음란한 사람은 귀한 생명을 사냥한다고 합니다. 음녀는 사냥꾼입니다. 한쪽 눈을 호리면서 유혹할 때 그것이 사실은 한쪽 눈을 감고 총구를 통하여 나를 겨냥하여 총을 쏘는 것으로 보여져야 합니다. 왜 총 쏠 때 한쪽 눈 감지 않습니까! 한쪽 눈은 윙크하고 있지만 또 다른 눈은 나를 노리고 내 생명을 취하기 위하여 정조준 하는 것으로 느껴져야 합니다. 그때서야 그는 요셉과 같은 하나님의 사람이 되는 것입니다.

창39:7을 보면 보디발의 아내가 요셉을 향하여 눈짓을 하며 유혹했다고 합니다. 하지만 요셉은 호리는 눈을 보지 않고 자신의 생명을 노리는 또 다른 눈을 보았습니다. 요셉은 지혜로운 사람이었습니다. 이후로 요셉은 하나님의 복이 따라 다니는 형통한 인생을 살았다고 성경은 말하고 있습니다.

성경은 진리의 말씀입니다. 내 몸을 지킬 때 하나님은 내 인생을 지켜주실 줄로 믿습니다.

기도 : 하나님 아버지! 성적으로 정결하여서 하나님 앞에 깨끗한 성도가 되게하여 주시옵소서! 예수님 이름으로 기도합니다! 아멘

폐회 : 주기도문

피해가기

개회 : 사도신경 / 찬송 91장 / 성경 잠6:27~28

곰잡는 법

인디언들이 곰을 잡는 방법 중에 이런 것이 있습니다. 곰이 잘 다니는 길목에 커다란 돌덩이를 매달아 놓습니다. 그러면 그곳을 지나던 곰이 돌덩이에 머리를 부딪치게 됩니다. 머리를 부딪친 곰은 자기가 가는 길을 막은 것이 화가 나서 돌덩이를 이마로 들이 받습니다. 그러면 돌덩이는 저만큼 밀려갔다가 다시 곰을 향하여 밀려와 곰을 들이 받습니다. 그러면 더 많이 화가 난 곰이 더 세게 돌덩이를 들이 받습니다. 곰의 반복되는 무차별한 공격은 그 도가 더 심해집니다.

어리석은 힘겨루기

결국 곰은 그 어리석은 힘겨루기로 머리가 터지고 녹초가 되어 힘을 다 소모해 버립니다. 그때 지켜보던 인디언들이 와서 곰을 끌고 간다고 합니다. 오늘도 얼마나 많은 사람들이 어리석은 힘겨루기로 자신을 파괴시켜 가고 있는지 모릅니다. 그냥 피해가면 될 것을 한 곳에 더 집착하면 할수록 그 수렁에 깊이 빠지고 결국 자신을 파멸로 이끌어 가는 것입니다.

피해 가십시오

피해 갈 것은 그냥 피해 가십시오. 사울은 다윗을 피해 가지 않았기에 평생을 질투와 미움으로 고통 당하다가 불행으로 일생을 마감 했습니다. 오늘 말씀은 "사람이 미련함으로 자기 길을 굽게 하고 하나님을 원망하느니라" 입니다. 인생을 살다보면 그냥 피해가야 할 때가 있습니다. 마주하고 있어야 할 때와 피해가야 할 때를 구분하지 못한다면 우리의 인생은 힘겨운 인생이 될 것입니다.

　불덩이를 껴안고 있으면서 뜨겁다고 소리치는 경우가 종종 있습니다. 의외로 간단합니다. 불덩이를 안게 되었다면 던져 버리면 되고, 불덩이가 앞에 있다면 피해가면 됩니다.

　"사람이 불을 품고야 어찌 그 옷이 타지 않겠으며 숯불을 밟고야 어찌 그 발이 데이지 않겠느냐"

　　기도 : 하나님 아버지! 우리의 어리석음으로 인해 힘겨운 인생이 되지 않도록 우리의 지혜가 되어 주시옵소서! 예수님 이름으로 기도합니다! 아멘

폐회 : 주기도문

생명의 방 사망의 방

개회 : 사도신경 / 찬송 363장 / 성경 잠7:21~27

남녀노소 구분 없이

성적인 정결문제로 벌써 잠언에서만 3번째 다룹니다. 민망해서 그만하고 싶은데 성경은 오늘도 7장 전체를 통해 계속 이 말씀을 하고 있습니다. 갈등하다가 아무래도 성경은 살아계신 하나님의 말씀인고로 이번 주까지 한 주 더 하기로 했습니다.

노란 19세 표지를 위에 붙이고 할까 싶었는데 성경은 남녀노소 구분 없이 모든 사람이 받아야 할 진리의 말씀인고로 19세 표지 없이 그냥 하기로 했습니다.

소가 푸줏간으로

이 세상에는 생명의 방이 있고 죽음의 방이 있습니다. 그런데 생명의 방에서 부르는 소리와 죽음의 방에서 부리는 소리가 서로 바뀌어서 들리는 것 같습니다. 사망의 방에서 음녀가 부르는 소리는 부드럽습니다. 우리가 이미 다루었지만 그 입에서 꿀이 넘어간다고 합니다. 그 방에는 화문요와 애굽의 문채가 있는 이불이 깔렸고 몰약과 침향과 계피가 뿌려졌다고 16,17절에 기록하고 있습니다. 여기 행복이 있다고 합니다. 여기 와서 잠들면 천상에서 잠드는 것 같다고 유혹합니다. 그러나 들어가면 금방 죽습니다.

22,23절 말씀이 잘 표현해 주고 있습니다. '소가 푸줏간으로 끌려가는 것 같고, 미련한 자가 쇠사슬에 매이러 들어가는 것 같고, 조금있어 간이

뚫어질 것이고, 마치 새가 그물로 들어가되 그 생명을 잃어버리는 줄 알지 못함과 같다' 라고 말씀하고 있습니다. 이 정도 되면 잠깐 사탄에게 홀리고 정신을 잃어버리지 않고서야 제 정신 가지고는 못 들어갈 것 같습니다. 그런데 가만히 보면 그의 정신을 잃어버리게 해서 악으로 빠뜨리는 데에 중간 역할을 하는 것이 있는 것 같습니다. 그것은 바로 술입니다. 그런데 이 술도 음녀가 부르는 것과 똑같습니다. 음식점에 있는 술 포스터를 보면 거기 술잔 들고 있는 사람 정말 행복해 보입니다. 그것 마시면 그 포스터에 있는 사람처럼 기쁘고 만족하고 행복해질 것 같습니다. 그러나 그것은 거짓말입니다. 속으면 안됩니다. 그것 마시면 정신이 흐려지고 음녀가 데리고 가기 딱 좋은 상태가 됩니다.

예수 방

생명의 방은 예수방입니다. 이 방안에만 있으면 안전합니다. 이 방에 있으면 어떤 음녀가 유혹한다고 할지라도 이길 수 있습니다. 육신의 음녀만이 아니라 우리 신앙을 좀먹는 영적인 음녀들의 유혹에도 이길 수 있습니다. 우리를 죽이기 위해 대적이 달려든다 할지라도 무서울 것 없습니다. 평생을 생명의 방인 예수방에서 살다가 하나님 나라 들어가는 은혜가 있기를 축복합니다.

기도 : 사랑하는 아버지! 음란한 세상이 부르는 소리에 유혹되지 않고 오직 예수 방에 거하는 하나님 자녀가 되게 하여 주시옵소서! 예수님 이름으로 기도합니다! 아멘

폐회 : 주기도문

외치는 소리

개회 : 사도신경 / 찬송 544장 / 성경 잠8:1~11

말씀듣기

잠언서는 성경의 다른 책과는 달리 유난히 소리를 많이 지르는(?) 책입니다. 잠언 초반부에서부터 잠언의 주인공인 지혜는 성중 높은 곳에 올라가 거기서 소리를 지르고, 시장 사거리에서 목소리를 높이며, 문어귀에서 큰 소리를 발합니다. 그런데 이 소리가 커다란 외침임에도 불구하고 어떤 사람들에게는 이 말이 시끄러운 주위의 소음에 덮여서 잘 들리지 않고, 어떤 사람들에게는 또렷한 음성으로 들립니다. 신앙생활 한다는 것을 가만히 생각해 보니까 그것은 한 마디로 듣는 생활이었습니다. 하나님의 말씀을 잘 듣고 그 말씀을 잘 따라가는 것이 신앙생활입니다. 문제는 하나님의 말씀이 잘 들리지가 않기 때문에 문제가 됩니다. 목사님 말도 다 그냥 사람이 하는 말 같고 성경말씀도 다 사람이 쓴 말들 같습니다. 먼저는 들을 수 있는 영적인 귀가 열려야겠습니다.

마음열기

듣는다는 것은 마음이 열려야 한다는 것입니다. 무엇인가에 골몰해 있으면 불러도 모릅니다. 아이들이 TV보고 있으면 불러도 잘 모릅니다. 제가 컴퓨터 앞에 앉아 있으면 아내가 불러도 잘 모릅니다. 귀는 있는데 들리지가 않습니다. 음파의 진동이 분명히 아이들과 내 고막에 와 닿았지만 그것이 뇌신경에까지 전달되지 않는 것입니다. 마음이 빼앗겨 있기 때문입니다. 세상사는 모든 일이 그런 것 같습니다. 살아가는 일에 정신이 빼앗겨 있고 돈에 마음이 빼앗겨 있고 출세와 탐욕에 온 마음이 빼앗겨 있으니 하나님 말씀이 들릴 리가 없습니다. 세상의 온갖 잡다한 것들이 우리의 영적인 고막과 뇌신경 사이를 가로막고 있기 때문입니다. 성경에서 들린다는 것은 깨닫는다는 것과 같은 의미입니다. 깨닫지 못하면 안 들은 것만 못합니다. 그러나 깨닫기만 하면 은혜가 임합니다. 그 깨달음 속에 하나님의 축복이 임합니다. 곤충학자는 아무리 시끄러운 거리에서도 귀뚜라미 소리가 들린다고 합니다. 관심이 있기 때문입니다. 돈에 온 정신이 빠진 사람은 무슨 소리든 다 돈 떨어지는 소리로 들린다고 합니다. 하나님 사랑하는 사람은 하나님소리가 들려야 합니다. 요한복음에 기록된 말씀처럼 목자는 양을 알고 양은 목자의 음성을 듣게 되어 있는 것입니다. 아무리 멀리서 불러도 양은 자기 목자의 음성이 들려야 합니다. 그것을 못 들으면 양은 곧 길을 잃던지 포식자에게 잡혀 먹히는 것입니다.

귀로만 듣는 것이 아니네요

하나님 말씀이 잘 들리기 시작하면 참 좋습니다. 언제 어디서건 우리의 모든 생활 속에서 주님은 지혜의 모습을 하고 우리에게 말씀하시니까요! 보증 서다 침상채로 날아간 것을 보았다면 지혜가 날 향해서 큰 소리를 지른 것입니다. 하나님 말씀 어기다가 매 맞은 사람 보았다면 역시 마찬가지입니다. 너 역시 말씀을 어기면 이와 같이 된다는 것입니다. 하나님의 음성은 귀로만 듣는 것이 아니라 양심을 통해 듣고 주위에서 일어나는 사건을 통해 눈으로 듣는 것이기 때문입니다. 그 말씀을 따라 사는 그 길이 우리 인생에게 생명 길인 줄로 믿습니다.

기도 : 하나님 아버지! 여기저기서 들려주시는 주님의 분명한 음성을 듣고 그 말씀에 순종하는 자녀가 되게 하여 주시옵소서! 예수님 이름으로 기도합니다! 아멘

폐회 : 주기도문

나를 간절히 찾는 자

개회 : 사도신경 / 찬송 539장 / 성경 잠8:17

한류

최근 어떤 유력 정치인이 동남아 어느 나라의 장관을 만났을 때 일어난 일이라고 합니다. 회담을 하다가 5시가 되자 갑자기 마무리를 하자고 했다고 합니다. 한류 드라마를 볼 시간이 됐다는 게 그 이유였습니다. 동남아 뿐만 아니라 일본에도 한류 스타들의 열성 팬클럽이 많이 있습니다. 그런데 팬클럽에 가입하려면 적어도 그 배우들이 출연한 드라마를 50번 이상 보아야 할 뿐 아니라 그들 자체적으로 치루는 시험에서 합격해야만 한다고 합니다. 무슨 시험인고 하니 드라마를 돌리다가 갑자기 멈춘 후 다음 사람의 대사를 연기해야 한답니다. 피아노 위에 얹혀 있는 소품이 무엇인지도 알아야 한다고 합니다. 이런 엄격한 자격을 갖추어야 저들이 좋아하는 배우의 팬클럽에 가입할 수 있다고 합니다.

간절한 마음

한류 스타가 오는 날이면 공항에서 밤을 세워 기다리는 것은 예사고 어쩌다 눈길 한번 마주치면 그 자리에서 기절하는 아줌마도 있다 하니 말 그대로 우상이 아닐 수 없습니다. 이 정도 되면 한류 스타들을 향한 그들의 마음이 얼마나 간절하고 애절한지 알 것 같습니다.

그들의 행위가 한낱 구름위의 인기를 쫓는 것이라 할지라도 예수를 섬기는 우리에게 경각심을 갖게 하기에 충분합니다. 우리는 예수를 사랑하고 따라가는 제자로서 자격을 갖추어 그 반열에 서기까지 얼마나 주님을 향한 간절함이 있는지 생각하게 됩니다. 또한 그분의 말씀을 얼마나 암송하고 묵상하는지도 또한 돌아보게 됩니다.

나를 간절히 찾는 자가

오늘 본문은 "나를 사랑하는 자들이 나의 사랑을 입으며 나를 간절히 찾는 자가 나를 만날 것이니라" 입니다. 팬클럽 회원들이 자신들의 우상을 만나기 위해 이렇듯 몸으로 애쓰고, 시간적으로 많은 고생을 하며, 적지 않은 돈을 투자하는 것처럼 우리 성도들이 주님을 향하여 사랑을 고백하고 애쓴다면, 우리는 정말 주님을 만날 수 있을 것입니다.

우리는 주님을 사랑한다고 하면서도 별로 간절하지 않았고, 애절하지도 않았습니다. 또한 주님을 찾는다고 하면서도 조금 찾다가 그만 두는 경우가 너무 많았습니다.

그러나 오늘 주님 말씀처럼 주님을 간절히 사랑하는 자들은 결국 주님의 사랑을 입게 되며 주님을 간절히 찾는 자는 꼭 주님을 만나게 되실 것을 믿습니다.

기도 : 사랑하는 하나님 아버지! 우리의 신앙에 간절함이 없었고, 타성에 이끌리는 화석화 된 신앙이었음을 회개합니다. 뜨겁게 주님을 사랑하고 주님을 찾는 우리의 믿음이 되게하여 주시옵소서. 예수님 이름으로 기도합니다! 아멘

폐회 : 주기도문

문제의 답 = 예수 그리스도

개회 : 사도신경 / 찬송 499장 / 성경 잠8:11~21

지혜를 얻으라

잠언은 줄기차게 지혜가 귀한 것이라고 말합니다. 진주보다 귀하고 네가 사모하는 그 무엇과도 비교할 수 없을 정도로 가치 있는 것이니 지혜를 얻으라고 합니다. 14절에서 나를 얻으면 그 사람이 공부하는 학자라면 도략과 참 지식을 얻게 될 것이며, 15절에서도 그 사람이 왕이라면 세상을 다스릴 치리법을 얻게 될 것이며, 18절에서는 그 사람이 사업하는 사람이라면 장구한 재물을 얻게 될 것이라고 말씀하고 있습니다. 이 땅에 있는 모든 것들은 이 땅을 지으신 하나님에게서 나온 것입니다. 모든 별들이 한 치의 오차도 없이 우주를 운행하는 지식이 하나님 지혜에서 나왔습니다. 또한 세상의 모든 권력이 주님으로부터 나옴으로 세상의 모든 존귀한 자들이 세상을 다스린다고 하십니다. 그 능력이 왕의 왕 되신 하나님께 있습니다. 18절에서도 부귀도 하나님 지혜 안에 있고 장구한 재물도 다 하나님 안에 있다고 하십니다.

지혜로 나타난 예수님

그렇기 때문에 지혜를 얻고자 하는 자는 그 지혜를 지은 분에게로 가야 합니다. 그분에게로 가지 않으면 아무리 해봤자 금방 한계에 부딪칩니다. 답이 없습니다. 죽음 앞에서 다 막힙니다. 절망 앞에서 다 주저 앉습니다. 그 분 앞에 가면 답을 주십니다. 괜히 철학책 들고 죽음을 사색할 필요가 없습니다. '한번 죽는 것은 사람에게 정한 것이요 그 후에는 심판이 있느니라' 성경에 정답이 다 나와 있습니다. 죽음 후에는 심판이 있습니다.

예수 안 믿으면 심판받지만 예수 믿으면 내가 받을 심판 예수님이 십자가에서 다 담당하셨기 때문에 나는 천국 가는 것입니다. 이 지혜가 바로 예수님이십니다. 구약성경에서는 예수님 이름이 안 나오지만 예수님으로 가득 덮여 있습니다. 특별히 잠언은 인격화된 지혜로 나타나십니다. 이 예수님이 보여야 합니다. 17절이 귀합니다. 나를 사랑하는 자가 나의 사랑을 입으며 나를 간절히 찾는 자가 나를 만난다고 하십니다. 여기서 '나'가 누굽니까? 예수님입니다. 지혜를 다시 말씀드리면 예수님을 간절히 사랑하는 자가 예수님을 만나는 것입니다. 구약성경에도 예수님으로 가득 차 있다는 말씀은 다음 시간에 더 자세히 다루게 됩니다.

권력과 부귀와 재물도

권력도 마찬가지입니다. 이 땅의 모든 권세는 하나님에게서 나온 것입니다. 권력자들이 왕이 되어 다스린다고 하지만 하나님의 지혜를 붙들지 않으면 모두 하나같이 교만해져 스스로 멸망 길을 자초하게 된 것을 우리는 역사를 통해 알 수 있습니다. 예수님이 보이면 물질문제도 해결됩니다. 18절에서 분명히 '부귀가 내게 있다!' 하십니다. 부귀를 얻고자 하는 자는 부귀로 뛰어가서는 안 되고 예수님께로 달려가야 합니다. 21절에서도 말씀하시길 주님은 "나를 사랑하는 자들로 재물을 얻게 해서 그 곳간에 채우게 하신다"고 하셨기 때문입니다. 잠언에서 지혜를 사랑하는 것은 곧 주님을 사랑하는 것과 같은 말입니다. 지혜이신 주님을 얻을 때 모든 문제의 답이 그 안에서 해결될 줄을 믿습니다.

기도 : 하나님 아버지! 모든 문제의 해결이신 분이 바로 우리 주님이신 것을 믿습니다. 문제를 해결받기 위해 오직 주님께로 달려가는 주의 성도들이 되게 하여 주옵소서! 아멘

폐회 : 주기도문

창조자=예수 그리스도

개회 : 사도신경 / 찬송 492장 / 성경 잠8:22~31

믿음으로 받읍시다

하나님께서 이 세상과 사람을 지으셨다는 창조의 신앙은 모든 크리스천의 신앙의 기초와 바탕이 되는 부분입니다. 하나님이 지으셨기 때문에 이 세상의 주인은 하나님이 됩니다. 마찬가지로 나의 주인도 하나님이 되시는 것입니다. 이것은 믿음으로 받는 것이지 피조물인 우리가 우리의 지성으로 받으려고 하면 그 자체가 불가능한 일입니다. 이제 덧셈 곱셈하는 아이에게 미분 적분 인테크랄 아무리 설명해도 모릅니다. 알고 싶은 것과 수용능력이 안 되는 것은 별개의 문제입니다. 사람은 이것을 과학이란 지성을 통해서 해결하려고 했습니다. 그러나 과학이 우리에게 말하는 진화의 이론은 이미 그 자체가 과학적 논증이 되지 않습니다.

우연이 아닙니다

왜냐하면 과학은 우리가 우연히 여기 있다고 말하기 때문입니다. 원시 지구의 대기에서 단백질의 구성원인 아미노산이 만들어지는 확률 10의 140승분의 1을 아무렇지도 않게 받고 있습니다. 역시 그 아미노산이 비와 함께 땅위에 떨어져 생명의 기본단위인 단백질이 될 확률 10의 1414승분의 1을 믿고 있습니다. 제가 지금 말씀드린 숫자는 수학적으로는 있는 수인지 모르겠으나 통계학적으로는 없는 수치라고 합니다. 과학의 말 그대로라면 생명은 우연히 여기 생긴 것입니다. 제가 하늘에서 우연히 떨어졌다고 말씀드리면 누가 믿겠습니까? 그런데 진화론 과학이 우연히 우리가 하늘에서 떨어졌다고 하면 다 그런 줄 압니다. 아이러니가 아닐 수 없습니다. 이 모든 것이 원인이 있습니다. 그 궁극적인 원인자가 바로 하나님이십니다. 하나님이 세상을 만드셨고 나를 여기 있게 하셨습니다.

만세 전에 계신 분
오늘의 본문인 잠언을 보면 창세기 1장에 기록된 천지창조의 하나님이 오늘 여기서도 기록되고 있습니다. 그런데 22절부터 쭉 보니까 하나님 옆에 누가 계십니다. 바로 예수님입니다. 지혜로 구약에 나타나신 예수님입니다. 하나님의 아들이신 예수님께서 만세전에 땅과 하늘과 바다가 생기기전부터 계셨다고 합니다. 30절에는 "내가 그 곁에서 창조자가 되어 그 앞에서 즐거워 하였으며" 말씀하고 있습니다. 31절에서 "사람이 거처할 땅에서 즐거워 하며 인자들을 기뻐하셨다"고 말씀하고 있습니다. 우리가 거처할 땅과 사람들을 바라보시며 기뻐하시는 주님의 모습이 나타납니다. 이 주님이 바로 우리를 위해 십자가를 지기 위해서 오실 하나님의 아들이라는 생각을 하면 이 본문이 너무나 큰 은혜가 됩니다.

우리를 지으셨을 뿐만 아니라 우리 죄를 대신 십자가에서 담당하시기 위해 장차 오실 주님을 기다리며 그분을 온 마음으로 영접하는 성도가 되어야 하겠습니다.

기도 : 우리를 지으셨을 뿐만 아니라 우리를 위해 십자가를 지러 이 땅에 오신 주님을 우리 마음 속에 영접하는 하나님 자녀가 되게 하여 주시옵소서! 예수님 이름으로 기도합니다! 아멘

폐회 : 주기도문

완전한 자기부인

개회 : 사도신경 / 찬송 395장 / 성경 잠8:32~36

십자가의 도

예수를 믿고 섬긴다는 것은 예수의 도를 쫓는다는 것과 같은 말입니다. 예수의 도는 다름 아닌 십자가의 도를 말합니다. 십자가의 도를 쫓는다는 것은 자기 자신의 뜻을 부인하고 아버지의 뜻을 따르는 삶을 말합니다. 내 생각, 내 뜻을 다 내려놓고 하나님의 뜻을 구하고 쫓아가는 것입니다. 구약에서 아브라함이 그의 독자 이삭에게 하나님이 너를 바치라고 명령하셨으니 제단위로 올라가라고 합니다. 건강한 청년 이삭에게 왜 자기 뜻이 없겠습니까? 그러나 이삭은 노쇠한 아버지 아브라함의 명령에 순종해서 제단위로 올라갑니다. 신약의 예수님도 십자가를 앞에 놓고 내 뜻대로 마옵시고 아버지의 뜻대로 해달라고 기도하셨습니다. 사랑하는 아버지가 주시는 잔이기 때문이 내가 그 잔을 마실 수 있다고 하십니다. 여기서 온전한 자기부인이 무엇인지를 가르쳐 줍니다.

답답해 보이지만

십자가를 지시는 예수님을 바라보고 있으면 참 약해 보입니다. 답답해 보입니다. 미련해 보이기까지 합니다. 한 마디 말도 없습니다. 빌라도가 묻기를 "보라 저들이 얼마나 많은 것으로 너를 고소하는지를 왜 아무 말이 없느냐 예수께서 아무 말도 아니하시니 저가 기이히 여기더라" 그래서 십자가의 도가 멸망 받을 자들에게는 미련한 것이지만 구원을 얻는 우리에게는 하나님의 능력이라고 고린도전서에서 말씀하신 뜻이 무엇인지 충분히 이해됩니다. 바로 이와 같은 예수님의 순종으로 우리에게 십자가 대속이라는 엄청난 하나님의 은혜가 주어졌습니다. 하나님의 능력은 그의 아들 예수 그리스도의 온전한 순종으로 말미암아 우리에게 안겨졌습니다.

도를 지키는 자

오늘 본문 32절에 '내 도를 지키는 자가 복이 있다' 고 하십니다. 여기서 나는 물론 예수님이십니다. 예수님처럼 온전한 자기부인을 통해 하나님 명령에 순종할 때 예수님에게 내리신 하나님의 복이 우리에게도 흘러 오게 됩니다. 순종이 곧 복입니다. 순종함으로 하나님의 아들 예수 그리스도를 내 마음에 모시고 34절 처럼 날마다 그에게 들으며, 날마다 그 곁에서 그의 말씀을 순종하는 것 그것이 바로 우리에게 복이 됩니다. 계속해서 35,36절에서 주님은 말씀하십니다. 예수 십자가의 도를 얻는 자들에게는 생명과 은총을 얻겠지만 그것을 잃어버리면 그는 자기 영혼이 해를 입게 되고 사망이 저에게 있다고 하십니다.

십자가 보혈의 믿음을 내 것으로 소유하고 그것을 잘 보관하며 지키고 살아간 자는 천국문 앞에서 기쁨으로 웃겠지만 자기 육신의 정욕만을 얻고 채우고 쌓기 위해서 살아간 자는 바깥 어두운 곳에 쫓겨나서 거기서 슬피 울며 이를 가는 일이 있을 것입니다.

기도 : 하나님 아버지! 십자가의 길은 온전한 자기 부인인 것을 믿습니다. 나약해 보이지만 온전히 하나님 말씀을 쫓아갈 때 우리에게 승리가 있을 줄로 믿습니다! 예수님 이름으로 기도합니다! 아멘

폐회 : 주기도문

징계는 사랑하는 자에게

개회 : 사도신경 / 찬송 388장 / 성경 잠9:7~10

어려운 징계

누군가를 가르치고 훈계하는 일은 조심스럽고 어려운 일입니다. 가르침과 훈계는 친구간에, 부부간에 형제간에 하기가 참 곤란합니다. 이게 먹히면 좋은데 안 먹히고 너나 잘하라고 싸움만 나는 경우가 많거든요. 그래서 하나님은 우리 위에 스승을 주시고 부모와 목회자를 두셨습니다. 교사와 목사는 아이들과 교인을 칭찬하는 일로 세워야 합니다. 그러나 때로는 징계하기도 해야 합니다. 같은 잠언 말씀 중에 초달을 대지 않는 부모는 자녀를 사랑치 않는 부모라 했습니다. 히브리서에서는 징계치 않는 아들은 참 아들이 아니라고 말씀하셨습니다. 교사와 목사는 힘써 자녀와 성도를 칭찬할 것이지만 징계할 때는 따끔히 징계해야 할 것입니다.

알아 먹히게

교사와 부모와 목회자로서 이것을 하지 않으면 직무유기 하는 것이 됩니다. 그런데 중요한 것이 있습니다. 알아 먹히게 해야 합니다. 알아 먹히게 하지 않으면 하지 않는 것만 못하게 됩니다. 나를 사랑해서 징계하는 것으로 받게 해야 합니다. 지금 엄마가 아빠한테 쌓인 스트레스 풀려고 나를 이렇게 잡는 것인지, 정말 나를 사랑해서 징계하는 것인지 아이들은 본능적으로 알게 되어 있습니다. 목사가 교인을 진심으로 사랑한다면 사망 길로 나가는 것을 뻔히 보면서 내버려 두지 않습니다. 성도를 살리기 위해서 사랑해서 훈계하는 것으로 교인들로 하여금 알게 해야 합니다. 그런 면에서 훈계를 하는 사람과 훈계를 받는 사람 간에는 서로 깊은 사랑의 유대관계가 있어야 합니다. 서로 사랑하고 있다는 것을 서로 인식하고 있는 경우에만 이것이 먹혀 든다는 것입니다.

오직 사랑으로

사랑이 없으면 이 훈계와 징계가 역기능으로 작용하게 됩니다. 분열만 더욱 심해집니다. 징계는 지혜로운 자에게 해야 하고 그 지혜로운 자는 다름 아닌 사랑하는 자라는 것을 오늘은 꼭 기억해야 할 것입니다. 특별히 성경은 거만한 사람에게 훈계하지 말라고 오늘 잠언 본문에서 말씀하고 있습니다. 사실 제일 훈계를 들어야 할 사람은 바로 이 거만한 사람입니다. 왜냐하면 "교만은 패망의 선봉이요 거만은 넘어짐의 앞잡이"라고 했기 때문입니다.

저렇게 거만을 떨다가 넘어질 것을 불쌍히 여겨서 훈계를 해줘야겠는데 거만한 사람은 그것을 듣지 않는다는 것입니다. 오히려 훈계하는 자를 능욕하고, 책하고, 미워한다는 것입니다. '너나 잘하라!' 고 한다는 것입니다. 거만한 자는 항상 하는 말이 있습니다. 그 말은 '나는 다 아는 것이기 때문에 네 말은 들을 필요도 없다' 는 말입니다.

그러나 지혜로운 자는 항상 자신의 지식이 완전하지 못하다는 것을 알기에 끊임없이 다른 사람의 가르침을 받습니다. 지혜는 겸손이고 겸손은 더욱 큰 지식을 낳습니다. 그는 10절 말씀처럼 하나님을 경외하게 되며 지혜의 근본이신 하나님을 아는 자리에까지 나아가게 되는 것입니다.

기도 : 주의 징계를 겸손히 감사함으로 받는 주의 성도가 되게 하여 주시옵소서! 예수님 이름으로 기도합니다! 아멘

폐회 : 주기도문

나머지 부분

개회 : 사도신경 / 찬송 499장 / 성경 잠9:10

뇌의 활용범위

보통 사람은 자신의 뇌가 활용될 수 있는 잠재기능 중에 5~10% 밖에는 사용하지 못한다고 합니다. 실제로 그것만으로도 우리는 충분히 살 수 있고 더 나아가 깊은 지식의 세계까지 탐구할 수 있다고 합니다.

아무리 공부를 많이 하고 아는 것이 많아도 뇌기능의 10% 이상은 사용하지 못한다고 합니다. 세계적인 천재 물리학자 아인슈타인이 약 10%를 조금 넘게 사용했다고 하니 보통사람은 기껏해야 5%를 넘지 못할 것입니다. 그렇다면 모든 일에 실수가 없으시고 정확하신 하나님은 왜 인간을 창조하실 때 우리 뇌가 사용하지도 못하는 나머지 90%에 해당하는 그 많은 부분을 만들어 놓으신 것일까요?

기도하라고

그것은 우리가 믿음의 눈으로 봤을 때에 창조주이신 하나님과 교제하라고 그 많은 부분을 남겨두신 것임을 믿습니다. 학자들의 말에 의하면 인간은 그가 기도하고 있을 때에 그의 뇌가 가장 완벽하게 개발될 수 있다고 합니다. 그것이 뇌파의 변화를 통해서 과학적으로 입증된 것이라고 합니다. 기도하는 자는 하나님이 그에게 지혜의 영으로 그 나머지 90%에 해당하는 부분을 채워 주십니다. 또한 기도하는 자는 본인이 장수합니다. 또한 다른 사람을 위하여 기도할 때는 그를 치유하고 살리는 능력이 개발됩니다. 그러므로 인간의 뇌를 개발시키려면 기도해야 합니다. 어릴 때부터 자녀에게 기도를 가르치고 창조주 하나님을 가르친 아이의 뇌가 발달하고 명석하게 되는 것은 두 말할 필요도 없을 것입니다.

용도활용

오늘 말씀은 잠언의 대표적인 구절입니다. "여호와를 경외하는 것이 지혜의 근본이요 거룩한 자를 아는 것이 명철이니라"는 말씀은 하나님을 두려움과 떨림으로 섬길 줄 알고 그분과 날마다 동행하며 하나님을 알아갈 때 참된 지혜와 명철이 우리 안에서 새롭게 발견되고 개발된다는 말씀입니다. 하나님은 우리가 이 땅을 살아가는 동안 당신과 친밀한 교제를 이루며 살아가는데 필요하다고 판단하시고 남겨 놓으신 부분이 바로 우리 뇌의 90%라는 사실입니다.

하나님은 복되게 사용하라고 우리에게 주셨는데 그 용도를 전혀 알지 못하고, 한 번도 제대로 사용하지 못 하고 주께로 가는 일이 없기를 소망합니다.

기도 : 사랑하는 하나님 아버지! 기도함으로 우리의 뇌가 계발되고 신령한 주님과의 교제를 나눔으로 참으로 명철한 자가 됨을 믿습니다. 주께서 주신 것을 충분히 활용하며 살아갈 수 있도록 역사하여 주시옵소서! 예수님 이름으로 기도합니다! 아멘

폐회 : 주기도문

예수대로(大路)

개회 : 사도신경 / 찬송 410장 / 성경 잠9:13~18

숙맥

오늘 본문도 누군가가 소리 지르고 있습니다. 그런데 오늘 소리는 지금까지 잠언에서 기록된 소리와는 사뭇 다른 소립니다. 잠언에서의 외침과 소리는 모두 지혜자의 음성이었습니다. 지혜자가 성읍 높은 곳과 시장 사거리에서 하나님의 음성을 듣고 순종할 것을 외쳤습니다.

오늘은 지혜자가 잠깐 자리를 비운 사이(?) 그 자리에 어떤 미련한 계집이 와서 소리를 지릅니다. 13-15절까지를 보면 미련한 계집이 떠들며, 아무것도 알지 못하고 자기 집문에 앉아서, 성읍 높은 자리에 앉아서 자기 길을 바로 가는 행객을 부르고 있습니다. '어리석은 자는 이리로 돌이키라' (16하)고 합니다. 개역성경이 이 16절의 감을 잘 살리지 못한 것 같아서 의역된 공동번역 본문을 말씀드리겠습니다. 16절의 공동번역 본문은 '이 숙맥아! 이리 오렴!' 입니다. 융통성도 없이 바보같이 한 길로만 가지 말고 여기저기 기웃거리다가 죄도 좀 짓고 육체가 원하는 대로 한번 살아보기도 하라는 뜻입니다. 그러니까 16절에 기록한 '어리석은자' 는 진짜 어리석은 자가 바라본 어리석은 자입니다. 숙맥입니다. 우리는 흔히 답답한 사람을 보고 '이 숙맥아!' 라는 말을 합니다. 예수믿는 자는 믿지 않는 자의 눈에는 숙맥처럼 보이는 것입니다. 고리타분해 보이는 것입니다.

샛길

왜요? 바른길만 가니까요. 15절 말씀처럼 자기 길을 똑 바로만 가고 있으니까요. 우리는 믿음으로 이 세상을 살면서 여기저기서 우리의 바른길을 유혹하는 음성을 듣기도 하고 죄된 우리 마음을 사로잡는 장면을 보기도 합니다. 그래서 똑바른 길을 버리고 샛길로 들어서라는 강력한 유혹에 접하기도 합니다. 그러나 우리가 정말 하나님의 자녀라면 "사탄아 물러가라!" 한번 하고 가던 길, 믿음의 길 계속가는 은혜가 있어야 합니다. 거기 샛길로 들어서면 큰일 납니다. 죽음과 사망이 거기에 있기 때문입니다.

17절에서는 도적질한 물이 달고 몰래 먹는 떡이 맛있다고 했습니다. 몰래 숨어서 나쁜 짓을 하고, 숨어서 채팅을 하고, 숨어서 바람을 피우고, 숨어서 노름을 하고, 숨어서 모의를 하고 이렇게 숨어서 샛길에서 죄를 지을 때 달콤합니다. 우리의 죄성이 그렇습니다. 그러나 대로에서는 부끄럽습니다. 그런 의미에서 성도는 항상 환한 대로에 있어야 합니다.

똑바른 길

10번 고리타분하고 10번 숙맥이 되더라도 우리는 똑바른 길에서 물을 마시고 떡을 먹어야 합니다. 18절에서는 유혹에 못 이겨 샛길로 들어선 자의 모습을 보여주고 있습니다. 역시 현장감 있게 번역된 공동번역 본문을 말씀 드리겠습니다. '그런 무리들은 멋모르고 들어섰다가 죽은 혼백을 보고 저승 골짜기에 들어섰음을 알게 되리라!' 어두운 샛길에서 죄짓고 그것을 즐기는 자들을 가리켜서 성경은 죽은 자들이라고 표현합니다. 그리고 그 앞에는 지옥문이 있다는 것도 말씀합니다. 성도는 대로에 있어야 합니다.

환한 대로는 다름 아닌 예수 믿고 의지하는 길인 것을 믿습니다. 우리 모두 예수대로 위에 서서 똑바른 인생길 걸어가는 은혜가 있기를 축복합니다.

기도 : 사랑하는 주님 !오직 주님만 믿고 따르는 인생길이 되게 하여 주옵소서! 예수님 이름으로 기도합니다!

폐회 : 주기도문

정직과 근면

32

개회 : 사도신경 / 찬송 404장 / 성경 잠10:2~5

예수의 의

예수를 믿으면 의인이 됩니다. 이것은 하나님의 선언입니다. 지금 내 모습을 보면 의로운 자의 모습이 없다고 해도 하나님이 의인으로 인정하십니다. 그 이유는 하나님은 우리의 의를 보는 것이 아니라 우리가 영접한 예수님의 의를 보시기 때문입니다. 예수님의 의가 우리의 모든 죄를 다 덮고도 남음이 있기 때문입니다.

예수를 믿고 이제 마음으로 영접한 다음부터는 예수님의 의가 점점 우리 속에 녹아듭니다. 그러면서 점점 예수님의 모습을 닮아 갑니다. 예수님의 모습을 닮아가는 것이 성화되는 길이고 제자가 되는 길입니다. 주님의 말씀에 통제를 받습니다. 그 전에는 아무 스스럼 없이 죄짓던 행위들이 이제는 마음에서부터 브레이크가 걸립니다. 그 브레이크가 걸리는 것 중에 오늘은 정직과 부지런함에 대해서 말씀을 드리겠습니다.

정직함

본문 2절입니다. "불의의 재물은 무익하여도 공의는 죽음에서 건지느니라" 예수 믿는 사람은 정직해야 합니다. 이 정직은 특히 재산을 모으는 데 있어서의 정직을 말합니다. 정직해야 하는 이유는 불의로서 얻은 재물은 그것이 무익하기 때문입니다. 그런데 그냥 무익한 정도가 아니라 그것이 나를 죽이는 재물이 된다는 것입니다. 본문에서 '불의한 재물은 무익하다' 는 것은 그 뒷말과 대조를 이루는 말입니다. 뒷말은 '의리는 죽음에서 건진다' 는 말인데 여기서 의리는 사나이간 의리 그런 뜻이 아니라 의로운 이익을 말합니다. 다시 말하면 의로운 이익은 우리를 살리지만 불의한 이익은 우리를 죽인다는 것입니다.

우리는 너도나도 다 불의한 죄악 세상에서 살면서 나만 유독 정직을 지키다가는 꼭 나만 쪽박 찰 것 같은 두려움이 있습니다. 그러나 3절이 있기에 우리에게 소망이 됩니다. 의인의 영혼은 여호와께서 주리지 않게 하십니다. 그러나 악인의 소욕은 물리치신답니다. 좀 과격하게 번역한 공동번역을 보면 악인의 밥그릇은 여호와께서 깨버리신다고 되어 있습니다.

부지런함

그리고 이어서 4절과 5절에서 주님께서는 구체적으로 재물을 어떻게 모아야 하는지 그 방법에 대해서도 말씀해 주십니다. 그것은 부지런함을 통해서 재산을 모으라는 것입니다. 가만히 보면 일은 안하고 내내 놀고, 쉬고, 먹고, 마시고 하는 사람들이 불의한 재물을 바라게 되는 것을 봅니다. 근면한 사람들은 허탄한 것을 바라지 않습니다. 항상 깨어서 기도하고 본문 말씀처럼 손을 부지런히 놀리시기를 바랍니다. 5절에 여름에 거둔다는 말은 아주 일찍 심었다는 말입니다. 뭘 해도 남보다 먼저 일어나서 해야 합니다. 그래야 부하게 되는 것입니다. 그런데 그 바쁜 추수 때에 낮잠 자는 사람이 어떻게 부하게 되기를 바라겠습니까! 근면함과 부지런함으로 생명을 살리는 의로운 재물들을 많이 쌓으시고 부하게 되시는 성도들이 되시길 축복합니다.

기도 : 사랑하는 하나님 아버지! 예수의 의를 힘입어 정직하고 부지런하게 사는 성도가 되게 하옵소서! 예수님 이름으로 기도합니다! 아멘

폐회 : 주기도문

의인의 입은 생명샘

개회 : 사도신경 / 찬송 442장 / 성경 잠10:6~11

머리위로 복이 내려 오네요

성경을 보면 예수믿는 자를 부르는 이름이 몇 가지 있습니다. 죄와 구별된 거룩한 무리라는 뜻의 성도라고 부르기도 하고, 하나님 나라의 백성이라고도 하고, 하나님 아버지의 자녀라고도 합니다. 그 중에 또 하나의 호칭이 있습니다. 그것은 바로 의인이라는 말입니다.

성경은 예수믿는 자를 의인이라고 합니다. 이 말씀을 오늘 말씀 6절과 연결하면 의인의 머리위로는 뭐가 내려옵니다. 바로 하나님의 복이 내려옵니다. 하나님의 축복이 내려온다는 것은 생각만 해도 얼마나 귀하고 복되고 즐거운 일인지 모르겠습니다. 6절에서 "의인의 머리위에는 복이 임하거늘"에서 의인은 예수믿는 자인고로 의인의 자리에 우리 이름을 넣어서 한 번해 보겠습니다. 머리에 손을 얹고 하면 더욱 좋습니다.

복이 있으라

그러면 그 다음 구절에서 '악인은 복이 임하질 않는다' 라고 해야 하는데 그렇게 말씀하지 않고 좀 생뚱맞게 '악인은 그 입에 독을 머금었다' 라고 말씀하고 있습니다. 성경은 항상 댓구를 이루면서 진리를 말씀하는 책입니다. 특히 잠언은 더 그렇습니다. 앞의 말이 그 뒷 구절에서 풀리고 뒤의 말을 뒤집으면 앞으로 오게 됩니다. 그러면서 하나의 진리를 더욱 밝히 드러내게 하십니다. 그러니까 악인은 복이 없는데 그 대신 입술에 독을 머금고 있습니다. 이 말을 뒤집으면 의인의 머리위로 내린 복은 바로 입술의 복을 말씀하는 것입니다.

우리가 방금 받은 축복이 무슨 복인지를 여기서 알려 줍니다. 말하는 축복을 받은 것입니다. 무슨 말인지가 중요합니다. 감사를 말하고 소원을 말하고 위로를 말하게 됩니다. 악인이 독을 품었다는 것은 불평을 말하고 원망을 말하고 비난을 말하고 저주를 말한다는 것입니다.

하나님은 말 먼저 하시고 그 다음에 일하십니다. 하나님의 속성입니다. "빛이 있으라" 말씀하고 그리고 빛이 있는 겁니다. "복이 있으라" 하면 복이 있는 것입니다. 이것은 하나님의 형상을 입은 사람들도 똑같습니다. 하나님이 그 머리에 복을 주실 때 먼저 말하게 하십니다.

복이 나오는 곳

매사가 비판적이고 신경질적으로 말하던 사람이 갑자기 감싸주는 말하고 용서하는 말을 합니다. 그 사람 머리위로 의인의 복이 임한 것입니다. 불평과 불만의 말을 쏟아놓던 사람이 감사를 말하고 찬송을 부릅니다. 그 사람 머리위에 하나님의 복이 임한 증거입니다. 그리고 그가 말한대로 감사할 일들이 더 많이 생기게 하시고 찬송 부를 일만 생기게 하십니다.

본문 10장이 한절 건너 계속해서 '입' 과 '혀' 와 '입술' 로 표현된 말의 중요성이 계속해서 나옵니다. 그만큼 중요합니다. 본문 11절이 말씀의 결론을 줍니다. 의인의 입은 생명샘이라고 명백하게 밝혀 줍니다. 의인은 그 말로써 생명을 낳는다는 표현입니다. 자신만 사는 것이 아니라 남도 살립니다. 그리고 계속해서 더욱 놀라운 생명력이 샘처럼 그 안에서 솟아나게 하십니다. 여러분 입술에 감사가 담겨있고 축복과, 긍정과, 자신감과, 믿음이 담겨 있는 것을 통해 하나님의 큰 복이 임한 것을 알고 기뻐하시기 바랍니다.

기도 : 하나님 아버지! 우리의 입이 생명이 나오는 샘인 것을 믿습니다. 항상 생명을 말하고 감사를 말하는 입술이 되게 하여 주옵소서! 예수님 이름으로 기도합니다!

폐회 : 주기도문

사랑은~

개회 : 사도신경 / 찬 502장 / 성경 잠언 10:12

두 그룹

사도행전 초반을 보면 미워하는 사람들과 사랑하는 사람들의 구도로 이해할 수 있습니다. 사도들을 미워하고 욕하고 잡아다가 매질하는 당시의 지도층이었던 대제사장에 속한 무리들과 욕먹고, 매맞고, 갇히고, 위협을 당하면서도 그에 대항하지 않고 스데반처럼 천사의 얼굴로 대했던 사람들의 두 그룹이 등장하고 있습니다.

허물없는 가족

시기심과 미움에 가득한 대 제사장에 속한 사람들에게는 진리가 들리질 않았습니다. 미워하니까 아무것도 들리지가 않았습니다. 들리지 않은 것뿐만 아니라 보이는 것 역시 이상한 것만 보였습니다. 중요하지 않은 것만 보이고 껍데기만 보였습니다.

사단은 우리에게 누군가를 미워하게 하고는 우리의 이성과 감성을 다 마비시킵니다. 그런데 사랑을 하고 살면 껍데기 보다 중심이 보입니다. 단점과 약점보다는 장점과 강점이 보입니다. 그래서 가족끼리는 허물이 없습니다. 약점이 없습니다. 허물이 없다기 보다는 보이지가 않는 것입니다. 사랑하는 사이이기 때문입니다.

무장해제

이 말을 반대로 하면 허물이 많이 보일수록 가족이 아닙니다. 서로 긴장하고 경계하며 무장하고 있습니다. 지혜로운 사람은 많은 사람을 내 가족으로 만듭니다. 적으로 만들지 않습니다. 사랑하지 않고 살면 적이 많습니다. 그러나 사랑하고 살면 적이 없습니다.

사랑은 내 마음을 가지고 그 사람에게 들어가는 것입니다. 내 마음을 주면 그 사람은 날 향해 가진 긴장을 풀고 경계를 풀고 무장을 해제 합니다. 예수를 믿는 사람들은 세상을 살아갈 때 주님이 그렇게 하셨던 것처럼, 스데반 집사님이 그렇게 했던 것처럼, 천사의 얼굴을 하고 사랑했던 사람들입니다. 많은 사람을 내 가족으로 만드는 지혜와 사랑이 성도들 마음에 가득하길 기도합니다.

기도 : 사랑하는 하나님 아버지! 사랑할 마음으로 가득해서 이 세상을 살아갈 수 있도록 우리의 마음을 주장하여 주시옵소서! 예수님 이름으로 기도합니다.

폐회 : 주기도문

드러내는 사탄

개회 : 사도신경 / 찬송 444장 / 성경 잠 10: 9~14

사탄이 하는 일

아무래도 잠언 10장을 다 마치는 데는 진도가 좀 오래 걸릴 것 같습니다. 오늘은 사탄이 하는 일 두 가지를 공부하려고 합니다. 사탄이 우리 안에 몰래 들어와서 하는 일이 있습니다. 먼저는 9절 말씀처럼 똑바른 인생길로 잘 걸어가고 있는 사람을 유혹해서 굽은 길로 가게 하는 것입니다. 굽은 길로 가게 한다는 것은 그가 공직자라면 뇌물 받는 길로 가게 하는 것이고, 직장인이면 부정한 돈을 축적하게 하는 것이고, 그가 한 가정을 책임지는 가장이라면 가정을 놔두고 엉뚱한 생각을 갖게 하는 것입니다.

드러내는 일

사탄은 우리를 굽은 길로 들어서게 할 때 악을 행하게 하고 죄를 짓게 하는 일 자체에 의미를 두고서 일하지 않습니다. 우리는 이것을 기억해야 합니다. 굽은 길 자체에 의미를 두는 것이 아니라 굽은 것을 통해서 우리를 괴로워하게 하고 그것을 드러내는 데에 목적을 둡니다.

나쁜 짓을 하면 찔립니다. 그 양심이 스스로를 정죄합니다. 이것이 죄책이라는 것입니다. 누가 뭐라고 한 것은 아니지만 스스로가 너무 괴롭습니다. 뿐만 아니라 이것이 드러날까 봐 밤잠을 못 이룹니다. 그러다가 결국 드러납니다. 여기가 중요합니다. 반드시 드러난다는 것입니다. 너하고 나하고 무덤까지 가지고 가자고 쑥덕쑥덕 이야기 해도 며칠 안 되어 백일하에 다 드러납니다. 가끔씩 단골로 신문에서 대서특필 되는 기사가 있습니다. 내로라하는 유력정치인이 부정을 저지른 기사입니다. 어두운 지하주차장이나 컴컴한 호텔 식당에서 자기들끼리만 주고 받은 줄 알았습니다. 그러나 얼마 안되어 거기서 얼마짜리 먹은 것까지 밝혀집니다. 우리가 하나님 앞에 가서도 은밀한 중에 행한 모든 일이 드러날 것입니다.

본문 9절에서 '바른길로 행하는 자는 걸음이 평안하지만 굽은 길로 행하는 자는 걸음이 불편하다' 고 해야 하는데 그것보다 성경은 한 발 더 나아가서 '굽은 길로 행하는자는 드러나리라' 로 되어 있습니다. 사탄이 굽은 길로 들어서게 하는 목적은 굽은 길 자체에 있는 것이 아니라 드러나게 하는데 있기에 굽은 길은 반드시 드러난다는 것을 잊어서는 안되겠습니다.

허물을 말하는 자

다음으로 사탄이 하는 일은 자신의 허물 뿐만 아니라 남의 허물도 드러나게 합니다. 12절 말씀을 보면 "미움은 다툼을 일으켜도 사랑은 모든 허물을 덮는다"고 했습니다. 이 문장도 댓구로 이루어져 있습니다. 허물을 덮는다는 말을 앞으로 가지고 가면 다툼은 결국 남의 허물 드러내는 일에서 시작된 것입니다. 동기는 미움에 있습니다. 그를 위하고 그의 잘못을 고쳐주기 위해서라는 말은 허울 좋은 핑계입니다. 사실은 그가 밉기 때문입니다. 자기 눈에 거치고 맘에 안 드는 게 많기 때문입니다. 본문도 입술의 지혜를 말합니다. 입술의 지혜는 남의 허물을 말하지 않고 허물을 덮는 말을 하는 것입니다. 13~14절에서 지혜없는 자와 미련한 자는 다시 말해서 남의 허물을 말하는 자이고, 그의 나중은 결국 "채찍이 그의 등으로 날아오고 쉬이 멸망에 이르게 된다" 는 말씀을 우리 마음에 새겨야 할 것입니다.

기도 : 하나님 아버지! 악은 반드시 드러난다는 것을 잊지 않게 하옵소서! 또한 우리가 서로서로 용서를 말하고, 축복을 말하고, 사랑을 말하는 지혜로운 하나님 자녀가 되게 하옵소서! 예수님 이름으로 기도합니다! 아멘

폐회 : 주기도문

믿는자의 재물관

개회 : 사도신경 / 찬송 388장 / 성경 잠10:15~16,22

땀 흘린 소득

집에 재물이 들어오는 것을 싫어하는 사람은 없습니다. 불어나는 통장 계좌를 바라만 보고 있어도 식사 안해서도 배부르다고 말씀하시는 분들을 종종 보게 됩니다. 돈이 힘을 지니고 있습니다. 지갑에 돈이 두둑하게 있는 것 만으로 자신감을 얻게 되고 정치적인 힘을 얻게 되기도 하고 많은 사람들을 그 사람 주위에 모여들게 하기도 합니다. 오늘 말씀 15절 처럼 부자의 재물은 그를 지켜주는 견고한 성이 되어 줍니다. 반대로 궁핍은 그를 깊은 절망으로 이끌어서 결국 망하게 합니다. 그런데 성경은 단순히 사람에게 재물이 많이 쌓이는 것 자체를 복이라고 하지 않습니다. 16절 말씀처럼 수고로이 땀 흘려 얻은 소득이 생명을 살린다고 하고 악인이 얻은 재물은 재산을 쌓는 것이 아니라 죄를 쌓는 것이라고 합니다.

근심이 묻었습니다

22절 말씀이 이렇게 되어 있습니다. "여호와께서 복을 주심으로 부하게 하시고 근심을 겸하여 주시지 아니하시느니라" 집에 재물이 들어올 때 그냥 들어오면 좋겠는데 뭐가 묻어서 들어오는 경우가 있습니다. 바로 근심입니다. 우리는 우리에게 들어온 재물에 뭐가 묻어서 같이 들어오는지를 볼 수 있는 눈이 있어야 합니다. 이를 테면 공직생활하는 남편이 월급날도 아닌데 갑자기 100만을 가지고 들어 왔습니다. 그러면 그 돈에서 근심냄새가 풍겨져야 합니다. 공돈 생겼다고 좋아라 할 일이 아닙니다. 그 돈으로 인해 잠 못자는 일이 생기고 소화 안되는 일이 생기고 더 나아가서 직장마저 위태로워집니다. 세상 사람은 그런 돈 안 받는 것을 바보라고 합니다. 그러나 예수사람은 바보가 되어도 성경말씀대로 살고자 하는 사람들입니다. 100만원 얼른 도로 갔다주고 두 다리 뻗고 자는게 지혜자입니다.

재산을 물려받을 때도 그렇습니다. 물려받은 재산으로 통장은 하나 더 생겼는지 모르겠지만 더러는 형제들간에 우애가 예전만 못하게 되는 경우도 있습니다. 재산에 형제간의 불화가 묻어서 들어오는 경우입니다. 저 같으면 새로 생긴 통장보다 형제의 우애를 택하겠습니다.

복권에 당첨되어서 일순간에 거액을 손에 쥐게 되었다고 합시다. 이 돈에도 근심이 묻었는지를 잘 살펴봐야 합니다. 성경은 갑자기 얻게 된 재물이 사람에게 복이 되지 못한다고 하십니다. 갑자기 생긴 돈이 성실하던 사람을 게으름뱅이로 만듭니다. 가정적이던 남편을 바람피우게 만듭니다. 온 마음을 남편과 자녀에게 두고 알뜰살뜰하던 아내의 마음을 허탄한데로 돌리게 합니다. 겸손하던 자녀들을 교만하게 만듭니다. 재산에 가정불화가 묻어서 들어온 경우입니다. 그리고 실제로 통계를 보면 복권에 당첨되어 전보다 더 불행해졌다고 말하는 사람들이 무려 60%를 넘는다는 것입니다.

평안이 묻기를

목회자는 오늘 성경말씀대로 하나님께서 복을 주셔서 성도들의 가정을 부하게 하시기를 축복합니다. 그러나 재물이 들어올 때 근심이 묻지 않고 평안이 묻어오는 재물이 되길 바랍니다. 재산이 쌓여갈 때 불화와 분쟁과 시기와 다툼을 일으키는 재산이 아니라 부부간 화목과 형제간 우애와 이웃간의 사랑을 쌓게하는 재물이 되기를 축복합니다.

기도 : 하나님 아버지! 우리 가정에 들어오는 재물에 근심이 붙는 것이 아니라 평안이 붙어 들어오게 하여 주시옵소서! 예수님 이름으로 기도합니다! 아멘

폐회 : 주기도문

말 많은 자의 허물

개회 : 사도신경 / 찬송 500장 / 성경 잠10:18~21

마음에 없는 말

사람은 그 마음에 있는 것이 말로 나옵니다. 마음에 없는 말을 하면 상대방이 금방 눈치 채고는 '속에도 없는 소리하지 말라' 는 말 듣습니다. 사랑하는 마음이 있으면 선하고 부드러운 말이 나오지만 미워하는 마음이 있으면 거칠고 악한 말이 나옵니다. 사랑하고 있으면 상대의 허물이 허물로 보이질 않습니다. 그 앞에서 굳이 꾸밀려고 하지 않아도 진실된 말이 나옵니다. 그런데 누군가를 미워하면 상대의 티도 용납이 안됩니다. 모든 것이 거슬립니다. 이래도 보기 싫고 저래도 보기 싫습니다. 그렇다고 대놓고 당신 밉다고 말할 수도 없습니다. 그러니까 자꾸 거짓된 모습과 말을 동원하게 됩니다. 절대로 미워서 그런 것은 아니라고 합니다. 밉다는 것은 감춥니다. 그리고 다른 사람 앞에 가서는 참소합니다. 참소하는 것은 그의 허물을 드러내는 일입니다.

흉보지 맙시다

그러나 오늘 성경은 18절에서 상대의 미움을 감춰뒀다가 엉뚱한 사람에게 가서 상대의 허물을 드러내는 사람을 어리석고 미련하다고 말씀하십니다. 19절에서 '말이 많다는 것' 은 남을 향해서 부정적으로 말하는 많은 말들을 가리킵니다. 사람은 주로 말 많이 할 때 남의 말을 합니다. 주로 남의 흉을 잘 봅니다. 남편 흉보고, 시집 흉보고, 앞집 아무개 배꼽 밑에 점 있다고 흉 봅니다. 크리스천은 흉보면 안 됩니다. 흉이 보이거든 덮어주고 싶은 마음이 생기는 사람이 예수 믿는 사람입니다. 내 흉을 예수님이 덮어 주셨기 때문입니다. 예수님 영접한 사람이면 예수님이 그 사람 속에서 '너도 남의 흉 덮어줘라!' 고 말씀하십니다.

말을 적게 합시다

또한 말 많이 하면 실수합니다. 노무현 전대통령이 "말을 적게 해야 하는데 꼭 말 많이 하는 날은 실수하더라"고 말씀하시는 것을 신문에서 봤습니다. 꼭 필요한 말을 해야 하는데 괜히 본전도 못 건지는 말을 할 때가 있습니다. '아이쿠 그 말 괜히 꺼냈다' '그 말은 안 하니만 못했다' 하지만 주워 담을 수가 없습니다. 잠언 29:20에서는 "네가 언어에 조급한 사람을 보았느냐 그보다 미련한 자에게 오히려 바랄 것이 있다" 는 말씀을 하십니다.

오늘 19절의 말씀처럼 입술을 제어하는 자가 지혜자임에 틀림 없습니다. 20절에는 의인의 혀가 천은이지만 악인의 마음은 가치가 적다고 하십니다. 의인이 하는 지혜로운 말이 천냥 빚을 값지만 악인이 토해낸 거친 말은 그 값이 없습니다. 말 한 마디를 해도 지식을 전하고, 힘을 실어 주고, 절망한 사람을 살려내는 값진 말을 하는 성도가 되시기를 축원합니다.

기도 : 하나님 아버지! 우리의 말 속에서 남을 흉보거나 참소하거나 미워하는 말이 사라지게 하시고 남의 허물을 덮을 수 있는 말이 나오게 하여 주시옵소서! 예수님 이름으로 기도합니다! 아멘

폐회 : 주기도문

하늘에 속한 사람

개회 : 사도신경 / 찬송 214장 / 성경 잠10:23

미련한 자와 지혜로운 자

오늘 본문에는 미련한 자와 지혜자를 말씀하고 있습니다.

우리가 사는 세상은 세상 살아가는 방법에 능숙하고 머리 회전이 빠르며 처세술을 잘 쓰는 사람을 지혜로운 자라고 합니다. 반대로 머리회전이 느리고 사리에 밝지 않은 사람을 보고는 미련하다고 말합니다.

한 마디로 이 세상은 실속과 명분을 얼마만큼 잘 챙기면서 사느냐에 따라서 지혜자와 미련한 자를 나눕니다. 그러나 성경은 그렇지 않습니다. 성경은 지혜자와 미련한 자를 아주 단순하게 나눕니다. 하나님 말씀대로 그대로 사는 사람을 지혜자라 하고 하나님 말씀대로 살지 않는 자를 미련한 자라고 합니다.

세상 기쁨

미련한 자는 오늘 본문에 따르면 행악으로 낙을 삼는 답니다.

행악으로 낙을 삼는다는 것은 도둑질 하고 강도짓 하고 흉악한 짓을 한다는 말도 되지만, 하나님 말씀 밖에서 기쁨과 즐거움을 찾는다는 의미의 말씀이기도 합니다. 술에 취하고 돈에 취하고 쾌락에 취해서 행복을 찾습니다. 명철로 낙을 삼는다는 것은 하나님 말씀을 지키고 그 말씀을 지킨 것으로 하나님이 주시는 평안과 기쁨을 누린다는 것입니다. 그런데 재미있는 것은 세상기쁨은 가만히 있어도 시간되면 누구나 취하게 됩니다. 돈에 취하고 물질에 취하고 술에 취하고 쾌락에 취하는 것은 특별히 배우지 않아도 누구나 저절로 알게 됩니다.

그런데 영적기쁨은 주시는 분이 줘야 '아! 이런 거구나!' 하고 압니다.

세상기쁨은 영적기쁨을 이해하지 못합니다. 주일날 교회가는 기쁨을 모릅니다. 기도하는 즐거움을 모릅니다. 감사하면서 사는 행복을 모릅니다. 아니 오히려 반대로 불쌍하게 여깁니다. 순진하다고 합니다. 답답하다고 합니다.

영적 기쁨

영적 기쁨에 있는 사람이라도 세상 기쁨을 모르지는 않습니다. 놀러가는 즐거움을 알고 먹고 마시는 즐거움과 육체의 즐거움을 압니다. 그러나 중요한 것은 거기만 아는 것이 아니라 그 위의 즐거움을 압니다. 예배하고 기도하고 감사하며 사는 즐거움을 압니다.

그리고 육체의 쾌락밖에는 모르는 사람을 보면 '얼마나 힘들면 술에 취할려고 할까. 기껏 사철 구경다니는 재미밖에는 모르는 사람들' 하고 역시 불쌍히 여깁니다. 서로 불쌍히 여깁니다. 그러나 밑에서 위를 불쌍히 여기면서 살면 세상에 속한 사람이 되는 것이고, 위에서 밑을 바라보며 불쌍히 여기고 살면 하나님에게 속한 사람이 되는 것입니다.

이 세상에서 누리는 낙은 위에서 누리는 것이 진짜입니다. 밑에서 누리는 낙은 기껏해야 7~80년, 그것도 간간히 누리다 마는 것에 불과하지만 위에서, 예수안에서, 영생안에서 누리는 즐거움은 영원한 것입니다. 하늘에 속한 사람이 되시길 축복합니다.

기도 : 하나님 아버지! 사람들이 영적인 기쁨의 맛을 볼 수 있도록 역사하여 주시옵소서! 예수님 이름으로 기도합니다. 아멘

폐회 / 주기도문

두려움과 소원

개회 : 사도신경/ 찬200장 / 성경 잠10:24

심는 것

잠10장 24절에 의하면 사람은 그 마음에 두 가지 중 하나를 품고 살아갑니다. 바로 두려움과 소원입니다. 누가 뭐라 한 것도 아닌데 무엇인가를 두려워하며 쫓기며 불안해 하며 사는 사람이 있고 또 다른 한편에서는 현재 삶의 여건과는 상관없이 항상 무엇인가를 바라며 꿈꾸며 소원하면서 살아가는 사람이 있습니다. 가만히 들여다 보면 두려움과 소원은 공통점이 있습니다.

첫째는 그것이 우리속에서 생긴 것이 아니라 누군가가 뿌린 씨앗과도 같다는 것입니다. 두려움은 사탄이 뿌린 가라지이고 소원은 하나님이 심은 알곡입니다. 하나님은 소원하는 마음을 우리 마음에 품게 하셨고 사탄은 우리가 다 잘 때 가라지 같은 두려움을 몰래 뿌리고 갔습니다. 시21:2에 "그 마음에 소원을 주셨으며 그 입술의 구함을 거절치 아니하셨다"고 하시고 시107:30은 "저희가 평온함을 인하여 기뻐하는중에 여호와께서 저희를 소원의 항구로 인도하시는도다" 하십니다. 빌2:13에도 "너희안에 행하시는 하나님이시니 자기의 기쁘신 뜻을 위하여 너희로 소원을 두고 행케 하시느니라"하셨습니다. 이렇듯 소원은 하나님에게서 온 것이 분명합니다.

품는 것

두려움의 출처는 굳이 성경을 찾을 것도 없이 사탄입니다. 두 번째 공통점은 이게 둘 다 마음에 품는 것이라는 사실입니다. 아기엄마가 태중에 아기를 품듯이 품는 것입니다. 사탄이 뿌린 가라지인 두려움을 품고사는 사람이 있고 하나님이 심으신 소원을 품고 사는 사람이 있습니다. 두려움의 씨가 발견되면 즉시 걷어내야 합니다. 세상 걱정 근심 염려에 쌓이면 잠

10:24 말씀처럼 두려움이 임하게 되기 때문입니다. 반대로 소원을 품을때는 방해 받아서는 안됩니다. 이 꿈을 과연 꿔도 되는 것인지? 이 꿈 꿀려면 많은 사람들이 날 도와줘야 되는데? 돈도 엄청 많이 들텐데? 분수에 맞게 살아야지 하고 생각하면 안됩니다. 왜냐하면 꿈의 나래를 막 펼치게 하시는 분은 하나님이시기 때문입니다. 꿈은 꾸게하신 분이 책임지는 것입니다. 내 책임은 무한한 꿈을 꾸는 것입니다. 우리 하나님은 무능한 아버지가 아니라 세상을 지으시고 세상의 주인되신 전능하신 아버지이십니다.

이루어 지는 것

　마지막 공통점은 두려움과 소원은 이것이 둘다 이루어진다는 점에서 같습니다. 아이를 품으면 태아의 시간인 280일이 차면 아이를 봅니다. 두려움을 품으면 두려움의 시간이 꽉 차면 두려움을 보는 것입니다. 미워하면서 닮는다는 말이 있습니다. 미워하면서 그 행동을 내가 하고 있는 겁니다. 두려워 하는 것도 그렇습니다. 두려워 하면서 그 두려움의 실체를 마주보는 날이 오는 것입니다. 그와 반대로 소원을 품으면 하나님 시간이 차면 소원을 보게 하십니다. 믿음이 없어서 중간에 흐지부지 유산시키지 않기를 바랍니다. 해산의 큰 산고가 있을 것입니다. 오래참음과 비난과 조소와 핍박이 있을 것입니다. 그러나 끝까지 인내하고 품고만 있다면 하나님께서는 친히 심으신 소원의 열매를 성도의 눈앞에 이제 곧 나타나게 하실 것입니다. 하나님은 우리안에 소원을 심고 거두는 일을 하시고 성도는 믿음으로 소원품는 일을 하는 것인 줄로 믿습니다. 거두러 가셨는데 품고 있는 것이 없는 안타까운 일이 없기를 축복합니다.

　기도 : 하나님 아버지! 한평생을 살면서 꿈을 꾸고 비전을 품고 사는 성도가 되게 하여 주시옵소서! 예수님 이름으로 기도합니다! 아멘

폐회 / 주기도문

말은 먹는 것입니다

개회 : 사도신경 / 찬송 194장 / 성경 잠10:31~32

사람은 밥만 먹지 않고 말을 먹습니다

말을 잘 먹으면 밥 잘먹은 것 이상으로 힘이 납니다. 반대로 말을 잘 못 먹으면 영 기운을 쓰지 못합니다. 어려서부터 칭찬의 말을 먹고 격려의 말을 먹고 위로의 말, 사랑의 말을 먹은 아이는 외부로부터 오는 공격에 저항력이 강한 높은 자존감을 가진 아이로 자라납니다. 세상을 넓게 바라 보고 자기중심적인 이기심에서 탈피하게 됩니다.

그러나 어려서부터 놀림을 먹고 비난의 말을 먹고 '멍청이', '바보', '머저리' 같은 이런 말을 먹은 아이는 외부의 공격에 낮은 자존감을 갖습 니다. 세상에 대해 비굴해지고 인생을 삐뚤게 볼려고 하고 편협한 사고를 하게 됩니다.

자기가 먹은 말로써 스스로를 평가하기 때문입니다. 사람은 들은대로 생각하고 행동하는 것입니다. 들은 것이 없으면 혀가 멀쩡해도 말을 못하 는 것입니다. 칭찬을 들은 아이가 칭찬을 말합니다. 위로를 들은자가 위 로를 말하는 것입니다. 사랑을 들은 자가 사랑을 말하는 것입니다.

말을 잘 짓고 잘 먹여야 겠습니다

어른도 똑같습니다. 우리가 흔히 '욕을 먹었다'고 할 때가 있습니다. 독을 먹은 겁니다. 아주 냄새나고 괴롭습니다. 몸에 아주 해롭습니다. 온 몸에 퍼지기전에 뱉어내야 하는데 그것도 쉽지 않습니다. 아주 오래도록 찜찜합니다. 반대로 칭찬도 격려도 응원도 말을 먹은 겁니다. 이거 먹으 면 비싼 강장제 먹는 것보다 훨씬 낫습니다. 밥도 안먹었는데 온몸에서 기운이 쭉쭉 뻗칩니다.

　오늘 21~22절이 바로 이 부분을 말씀합니다. 지혜로운 자는 말로 사람을 기쁘게 할 것을 압니다. 말로 사람을 얻고, 말로 천냥 빚도 갚고, 말 한 마디로 가는 곳마다 인정을 받는 사람이 있습니다. 말을 잘 먹이고 다닌 것입니다. 그러나 반대로 말로 독을 먹이고 다니는 사람이 있습니다. 말이 미련하기 때문에 말로 상처를 줍니다. 패역한 말을 흘리고 다니면서도 모릅니다. 말로 그나마 있는 사람도 잃어버립니다. 말로 도리어 빚을 지고 다닙니다. 말로 눈총을 받고 미움을 받습니다. 그리고 왜 사람들이 자기를 피하는지 조차 모릅니다.

칭찬하고 축복하는 사람이 하나님 사람입니다

　사람들은 칭찬보다는 비난에 익숙합니다. 그리고 칭찬하는 것보다는 비난할 때 마치 내가 그 사람위에 서 있는 것같은 우월감을 갖습니다. 칭찬하면 왠지 아부하는 것 같습니다. 언론계도 학계도 정계도 비평을 잘하는 사람을 높입니다. 상대의 비리와 잘못을 샅샅이 파헤쳐서 드러내고 논리적으로 반박하는 사람을 똑똑하다고 합니다.

　그러나 성경은 부족함에도 칭찬하는 사람을 높입니다. 하나님은 모자람에도 축복하는 사람을 귀하다고 합니다. 이 시간 이후로는 만나는 사람마다 칭찬하고 축복합시다. 하나님은 칭찬과 축복을 잘 지어서 먹이는 사람에게 그와 동일한 축복을 그에게 임하게 하실 것입니다.

　기도 : 하나님 아버지! 항상 비난하기 보다는 칭찬하고 축복하는 사람이 되게 하여 주시옵소서! 예수님 이름으로 기도합니다! 아멘

폐회 / 주기도문

공평한 추

개회 : 사도신경 / 찬송 162장 / 성경 잠11:1~3

성도의 정직

잠언 10장이 끝나고 드디어 11장으로 왔습니다. 11장은 성도의 정직을 말하고 있습니다. 성경은 하나님의 백성인 성도를 부르는 별칭이 있습니다. 몇 가지를 말씀드리면 우선 예수 믿는자를 의인이라고 하십니다. 예수 믿게 되면 의인이 됩니다. 하나님의 선언입니다. 또한 하나님의 자녀가 됩니다. 하나님을 높이고 사람을 높이는 겸손한 자가 됩니다. 또한 자동적으로 되어지는 것이 있습니다. 정직한 사람이 됩니다. 하나님 앞에서는 거짓이 없기 때문입니다. 오늘 11장 1절을 보면 공평한 추에 대해서 말씀하고 있습니다. 추는 무게를 다는 저울에 달려 있는 것입니다. 무게를 달아 장사하시는 분들은 자신의 이익에 따라 이 추를 움직이게 해서는 안 됩니다. 추는 기준입니다. 잣대가 되는 기준입니다. 잣대가 줄었다 늘었다 하면 그것은 자가 아닙니다. 추가 무거워졌다 가벼워졌다 하면 그것은 추가 아닙니다.

마음 속의 추

하나님은 오늘 말씀대로 속이는 자를 싫어 하십니다. 하나님 싫어 하시는 것을 자꾸하면 당장은 이익을 보는 것 같으나 더 이상의 축복은 얻지 못합니다. 그래서 속이는 자를 가만히 보면 발전이 없고 맨날 그 자리입니다. 그러나 정직한 자를 하나님은 사랑하셔서 복을 주십니다.

그런데 이 '추' 라는 것이 꼭 물건을 재는 도구로만 쓰여지는 것 같지는 않습니다. 우리 마음 속에도 추를 하나씩 가지고 있습니다. 기준이 되는 잣대가 있습니다. 스스로 자신을 잴 때는 관대하게 재면서 남을 잴 때에는 칼같이 잽니다. 남을 달았을 때는 맘에 안 들고, 눈에 가시고, 발에 거치는 것이 됩니다. 그 정확한 추로 이제는 자신도 달아야겠는데 자신을 달 때에는 딴주머니에서 다른 관대한 추가 나옵니다. 자기는 그럴듯 하고 훌륭한 것으로 달아집니다. 이것도 역시 속이는 저울입니다. 자신에게는 관대하면서 남에게는 정확한 사람이 있는가 반면에 그 반대도 있습니다. 남은 다 그럴 듯하게 달아지는데 자신은 바보같고 무능해 보이고 절망적인 존재같이 달아집니다. 늘 무기력한 인생을 살아갑니다. 이것은 속이는 저울이 아니라 스스로 속는 저울입니다.

오직 예수님의 추를 가지고

사람은 2개의 추를 가지고 살면 안됩니다. 오직 공평한 하나의 추만 가지고 살아야 합니다. 그 하나의 추로 자신을 달고 남을 달아야 합니다. 그 공평한 하나의 추는 우리 주 예수 그리스도 입니다. 주님의 추를 가지고 남을 달면 좀 부족한 것이 있어도 사랑스럽게 달아집니다.

그 추로 날 달면 내가 연약하지만 내게 능력 주시는 자 안에서 내가 무엇이든지 할 수 있다는 높은 자존감을 얻게 됩니다. 기준은 오직 예수여야 합니다. 저울추는 오직 주님이어야 합니다. 예수를 기준으로 새해를 시작할 때 하나님 주시는 놀라운 은혜가 성도 여러분에게 있을 것입니다.

기도 : 사랑하는 하나님 아버지! 인생을 살아갈 때 오직 말씀의 추를 가지고 정직히 행할 수 있도록 함께하여 주시옵소서! 예수님 이름으로 기도합니다! 아멘

폐회 / 주기도문

흥망성쇠가 입에 달렸습니다

개회 : 사도신경 / 찬송 194장 / 성경 잠11:9~12

말의 중요성

성경말씀 중에서 특별히 잠언에서 말씀하시는 하나님의 축복과 은혜는 열에 아홉은 입을 통해 만들어지는 것을 볼 수 있습니다. 잠언을 기록한 솔로몬과 지혜자들은 한결 같이 서너절 건너 한 구절씩 입을 다스리라고 말하고 있습니다. 입을 통해 축복도 받고 입을 통해 저주도 받는다는 것입니다. 아무리 강조하고 또 말씀드려도 지나치지 않는 진리의 말씀입니다.

본문의 입은 사람으로 흥하게 하고 망하게 하는 것을 의미합니다. 사람은 그 입으로 이웃을 망하게 하기도 하고 흥하게 하기도 합니다. 가는 곳마다 망하게 하는 자가 있습니다. 멀쩡하다가도 그 사람만 가면 분란이 일어나는 사람이 분명히 우리 주위에 있습니다. 입으로 상대를 멸시하고 거친 말로 상처를 입히고 싸움을 일으키고 입으로 허탄한 말을 쏟아 놓습니다. 이런 사람이 가장 가까운 이웃인 내 가정 속에 그리고 내 직장 동료중에, 내가 속한 공동체 속에 있다면 그 조직은 정말 암담하고 비극적입니다.

이웃을 흥하게 하는 사람

반대로 입으로 이웃을 흥하게 하는 자가 있습니다. 격려하고 칭찬하고 위로하고 할 수 있다고 말하면서 힘을 쏟아부어 주는 사람이 있습니다. 문제 있는 곳에 가서는 화평케 하는 자가 있습니다. 예수믿는 자는 화평케하는 자입니다. 하나님과 원수되었던 우리를 주님께서 화목케 하신 것처럼, 예수믿는 자들도 똑같이 화평케 하는 일을 하는 것으로 예수의 사람인 것을 증명합니다. 이런 사람이 우리식구 중에 직장동료 중에 있으면 그 가정과 그 회사는 흥하게 되는 것이라고 오늘 성경은 말씀합니다. 그러면 무엇으로 피스메이커가 되는 것입니까? 돈으로요? 권력으로요? 지식으로요? 아닙니다. 성경은 말을 통해서라고 합니다.

본문의 핵심인 11절 말씀은 정직한 자의 축원으로 성읍이 진흥하고 악한 자의 입으로 성읍이 망한다고 합니다. 여기서 정직한 자의 축원할 때 축원이 바로 축복하는 말입니다. 세워주는 말이고 일으키는 말이고 소성케하는 말이고 회복시키는 말입니다. 그러나 악한 자의 입은 그 공동체와 조직체로 인하여 망하게 합니다. 트러블 메이커가 되어서 다 흩어버립니다.

입을 잘 다스리는 사람 곧 지혜자

잠언을 가만히 들여다보면 의인, 지혜자, 정직한 자, 행복자, 축복자들은 다 입에서 성공한 사람들입니다. 성경말씀은 입으로 말미암아 악인이 되고 입으로 말미암아 악한 자가 된다는 것입니다. 오늘 9절의 지식있는 자와 10절의 의인, 11절의 정직한 자 그리고 12절의 명철한 자는 다 같은 사람입니다. 반대로 9절의 사특한 자와 10절의 악인과 11절의 악한 자의 입과 12절의 지혜없는 자로 표현된 사람은 다 같은 사람입니다. 한 마디로 지혜로운 자는 입을 잘 다스린 자이고 어리석은 자는 입을 마음대로 놀린 자입니다.

입이 부드럽고 상냥하며 친절하고 늘 배려하는 말을 하고 소망을 주고 긍정을 말하고 생명을 말하는 저와 여러분이 되길 축원합니다.

기도 : 하나님 아버지! 지혜자가 되어 입을 잘다스리고 항상 긍정적인 말을 하는 사람이 되게하여 주시옵소서! 예수님 이름으로 기도합니다!

폐회 : 주기도문

한담하는 말

개회 : 사도신경 / 찬송 388장 / 성경 잠11:12~13

말 잘함

보통 말을 잘 한다고 하면 사람들은 똑 부러지는 말을 하고 사리가 밝고 논리적인 말을 잘 할 때 '저 사람 참 말 잘한다' 고 합니다. 그러나 성경은 그러한 뜻에서의 말 잘함을 말씀하지 않습니다. 진정한 말 잘함은 하나님이 하시는 것과 같은 창조하는 말로써의 말 잘함을 의미합니다. 죽어가는 생명을 살리고, 상처입은 심령을 치유하고, 쓰러지는 공동체와 조직을 세우고 일으키는 말로써의 말에 중요성을 말씀하고 있습니다.

창조하는 말을 하는 자는 지혜자입니다. 그러나 파괴하는 말을 하는 자는 어리석은 자입니다. 오늘 본문 12절에서 지혜 없는 자는 그 이웃을 멸시하지만 명철한 자는 잠잠한다고 합니다. 같은 맥락의 글이 13절에 이어집니다. 두루 다니며 한담하는 자는 남의 비밀을 누설하나 마음이 신실한 자는 그런 것을 숨긴다고 하십니다.

엉뚱한 사명감

이웃의 허물과 티를 드러내는 것을 사명처럼 여기고 다니는 사람이 있습니다. 내가 지적하고 드러내는 것으로 상대의 단점을 고치고 바로 잡겠다는 투철한 사명감을 가지고 살아가시는 분이 계십니다. 그러나 성경은 그러한 분들을 어리석다고 하십니다.

사실과 진실을 이야기한다는 명분으로 상대의 약점과 단점을 거침없이 말해 버리는 사람이 있습니다. 기도제목을 서로 나눈다는 명분으로 다른 사람 앞에서 가족의 비밀을 드러내는 사람도 있습니다. 이 사람도 어리석은 사람입니다.

놀라운 것은 덮어주고 감싸주고 숨겨주는 것으로 그 안에서 치유가 일어난다는 것입니다. 드러내면 아프다고 소리지르게 됩니다. 상처딱지가 굳어가는데 건드리면 비명을 지르는 것과 같습니다. 험난한 인생길 살다가 홀로 삭히고 마음에 감추어 둔 상처들을 우리들은 한두 개씩 다 가지고 있습니다. 그로 인해 열등감과 낮은 자존감을 갖기도 했습니다.

상대방이 짐짓 싫어하는 이야기는 안했으면 좋겠습니다. 초등학교 나온 사람 앞에서는 학교이야기는 좀 안했으면 좋겠습니다. 가난한 사람 앞에서는 백화점에서 밍크옷 산 이야기는 안했으면 좋겠습니다. 키 작은 것이 콤플렉스인 사람 앞에서는 키 이야기는 안했으면 좋겠습니다. 고아로 자란 사람 앞에서 우리 아버지 부자라는 말 안했으면 좋겠습니다.

내 맘대로 할 수 없습니다.
내 돈 가지고 내 마음대로 쓴다는데, 내 입가지고 내 마음대로 말도 못하냐고 말씀하신다면 제답은 '그렇습니다' 입니다. 제 말이 아니라 성경이 그렇게 말합니다. 내 말이 상대에게 화살이 되어 박히고 내 혀가 칼이 되어서 찌른다면 그 자체로 죄를 짓는 것이기 때문입니다. 상대의 허물과 티를 모른척 해주고 덮어줌으로 신실한 하나님의 종이되시고 두루다니면서 한담하지 않으시는 성도들이 되시길 축복합니다.

기도 : 하나님 아버지! 상대의 잘못과 허물을 용서하는 입술이 되게 하여 주시옵소! 예수님 이름으로 기도합니다.

폐회 / 주기도문

절제

개회 : 사도신경 / 찬송 194장 / 성경 잠11:22

돼지 코에 금고리

　오늘 성경본문에 돼지코에 금고리라는 말씀이 나옵니다. 이 말씀은 어울리지 않는다는 말씀입니다. 사람은 어울리게 살아야 합니다. 옷을 입어도 어울리게 입어야 합니다. 양복입고 고무신 신으면 어울리지 않습니다. 말을 해도 그 얼굴에 어울리게 해야 합니다. 예쁘게 생긴 학생입에서 나오는 거친 욕설은 어울리지 않습니다. 아름다운 여인은 어울리게 옷을 입고 어울리게 말하며 어울리게 행동해야 합니다. 소위 말하는 맵씨 말씨 솜씨가 고와야 합니다.
　오늘 본문에도 아름다운 여인이 나옵니다. 그런데 이 아름다운 여인이 '삼가지 않는 것'은 돼지코의 금고리 같다는 말씀을 주고 계십니다. 꼴불견이라는 말씀이지요. 참 보기가 사납다는 뜻입니다. 그럼 삼가지 않아야 꼴불견이 아닐텐데 '삼가지 않는다는 것'은 무슨 말일까요?

그것은 절제를 말합니다

　아름다운 사람은 절제할 때 아름다운 사람으로서의 품위가 유지되는 것입니다. 말하고 싶다고 아무 말이나 다 쏟아내는 것, 혈기가 오른다고 아무데서나 성질을 내고 소리지르는 것, 배고프다고 배꼽이 튀어나올 정도로 먹는 것, 이 모든 것이 삼가지 못하고, 절제하지 못하는 것입니다. 삼가와 절제는 아름다운 여인의 소장품입니다. 목고리, 귀고리, 화장품이 소장품이 아니라 아름다운 여인은 항상 그 가방에 절제를 가지고 다녀야 한다는 말씀입니다. 성경에서 말하는 아름다운 여인은 성도의 또 다른 이름입니다. 성도는 '삼가는 것' 이 있어야 합니다. 성도가 모든일에 삼가지 못하고 절제하지 못하고 육신이 원하는 대로 마음대로 살아버리면 안 됩니다.

죄송하지만 오늘 말씀 표현대로 하면 돼지가 되고 맙니다. 돼지는 탐욕과 본능과 무절제의 상징입니다. 금고리는 예수를 말합니다. 성도의 목에는 예수 금고리가 걸려 있습니다. 하나님의 자녀로서의 아름답고 고귀한 신분을 말해 줍니다. 그러므로 예수 금고리를 걸고 살기에 합당한 삶을 살아야 합니다.

아홉개 열매 중 하나

성도는 기도하는 것, 예배하는 것, 전도하는 것, 사랑하는 것이 어울리지 두루 다니며 한담하는 것, 혈기부리고 성질내는 것, 미워하고 시기하는 이런 것들은 어울리지 않습니다.

돈 많다고 물 쓰듯 펑펑 쓰고 다니며, 말하지 않고는 못산다고 하면서 주워 담지 못할 말을 쏟아내며, 귀가 얇아 뭐 좋다고 하면 지나치게 빠지는 이와 같은 삶은 성도의 삶에 어울리지 않습니다. 신약성경인 갈라디아서에 보면 우리가 예수 믿고 성령의 사람이 되면 9가지의 열매를 맺는다고 하시는 데 그중에 한 열매가 바로 오늘 '절제' 입니다. 넘치는 것이 모자람만 못하다고 했습니다. 모든 일에 삼가하는 절제의 열매를 맺음으로 복된 하나님나라의 성도들이 되시길 소망합니다.

기도 : 하나님 아버지! 절제된 우리의 말과 행동이 될수 있도록 도와주시옵소서! 예수님 이름으로 기도합니다! 아멘

폐회 / 주기도문

부하게 하시는 하나님 방법

개회 : 사도신경 / 찬송 87장 / 성경 잠11:24

씀씀이

오늘 본문에는 아주 재미있는 말씀이 기록되어 있습니다. 24절입니다. '흩어 구제하여도 더욱 부하게되는 일이 있고 과도히 아껴도 가난하게 된다' 라는 말씀입니다. 이 말씀은 우리가 알고 있는 기본적인 경제상식을 뒤집는 말씀입니다. 낭비하면 가난해지고 아끼면 부자가 되는 것입니다.

물론 본문 말씀은 헤프고 낭비하는 의미에서의 지출은 아닙니다. 철저히 남을 위해서 봉사하는 차원에서의 씀씀이를 말씀하는 것입니다. 과도히 아낀다는 표현도 건전한 의미에서의 절약이라기보다는 남에게 한 푼도 베풀지 않으려는 이기적인 뜻에서의 '아낀다' 는 표현입니다. 아무리 그렇다고 해도 선뜻 받기가 쉽지는 않은 말씀입니다. 아낌없이 다 퍼주고 나면 뭐가 남습니까?

베푸는 자의 복

그런데 성경은 여러 곳에서 베푸는 자가 복을 받든다고 하고 힘써 구제하는 자를 부하게 하시고 풍족하게 하신다고 말씀하고 있습니다. 신약으로 가면 이러한 맥락의 대표적인 말씀이 "주라 그리하면 내가 너희에게 줄 것이요 누르고 흔들어 넘치도록 부어주리라" 입니다.

주님은 주는 사람을 좋아 하십니다. 주님이 그러시기 때문입니다. 구원을 주시고 은혜를 주시고 축복을 주시고 성령을 주시는 분이시기 때문입니다. 오늘 본문에는 단순히 구제를 말하지만 이 말씀의 참된 뜻은 힘을 주고, 위로를 주고, 용기를 주고, 희망을 주고, 생명을 주는자가 곧 하나님의 축복을 받는다는 말씀입니다.

　마치 사르밧 과부가 마지막 남은 밀가루로 떡을 만들어 엘리야 선지자에게 주었을 때 밀가루 독에 밀가루가 떨어지지 않고 기름 독에 기름이 마르지 않았던 것처럼, 신약의 오병이어 기적을 통해 계속해서 바구니에서 떡과 고기가 나와서 2만명을 먹이고도 12광주리나 남은 것과 같이, 주는 자는 하나님의 역사를 체험하게 될 것입니다.

무조건 아낀다고

　무조건 아낀다고 부자가 되는 것은 아닙니다. 풍족한 삶을 살아가는 것은 하나님의 은혜인 것을 알아야 합니다. 이 믿음이 있는 자가 베풀며 살 것이고 베풀고 살 때서야 비로소 하나님께서 일으키시는 이적과 표적을 보게 될 것입니다.

　25~26절을 읽겠습니다. "구제를 좋아하는 자는 풍족하여질 것이요 남을 윤택하게 하는 자는 자기도 윤택하여지리라 곡식을 내놓지 아니하는 자는 백성에게 저주를 받을 것이나 파는 자는 그의 머리에 복이 임하리라"

　기도 : 하나님 아버지 무조건 아낀다고 부해지는 것이 아님을 믿습니다! 언제 어디서나 베푸는 자리에 있게하여 주시옵소서! 예수님 이름으로 기도합니다! 아멘

폐회 / 주기도문

사람을 얻읍시다

개회 : 사도신경 / 찬송 88장 / 성경 잠11:28~30

여러 종류의 복

복은 여러 가지 종류가 있습니다. 많은 재물을 얻는 재물 복도 있고, 높은 자리를 얻는 출세의 복도 있고, 질병없이 사는 건강의 복도 있고, 사람 사는데 꼭 있어야 할 다섯 가지 복이라고 해서 오복(五福)도 있습니다.

그런데 성경은 재물과 출세와 건강이 다 중요하지만 그보다도 앞서 제일이 되는 복은 사람을 얻는 사람복이라는 말씀을 주고 있습니다. 인사가 만사라고 했습니다. 사회에서 성공한 사람들의 상당수가 자신의 능력보다는 대인관계를 통해서 지금의 자리에 이르게 된 것을 고백하는 것을 보게 됩니다. 사람이 붙어야 그 사람과 함께 재물도 오는 것이고 사람이 붙어야 그 사람과 함께 출세도 오는 것을 말해주는 실례입니다.

의인이 되어야 합니다

오늘 본문 28절에서 말씀합니다. 자기의 재물을 의지하면 패망하지만 의인은 번성한다고 하는 말씀이 그렇습니다. 사람은 내가 얻는다고 해서 얻어지는 것이 아닙니다. 사람이 필요하다고 돈으로 사람을 사려하면 잠시 잠깐은 얻을 수 있겠지만 곧 잃어 버립니다. 마음을 얻은 것이 아니기 때문입니다. 성경은 사람의 마음을 얻게하기 위해서 우리에게 귀한 진리를 가르쳐 주십니다.

그것은 의인이 될 것을 말씀합니다. 의인이 되어야 번성합니다. 의인이 되고서야 사람을 얻습니다. 의인이 되는 길은 예수를 믿고 하나님을 의지하는 길입니다. 그래야 진짜 사람을 얻습니다. 그 후로 얻은 사람은 내가 얻은 사람이 아니라 하나님이 붙이시는 사람입니다. 사람을 의지해서 얻게 된 사람이 아니라 하나님을 의지해서 얻게 된 사람입니다. 그래서 진짜 나의 사람입니다. 진짜 나의 아내이고 진짜 나의 남편이고 진짜 나의 친구이고 동료입니다. 돈이 필요하다고 돈 많은 사람에게 다가가면 그 사람이 내 형제라도 날 피합니다. 권세가 필요하다고 권세 있는 자 앞에 가면 친척이라도 부담스러워 합니다. 하나님께 가야 합니다. 그래야 문제가 해결됩니다.

해로운 소득이 있습니다

29절에서 자기집을 해롭게 하는 사람의 소득은 바람이라고 합니다. 자기 능력과 소득과 지혜는 바람처럼 사라진다고 합니다. 결국 자기집을 해롭게 하는 겁니다. 이어서 미련한 자는 지혜로운 자의 종이 된다고 합니다. 미련한 자는 사람을 의지하고 돈을 의지하고 권세를 의지하는 사람입니다. 그러나 지혜로운 자는 하나님을 의지합니다. 하나님을 의지하는 사람이 결국은 승자가 된다는 말씀입니다. 처음에는 아닌 것 같습니다. 믿고 바라고 기도하는 것만 가지고는 안될 것 같습니다. 그러나 마지막에 이깁니다. 최후 승자가 됩니다.

30절에서 "의인의 열매는 생명나무라 지혜로운 자는 사람을 얻느니라!"고 하십니다. 예수믿고 의인되셔서 생명나무 같은 사람들을 얻는 축복이 가득하시기를 기도합니다.

기도 : 사랑하는 주님! 예수믿고 의인이 되어서 오직 하나님을 의지하고 하나님 주신 것으로 부족함 없이 살아가는 우리의 인생이 되게하여 주시옵소서! 예수님 이름으로 기도합니다! 아멘

폐회 / 주기도문

훈계를 받읍시다.

개회 : 사도신경 / 찬송 89장 / 성경 잠12:1

알아 듣게 훈계 하기

사람은 태생적으로 남에게 훈계 받는 일을 좋아하지 않습니다. 훈계는 잘못을 지적받는 일이기 때문입니다. 아이에서 어른까지 자신의 잘못을 지적하는데 좋아할 사람은 없습니다.

훈계를 받으면 얼굴색부터 달라집니다. '자기 일이나 잘하지!', '자기는 뭐가 잘났다고!' 바로 이렇게 나옵니다. 대부분의 사람들 모두가 훈계를 싫어하지만 그럼에도 불구하고 성경은 '너의 사랑하는 자를 훈계 하라' 고 말씀합니다. 훈계를 하되 훈계를 싫어하는 자에게는 하지 말고 훈계를 좋아하는 사람에게만 하라는 것입니다. 그런데 훈계를 좋아하게 만드는 일은 사람이 할 수 없습니다. 하나님의 영이 임해서 나를 사랑해 하시는 말인 것을 알게 해야 합니다.

비난과 훈계

잘못을 지적한다는 의미만 보자면 비난과 비판도 있습니다. 그러나 비난은 훈계와는 다른 것입니다. 훈계는 그를 사랑함으로 하는 것이고 비난은 그를 미워함으로 하는 것입니다. 훈계는 당사자를 앞에놓고 하는 것이지만 비난은 그가 없을 때 제3자에게 하는 것입니다.

훈계를 좀 넓은 의미로 이해하면 가르침을 받아들이는 것입니다. 자신의 잘못을 인정하고 충고와 충언을 받아들이는 것입니다. 우리는 흔히 장기 둘 때 옆에서 훈수 할 때 더 잘 보인다는 말을 합니다. 너무 귀가 얇아서도 문제이지만 많은 사람들의 의견을 종합하고 사는 사람은 분명히 지혜자입니다. 세상없는 머리를 가졌다고 해도 열 사람 백 사람 머리 합친 것 만은 못합니다.

　물론 결정은 내가 내리는 것이지만 독불장군식으로 살면 자기안에 스스로 갇히는 것입니다. 몸에 좋은 약이 입에 쓴 것처럼 오늘 말씀에도 훈계를 좋아하는 사람이 지식을 얻는다고 하십니다. 일본 내셔날그룹 회장인 '마쓰시다 고노사케' 라는 분은 자신이 성공한 이유중에 하나가 자신은 초등학교밖에 못나왔기 때문에 만나는 모든 사람을 스승삼고 그에게서 배운데 있다고 했습니다. 교만을 버리고 모든 사람을 스승 삼을 때 그가 설령 아이라고 해도 그에게서 배울 것이 있는 것입니다.

당근과 채찍

　어떤 의미에서 보면 훈계는 칭찬의 반대입니다. 칭찬으로 사람만드는 것이 성경의 방법이지만 그러나 성경은 훈계도 분명히 말씀하고 있습니다. 칭찬과 훈계를 같이 잡으라고 하십니다. 당근과 채찍을 같이 잡으라고 하십니다. 특별히 자녀를 교육함에 있어 9번 칭찬하면 1번은 징계해야 합니다. 9번 당근주고 한번은 채찍질 해야 합니다. 자기자녀를 징계하지 않는 부모는 그 자녀를 사랑하지 않는 것이라고 했기 때문입니다.

　스승 중의 스승은 하나님 말씀인 줄로 믿습니다. 말씀으로 임하시는 주의 성령이 내 속에 가득할 때 주의 훈계와 사람들의 훈계가 달게 들리는 은혜가 있을 것입니다.

　기도 : 하나님 아버지! 은혜를 주셔서 훈계가 달게 느껴지고 마음으로 받을 수 있는 마음을 우리에게 허락하여 주시옵소서! 예수님 이름으로 기도합니다. 아멘

폐회 / 주기도문

면류관을 씌웁시다

개회 : 사도신경 / 찬송 499장 / 성경 잠12:4

어진 여인

오늘 본문에는 두 여인이 나옵니다. 어진 여인과 욕을 끼치는 여인입니다. 어진 여인은 가정을 살립니다. 자녀를 낳아 돌보고 살림을 잘 합니다. 남편을 잘 내조 합니다. 남편이 바깥일 하는 모든 힘은 사실 아내가 가정을 바로 세워 놓았기 때문에 가능한 일입니다.

가끔 보면 가정 일을 무시하는 남자들이 있습니다. 그러나 가정이 원만치 못하고는 아무 일도 되지 않습니다. 가화만사성이라고 했으니까요. 바깥일만 중요한 것으로 알고 젊어서 가정 소중한 줄 모르고 다닌 남자는 꼭 후회할 때가 옵니다. 늙고 병들어 결국 돌아올 곳은 가정밖에는 없으니까요. 쉴 수 있고 안식이 있고 따스함이 있고 포근함이 있고 사랑이 있고, 집안 일 잘 돌보고 가정을 세우는 어진 여인은 그 남편에게 면류관을 씌워주는 아내라고 오늘 성경은 말씀합니다.

왕과 왕비

아내들이 남편들에게 면류관 씌워주는 은혜가 있기를 바랍니다. 용기를 주고 힘을 주고 자신감을 주는 말 한 마디 해주는 것이 면류관 씌워주는 일입니다. 아내에게 면류관 받아쓰고 출근하는 남편은 벌써 걸음걸이부터가 다릅니다. 매일 아침 현관에서 아내가 씌워주는 대관식을 치르고 사는 남편은 높은 자존감을 가지고 세상을 살아가게 됩니다.

우리 남편은 능력 없다고 흉보는 아내는 그 책임이 자기에게도 있다는 것을 인정해야 합니다. 집에서 차이기 때문에 밖에서도 차이는 것입니다. 남편에게 면류관 씌워주는 것을 못하는 아내는 어리석은 여인입니다. 남편을 왕으로 만들고야 자신이 왕비가 된다는 쉬운 진리를 모릅니다. 도리어 남편에게 욕을 끼치는 여인이 되어 그 지아비로 뼈를 썩음 같이 한다고 합니다.

주는대로 먹습니다.

능력 없고 못났다고 구박하는 아내의 욕을 남편이 먹으면 뼈가 썩을 정도로 치명적이라고 합니다. 반대로 칭찬을 먹은 남편은 뼈에서 새 피가 솟아 납니다. 남편은 단순해서 아내가 주는 대로만 먹습니다. 밥만 그런 것이 아니라 말도 그렇습니다.

칭찬하는 말로 남편에게 면류관을 씌워주시고 왕비가 되시는 지혜로운 아내들이 되시길 축복합니다.

기도 : 하나님 아버지! 아내와 남편된 자가 서로를 높이며 건강한 가정을 꾸려 나갈 수 있도록 도와 주시옵소서! 예수님 이름으로 기도합니다. 아멘

폐회 / 주기도문

면류관을 씌우는 인생

개회 : 사도신경 / 찬송 88장 / 성경 잠12:4

자존심 상하는 일?

면류관 이야기를 한번 더 하겠습니다. 성경은 성공한 사람, 영광을 얻은 사람, 존영을 얻은 사람을 가리켜서 '면류관 쓴 사람이다' 라고 여러 군데에서 말씀하고 있습니다. 면류관은 영광과 칭찬과 존경의 상징입니다.

그런데 면류관을 씌우는 인생은 좀 자존심 상하는 일입니다. 상대를 높이는 것이고 훌륭하다고 하는 것이고 나보다 낫다고 하는 것이니까요. 우리는 누구나 면류관을 쓰고 싶어 합니다. 그렇지만 면류관을 쓰고 싶다고 해서 자기가 면류관을 쓰는 사람은 없다는 것입니다. 면류관의 특징은 씌움받는 것이라는데 있습니다. 나폴레옹같은 사람은 자기보다 높은 사람은 없다고 교만을 떨면서 자기 아내 조세핀과 자기 머리에 스스로 면류관을 썼다고 하지만 면류관을 자기가 쓰는 것은 아무래도 웃기는 일입니다.

어떻게 하면

성경은 이 세상에서 성공한 자가 되고 싶으면 면류관을 씌우라고 합니다. 가정을 일으켜 세운 아내는 그 남편과 자녀에게 면류관을 씌워 준 아내입니다. 기업을 일으킨 리더는 직원들을 칭찬하고 높이는 일을 잘한 사람입니다. 장사를 잘한 사장님은 '우리 가게 오는 손님을 높이고 그들을 어떻게 하면 행복하게 해줄 수 있을까' 를 연구한 사람들입니다.

내가 남편과 자식으로부터 대접만 받고자 하면 그 가정에는 평화는 없고 분란만 있습니다. 내가 사장이니까 직원들을 향해 '날 떠 받들고 복종하라' 고 강요하면 그 기업은 크지 못합니다. 장사를 해도 '어떻게 하면 손님주머니와 지갑을 열어서 물건을 사게할까' 를 연구하는 것이 아니라 '어떻게 하면 내가 파는 물건으로 저 손님을 높여주고 행복하게 할까' 를 연구하면 그 장사는 잘 되게 되어 있습니다.

대관식 치르기

세상의 이치는 상대를 높이면 내가 낮아질 줄 압니다. 그러나 하나님의 이치는 상대를 높임으로 해서 내가 높아지는 것입니다. 성경은 '스스로를 낮추는자가 높아 질 것이라' 했습니다. '남이 나에게 대접 해줬으면 하는 것을 네가 그에게 하라' 고 했습니다. 그 유명한 '황금율' 이라고 불리는 마태복음 7:12의 말씀입니다. 우리는 모두가 다 칭찬받고 싶고, 높임받고 싶고, 인정받고 싶고, 사랑받고 싶습니다. 바로 그렇기 때문에 우리는 남을 높여 주고 칭찬해 주고 사랑해 주는 것입니다. 남을 높일 때 사실은 내가 높아지고 있는 것입니다.

면류관 씌워주는 의식을 대관식이라고 합니다. 대관식은 씌워주는 사람이 씌움 받는 사람보다 더 높은 사람인 것을 항상 기억해야 할 것입니다.

기도 : 하나님 아버지! 항상 나보다 남을 더 낫게 여기고 서로 섬기며 사는 우리의 인생이 되게 하여 주시옵소서! 예수님 이름으로 기도합니다. 아멘

폐회 / 주기도문

비교하지 맙시다

사도신경 / 통199 / 성경 잠언 12:6

엿보는 인생

예수를 믿는다 하면서도 모든 삶의 패턴을 비교함으로 살아가는 사람이 있습니다. 나를 잘 나가는 누군가와 비교하고, 내 남편과 내 아내를 능력 있다는 옆집 아무개와 비교하고, 내 자녀를 머리 좋다는 앞집 아이와 비교하면서 살면 고스란히 나는 없는 인생이 되고 맙니다. 하나님은 세상 70억 인구 중에 나와 똑같은 인물은 한 명도 없게 하셨습니다. 그것은 나에게만 뜻하시고 바라시는 은혜가 있다는 것입니다. 내 것은 보지 못하고 남의 것만 엿 보며 사는 인생은 그 자체로 불행한 인생입니다.

나는 그냥 납니다

나는 그냥 납니다. 나를 나로 살아야 합니다. 나를 연예인 누구처럼 살려고 하니 안 되는 것입니다. 나 뿐만 아니라 내 남편을 내 아내를 내 자녀를 그 모습 그대로 존귀하고 보배롭게 바라볼 수 있는 은혜가 있어야 합니다.

저도 한때 유명한 목사님 흉내를 좀 낸 일이 있었습니다. 그러나 아무리 해도 전 그 목사님이 될 수 없다는 것을 깨달았습니다. 저에게 주신 것으로 해야 했습니다. 어느 날 기도하는데 하나님께서 제게 "넌! 왜 좀 더 너 답게 살지 못하니?" 하고 묻고 계셨습니다.

사도행전 5장을 보면 베드로가 '아나니아와 삽비라'를 향해 "네 마음에 사단이 가득하다! 어찌하여 '이 일'을 네 마음에 두었느냐"고 징계 합니다. 아나니아와 삽비라가 생각했던 '이 일' 은 비교하는 '일' 입니다. 비교하는 일은 우리가 해서는 안 될 일입니다. 아나니아와 삽비라는 자기보다 믿음생활 잘 하고 있던 바나바라는 사람을 보고는 경쟁하는 마음에서 신앙생활을 했습니다.

신앙의 출발점

아나니아와 삽비라 사건을 기록하고 있는 사도행전 5장의 바로 윗부분인 사도행전 4장 마지막 절을 보면 바나바라는 사람이 땅을 팔아 많은 헌금을 한 것으로 많은 사람의 존경을 받게 됩니다. 이것을 본 아나니아와 삽비라가 자신들도 똑같이 땅 판 돈으로 사람들의 인기와 존경을 사려했던 것입니다.

신앙의 출발이 사랑과 은혜와 믿음이 아니라 과시와 자랑과 교만에 있었습니다. 헛된 공명심과 시기심이 일어난 것이 신앙의 출발점 이었습니다. 내 죄를 위해 십자가를 지신 예수사랑이 뿌리가 아니라 경쟁과 시기가 발단이 되어 열심을 내는 신앙생활이라면 그 신앙은 병든 신앙이 되고 맙니다.

기도 : 사랑이 많으신 하나님 아버지! 우리의 신앙의 출발이 어디서부터 시작되었는지를 점검하기 원합니다. 오직 십자가를 통해 우리에게 주신 하나님 사랑에서 출발하게 하옵소서! 예수님 이름으로 기도합니다. 아멘

폐회 / 주기도문

짧은 뿌리 깊은 뿌리

개회 : 사도신경 / 찬 444장 / 성경 잠언 12:12

척박한 땅

제가 자주 가는 도봉산 제일기도원을 오르다보면 매번 만나게 되는 특이한 나무가 있습니다. 작은 소나무 한 그루가 커다란 바위틈 사이에서 자라고 있는 것입니다. 갈 때마다 참 신기하다라는 느낌을 가졌습니다. 그것을 보고 생명의 기운이 대단하다라는 생각이 들었습니다. 그리고 그 뿌리를 한번 생각해 보았습니다. 그 단단한 바위를 뚫고 지상 깊숙이 최소한 10미터 이상은 뿌리를 내렸을 것을 생각하니 눈에 보이는 그 조그만 나무가 빙산의 일각이다는 느낌도 받았습니다.

뿌리를 깊게 내리는 것은 땅이 척박하기 때문입니다. 물을 찾아서 바위를 뚫습니다. 양분을 찾아서 그 단단한 땅을 뚫고 뿌리는 더욱 깊은 곳으로 내려갑니다.

고난의 시간

우리의 인생도 그와 같다는 생각이 들었습니다. 척박한 현실에서 인생의 깊은 뿌리가 내려가는 것 같습니다. 아무 문제없이 살다가도 인생의 고난을 만나면 인생이 깊어집니다. 가난을 통해서 인생을 배우고 아픔을 통해서 삶이 깊이 있는 사람이 됩니다. 나보다 못한 사람이 돌아보이고, 진짜 행복이 어디에 있는지 생각하게 됩니다.

상대적으로 물가에 심기운 나무는 뿌리가 짧다고 합니다. 그래서 물풀들은 힘들이지 않고 잡아당겨도 그냥 뽑히잖아요. 가뭄이 들어서 물이 마르면 제일먼저 죽는 나무는 물가에 심기운 나무라고 합니다. 뿌리가 짧기 때문입니다. 항상 가까이 물과 양분이 있기에 뿌리를 깊게 내릴 필요가 없었던 것입니다. 그러나 산위에 있는 나무는 가뭄에도 죽지 않습니다. 산꼭대기에 있는 나무가 가뭄에 말라 죽었다는 말은 들어보지 못했습니다. 뿌리가 저 깊숙이 지하수에 까지 닿아 있기 때문에 가뭄이 들건 바람이 불건 태풍이 오건 끄떡없는 것입니다.

뿌리내리기

힘드십니까? 하나님이 뿌리내리는 작업하시는 겁니다. 당장 눈앞에 있는 양분만 받아먹게 되면 지금은 좋을지 모르지만 인생에 가뭄이 왔을 때 견디지를 못합니다. 하나님은 우리 인생과 신앙을 깊은 곳으로 내리십니다. 우리는 바위같이 단단한 현실을 힘들게 뚫고 내려가면서 '하나님은 왜 이렇게 끝 모르는 곳으로 내 인생을 잡아 내리시나' 하고 탄식하지만 그 곳 그 가장 깊은곳에 영생하는 생명수가 있기 때문입니다. 거기서만 마실 수 있는 물이 있습니다. 그 생명수는 바로 예수 그리스도입니다. "내가 주는 물을 먹는자는 영원히 목마르지 아니하리니 나의 주는 물은 그 속에서 영생하도록 솟아나는 샘물이 되리라(요4:14)"

예수 지하수까지 신앙의 뿌리를 내리시고 인생에 가뭄이 와도 태풍이 불어도 끄떡하지 않는 하나님의 사람으로 승리하는 성도가 되시길 축원합니다.

기도 : 하나님 아버지! 우리의 인생에 고난이 있을 때 주님께서 깊은 뿌리를 내리고 계시는 중이신 것을 믿습니다. 우리의 뿌리가 깊어짐으로 세상 유혹과 죄악과 환경에 흔들리지 않는 하늘의 심기워진 감람나무와도 같게하여 주시옵소서! 예수님 이름으로 기도합니다. 아멘

폐회 : 주기도문

입술의 열매로 삽니다

개회 : 사도신경 / 찬송 495장 / 성경 잠12:13~14

입에서 나오는 것?

사람은 그의 혀와 입에서 무엇을 내느냐에 따라서 그의 평생을 복 있는 자로 살기도 하고 곤고하고 불행한 인생을 살기도 합니다. 이것이 성경의 가르침입니다.

오늘 본문이 이 진리를 또 역설하고 있습니다. 13절에서 악인은 입술의 허물로 그물에 걸린다고 합니다. 입의 열매로 복록을 누린다고 합니다. 지금 인생이 고달프고 곤고하십니까?

내가 지난시간을 살아가면서 입술로 너무 많은 허물을 쏟아내었기 때문입니다. '죽겠다! 죽겠다!' 해서 죽게 될 일들이 생긴 것입니다. 망할 세상이라고 해서 내 앞에 있는 세상이 망해있는 것입니다.

내가 말을 지배한 것이 아니라 말이 나를 지배한 것입니다. 출애굽한 이스라엘 백성들이 그들의 지도자인 모세를 원망하고 '우린 이제 광야에서 다 죽었다' 고 했습니다. 그래서 하나님은 "내 귀에 들린대로 너희에게 행하겠다"고 말씀하셨습니다. 광야 40년은 그때 죽겠다고 한 사람들이 다 죽기를 기다린 시간이었습니다.

귀 기울이시는 하나님

하나님은 하나님 백성의 입에서 무슨 말이 나오는지를 귀기울이고 계십니다. 말의 종류야 여러 가지 말이 있겠지만 하나님이 구분하시는 내용은 두 가지입니다. 감사하는 입술과 불평하는 입술입니다. 믿음의 사람은 하나님을 믿고 바라며 항상 감사와 긍정을 말하지만 믿음이 없는 사람은 항상 부정과 불평을 말합니다. 히브리서 11:1을 보면 '믿음은 바라는 것의 실상이요 보지 못하는 것들의 증거' 라고 했기 때문입니다. 실상이 두 개가 있습니다. 현실의 실상과 바라는 실상입니다. 믿음의 사람은 현실의 실상을 말하는 사람이 아닙니다. 바라는 실상을 말하는 사람들입니다.

믿음이 없는 고로

죽겠다는 생각이 밀려올 때 거꾸로 살겠다고 말해야 합니다. 그러면 사는 열매를 맺는겁니다. 진리는 의외로 간단합니다. 절망이 엄습해 올 때 잘 될 것이라고 말해야 합니다. 그러면 하나님이 잘되는 열매를 맺게 하십니다. 이렇게 쉬운 일을 사람들이 잘 하지 못합니다. 믿음이 없는고로 현실의 실상에 이끌리기 때문입니다. 사람들은 타락한 죄성이 남아 있어서 감사하고 참고 기다리고 믿고 긍정을 말하기 보다는 불평하고 책임전가하고 비난하고 비판하고 부정적인 말을 하는 것이 더 익숙하기 때문입니다.

그러나 믿는 사람은 입술이 바뀌는 것을 보고 그의 믿음을 알 수 있습니다. 불평하고 원망하고 부정적인 말을 거두고 긍정과 감사를 말하는 성도가 되시길 소망합니다.

기도 : 사랑하는 하나님 아버지! 우리의 믿음이 우리의 입술을 통해 나타날 수 있도록 연약한 우리 가운데 역사하여 주시옵소서! 예수님 이름으로 기도합니다! 아멘

폐회 / 주기도문

지혜로운 자의 혀는 양약이니라

개회 : 사도신경 / 찬송 500장 / 성경 잠12:18~22

칼과 약

오늘 본문에 나오는 혀는 두 가지로 변신을 합니다. 칼과 약입니다.

먼저 혀가 칼이 됩니다. 좀 섬뜩하지만 성경이 말하는 바입니다. 혀가 칼이 될 때는 오늘 본문에 의하면 혀를 함부로 놀릴 때입니다. 하고 싶다고, 성질이 난다고 생각없이 아무 말이나 쏟아 낼 때 혀는 칼이 됩니다.

'네가 하는게 다 그렇지 뭐!' '당신이 별수 있겠어!' '넌 어쩔수 없어!' 라는 말이 칼이 되어 사람을 찌르고 피를 나게 합니다. 그 상처를 오래가게 합니다. 마음의 흉으로 남습니다.

칼은 부엌에서

하나님은 우리의 혀를 지으실 때 칼이 되게 하기 위해 짓지 않으시고 약이 되게 하기 위해 지으셨습니다. 그것이 본문에 나옵니다. 지혜로운 자의 혀는 양약이라고 하셨습니다. 양약이라는 말이 원문에는 '마르페'라는 말인데 이 말이 치료한다는 말입니다.

'당신이 옆에 있어서 얼마나 힘이 되는지 모르겠어요!' '당신만으로 만족합니다!' '괜찮아! 다시 해봐!' 라는 말이 상처입은 상대의 마음을 치료합니다.

칼은 부엌에서 맛있는 요리할 때 도마옆에 있어야 합니다. 그 칼을 가지고 함부로 장난치거나 하면 큰일 납니다. 조심스럽게 다루어야 합니다. 칼의 순기능은 맛있는 요리를 하는 것입니다. 칼의 역기능은 다치게 하고 아프게 하고 상처를 내는 것입니다.

혀를 붕대와 약으로

혀도 마찬가지입니다. 혀의 순기능은 치료하고 감싸고 낫게 하는 것입니다. 마음을 다친 사람에게 위로의 말로 약 발라 주라고 혀를 주셨습니다. 그러나 혀가 역기능이 될 때 그것이 칼이 되어서는 사람의 마음을 난도질 합니다. 갈기갈기 다 찢어놓습니다.

조심스럽게 다루어야 합니다. '나는 맘에 있는 것 다 말하지 않고는 못 살아! 근데 난 뒤끝은 없어!' 이런 소리하면 혀를 함부로 사용하는 것입니다.

어리석은 자는 아무 말이나 나오는대로 합니다. 지혜로운 자는 상대를 배려하는 말을 합니다. 지혜로운 자가 되시길 바랍니다.

기도 : 하나님 아버지 우리의 혀와 입술이 상대에게 상처를 주고, 아프게 하고, 찌르는 것이 아니라 싸메주고, 낫게하는 붕대와 약이 되게 하옵소서! 예수님 이름으로 기도합니다! 아멘

폐회 : 주기도문

그냥 하나님 말씀대로 삽시다

개회 : 사도신경 / 찬송 410장 / 성경 잠12:26

가이드가 있습니까?

오늘의 말씀은 의인은 그 이웃의 인도자가 된다는 말씀입니다. 인도자는 다른 말로 가이드입니다. 길을 몰라 방황하는 사람에게 그가 가는 길을 아는 사람이 옆에 있다는 것은 여간 다행스러운 일이 아닙니다. 다른 길도 아니고 천국 가는길, 하나님을 아는 길, 천국을 이 땅에서 맛볼 수 있는 길을 아는 사람이 내 주위에 있다는 것은 더욱 큰 행복입니다.

성경에서 말씀하는 의인은 예수믿는 사람입니다. 오늘 본문 말씀에 의하면 의인은 그 이웃을 인도 한답니다. 어디로 인도 하냐면 그와 같이 예수 믿는 길로 인도합니다. 예수 믿는 길로만 들어오면 그 행사가 다 형통하기 때문입니다. 어디 심겨졌느냐가 중요합니다. 시냇가에 심겨진 나무는 시절을 쫓아 과실을 맺는 것과 같습니다. 예수 안에 심겨진 인생은 예수가 다 알아서 때마다 시마다 공급하시고 책임지시는 것입니다.

예수 밖에는

주님은 내가 길이요 진리요 생명이라 하셨기 때문에 예수 밖에는 길도 없고 진리도 없고 생명도 없습니다. 길이 잠깐 보이는 것 같아도 이내 방황합니다. 잠시잠깐 생명을 얻은 것 같지만 이내 죽음입니다. 진리가 구별될 것 같으면서도 금방 오리무중으로 빠집니다. 그래서 수많은 지성인들이 〈그리스도 안에서〉라는 7글자에 무릎을 꿇고 예수님 만난 것을 봅니다.

본문 후반절에 기록된 악인은 죄송하지만 예수를 부인하는 사람입니다. 악인의 소행은 자기를 미혹케 한다고 말씀합니다. 스스로 만든 경험과 지식에 갇혀서 방황하다가 결국 길을 잃고 패망한다는 것입니다. 무신론자 볼테르가 말했습니다. '나는 사는게 지겹다. 그러나 죽음은 더욱 두렵다!'

예수가 없으면 행복은 없습니다. 하나님께서 당신의 아들이신 예수 말고는 그 어떤 것으로도 우리 영혼을 만족시키기 위해 이 땅에 두신 것이 없습니다.

행복지수 = 순종지수

성경은 어리석은 자가 되지 말라고 하는데 그 이유는 그 인생이 불행해지기 때문입니다. 반대로 지혜로운 자는 그 인생이 행복해집니다. 행복지수와 지혜지수와 순종지수는 같은 것입니다. 그냥 우리 성경 말씀대로 삽시다! 그러면 지혜로워지고 행복해집니다. 순종지수 행복지수 지혜지수는 결국 다 같은 것이니까요.

기도 : 하나님 아버지! 오직 주의 말씀을 따라 순종하며 주께서 인도하시는 길로만 나아가는 우리의 인생길이 되게 하여 주시옵소서! 예수님 이름으로 기도합니다. 아멘

폐회 / 주기도문

게으름은 큰 병입니다

55

개회 : 사도신경 / 찬송 410장 / 성경 잠12:27

강권적 인도하심

예수를 믿고 달라지는 것이 있습니다. 우리가 이미 다 아는 겁니다. 참 신비로운 변화입니다. 악한 말을 하던 사람이 친절하고 선한 말을 합니다. 이웃을 비난하고 손가락질 하던 사람이 남의 허물을 덮어주고 용서해 주고 사랑해 주는 사람이 됩니다. 자기만 알던 이기적인 사람이 다른 사람을 진심으로 배려하게 됩니다. '난 아직 이 모습이 아닌데.' 하고 절망할 필요는 없습니다. 하나님의 강권적인 인도하심으로 우리는 결국 다 이 길로 가고 있는 중이니까요.

또한 이와 함께 중요하게 달라지는 것이 있습니다. 다소 생소하게 들리겠지만 그것은 바로 게으른 자가 부지런하게 된다는 것입니다. 하나님은 이 일을 반드시 우리 안에서 이루실 것입니다.

우리 하나님은 일하시는 하나님 이십니다. 하늘과 땅을 지으시고 친히 다스리시는 일을 하십니다. 주님도 내 아버지가 일하시니 나도 일한다고 하셨습니다. 하나님은 당신이 일하시면서 그의 백성들에게도 부지런히 일하도록 일을 주시는 하나님 이십니다. 땅을 지으시고 사람에게 이 땅을 다스리고 정복하라고 하셨습니다.

노는 자가 복받은 자?

유교문화권에서는 일을 안 하는 자가 복 받은자로 알고 있습니다. 그래서 높은 사람 일수록 일하지 않고 놀고 먹으려 합니다. 재미난 일화가 있습니다. 구한말 선교사들이 국내에 들어와서 정구(테니스)를 치고 있을 때 그것을 사대부 양반들이 보고는 저 힘든 일을 노비를 시키지 저렇게 땀을 흘리고 하고 있다고 혀를 찼다고 합니다.

부지런히 일하는 것을 통해서 하나님은 우리에게 복을 주시겠다고 하십니다. 하나님은 결코 요행을 통해서 복을 주시는 분이 아니십니다. 요행의 결국은 그것이 그를 불행으로 이끈다는 것입니다.

사람의 부귀는 요행이 아니라!

오늘 본문에 분명히 밝히고 있습니다. 게으른 자는 그 잡을 것도 사냥하지 않는다고 합니다. 마음이 허탄한 곳에 가 있기 때문입니다. '한큐인생!' '한방인생역전!' 에 가 있습니다. 웬만한 것은 눈에 들어오질 않습니다. 잡을 것도 사냥하고 있지 않고 있는 것을 보면 게으름은 정말 큰 병인 것을 깨닫게 됩니다. 이 병에서 빨리 치유되야 합니다.

하나님께서 사람으로 부유케 하시는 방법이 오늘 기록되어 있습니다. 사람의 부귀는 요행이 아니라, 복권이 아니라, 한방이 아니라 바로 '부지런함' 이라는 것을 깨우쳐야 할 것입니다.

기도 : 사랑하는 하나님 아버지! 우리의 하루하루의 삶 속에서 성실함과 부지런함을 통해 주께서 주시는 복을 얻게하여 주시옵소서! 예수님 이름으로 기도합니다. 아멘

폐회 / 주기도문

56 생명샘에서 생명나무 실과를 먹고 삽시다

개회 : 사도신경 / 찬송 410장 / 성경 잠13:12~13

에덴의 나무

오늘 본문에는 아주 신비로운 단어가 나옵니다. 그것은 바로 '생명나무' 와 '생명샘' 입니다. 생명나무는 하나님께서 아담과 하와를 창조하시고 에덴동산에 잠시 두시기도 하셨지만 원래 이 나무는 천국에 있는 나무입니다. 요한계시록을 보면 천국 하나님 보좌 앞에 생명의 물가가 있고 그 주위에 열두 가지 실과를 맺는 생명나무가 자라고 있습니다.

그런데 오늘 말씀 13절을 보니까 난데없이 우리의 소원을 이루는 것이 바로 천국에 있는 생명나무랍니다. 이 땅에서 소원 이루어지는 것이 천국에서 생명나무 열매 맺는 것으로 비유해서 말씀합니다. 소원이 더디 이루어지면 마음이 상하지만 소원이 이루어질 때 그 마음이 달다고 말씀합니다.

먼저 성도의 소원이 하나님 앞에 이루어지길 소원합니다. 간절한 소망과 소원을 이루어야겠는데 소원을 이룰려면 오늘 말씀대로 하면 '생명수' 를 마시고 '생명나무' 를 먼저 얻어야 한다고 말씀합니다.

내가 주는 물

생명수는 말할 것도 없이 우리주님 이십니다. 예수는 "내가 주는 물을 먹는자는 영원히 목마르지 아니하리라" 하신고로 예수는 우리의 생명수입니다. 생명나무는 잠언 3:18을 보면 "지혜는 그 얻은 자에게 생명나무라 생명나무를 얻은 자는 복되도다" 했습니다. 생명나무가 상징하는 것은 바로 지혜입니다. 지혜가 생명나무 였습니다. 그러므로 이것을 신약의 의미로 풀게되면 지혜는 바로 하나님의 아들이신 우리 주 예수 그리스도가 됩니다. 예수는 "나는 포도나무요 너희는 가지라" 하신고로 예수는 생명나무입니다. 예수에게 붙어있고 예수가 주는 체액을 받아먹고 사는 사람은 소원을 이루는 길로 가는 겁니다. 생명의 길로 가는 겁니다. 사망이 그를 두를 수 없습니다.

'생명수와 생명나무' 는 우리 주님이십니다

생명수를 마시고 생명나무 실과를 먹고야 영적인 생명을 유지할 수 있습니다. 이것을 먹지 않으면 생명과 사망이 구별되어서 보이질 않습니다. 사망의 그물과 사탄의 올무를 볼 수 없습니다. 그렇다면 생명수와 생명나무실과를 먹는다는 것은 무엇입니까? 오늘 13절 말씀대로 하나님 말씀에 순종하는 것입니다. 하나님 말씀을 두려워 하고 그 계명을 지키는 것입니다. 13절에서 "말씀을 멸시하는자는 패망을 이루고 계명을 두려워하는 자는 상을 얻느니라" 하셨기 때문입니다.

하나님을 예배하고 섬기고 순종하는 사람은 살길이 보입니다. 그러나 하나님을 떠난 사람은 죽을 길인데도 거침없이 그길로 들어섭니다. 보이지가 않기 때문입니다. 생명을 먹고 생명 가운데 사는 은혜가 성도의 삶에 가득하길 기도합니다.

기도 : 하나님 아버지! 생명수와 생명나무 되신 주님의 말씀을 늘 받아먹고 사는 하나님 나라의 성도들이 되게 하여 주시옵소서! 예수님 이름으로 기도합니다. 아멘

폐회 / 주기도문

염전

개회 : 사도신경 / 찬송 182장 / 성경 잠13:20

어디서 취했느냐!

염전을 하던 장로님으로부터 들은 이야기입니다.

어느 날, 일을 하다 실수로 소금 가마니를 바다에 빠뜨렸답니다. 금새 건졌는데 가마니에 있던 소금이 모두 녹아버린 것이었습니다. 소금이 물에 잘 녹는 건 알았지만, 이렇게 녹아 없어질 줄은 몰랐답니다. 김장 때 배추를 절이기 위해 소금을 물에 녹일 때는 힘껏 휘젓고도 한참을 기다려야만 했었기에 장로님은 매우 의아해 하셨습니다. 그러나 잠시 후 애초에 소금은 바다로부터 취한 것이기 때문에 담수에서와 달리 금새 녹아버린다는 깨달음을 얻었습니다.

주의깊음

그렇습니다. 바다로부터 취한 소금은 순전하게 구별되었다가도 바다를 만나면 금새 옛 모습으로 돌아가고 맙니다. 이것은 그리스도인에게도 마찬가지입니다. 그리스도인들은 세상에서 취한 존재입니다. 따라서 세상과 섞이기 시작하면 금새 예전의 모습으로 돌아가고 맙니다. 그래서 그리스도인들에게는 '주의 깊음'이 필요합니다. 항상 유혹을 경계하고 자신을 살피지 않으면 세상과 구별된 자신을 순전하게 유지할 수 없기 때문입니다.

세바스챤? 크리스천?

하나님이 주신 십자가 보혈의 은혜를 경험하고는 세상 속으로 들어가 세상을 변화시키고 복음의 대변자가 되겠다고 다짐한 사람들이 있습니다. 그러나 그들이 정작 세상 속으로 들어가서 세상을 변화시키기는 커녕 도리어 그들과 적당히 타협하여 동화되는 것을 보게 될 때가 있습니다. 세상은 죄된 성향을 지닌 우리와 코드가 맞기 때문입니다. 예수님께서는 너희는 세상에 속한 자가 아니요 도리어 세상에서 나의 택함을 입은 자들이라고 말씀하셨습니다. 주님의 택함을 받은 성도는 세상에서 세상을 바라보며 미련을 갖는 세바스챤?(세상을 바라보는 그리스도인)이 아니라 오직 주 예수 그리스도만 바라보는 크리스천인 것을 믿습니다.

기도 : 하나님 아버지! 주님을 온전히 섬기지 못하고, 세상을 향하여 아직도 미련이 있는 우리의 부족한 믿음을 불쌍히 여겨 주시옵소서! 오직 주 예수 그리스도 안에서 새롭게 거듭난 하늘나라의 성도가 되게 하여 주시옵소서. 예수님 이름으로 기도합니다. 아멘

폐회 : 주기도문

같이 있으면 닮습니다

개회 : 사도신경 / 찬송 499장 / 성경 잠13:20

세월의 고락

오래같이 사신 노 부부의 모습이 서로 닮았다는 인상을 받을 때가 많이 있습니다. 인생을 사시면서 세월의 고락을 같이 하다 보니까 외모까지 서로 비슷해졌습니다. 같이 하면 서로가 서로에게 영향을 미칩니다. 그 영향이 얼마나 큰 것이냐 하면 내적인 영향만이 아니라 아예 외모까지 비슷한 모습과 분위기를 풍기게 만듭니다. 오죽하면 미워하면서 닮는다는 말까지 있겠습니까!

예수의 사람은 예수를 닮아야 합니다. 오랜시간 예수를 믿었는데 예수의 모습이 없다면 예수를 잘못 믿은 것입니다. 엉터리입니다. 예수님께서 이 땅에서 사실때 그렇게 하셨던 것처럼 용서하고, 감사하고, 사랑하고, 섬기면서 살아갑니다. 예수를 닮으려면 예수와 동행해야 합니다. 예수를 믿는다는 것이 예수와 동행하는 것입니다. 식사나 여행 그리고 대화중에 항상 예수님을 모시는 것이 예수님 믿는 사람입니다.

무서운 전염병이 있습니다

본문 20절에 나온 지혜로운 자는 예수 그리스도입니다. 예수와 동행하면 예수의 지혜를 얻게 됩니다. 우리로 하여금 이 세상을 살면서 어리석음과 미련함 가운데 실족하지 않게 해줍니다. 어둠속에 헤매지 않게 해줍니다. 뿐만 아니라 예수님을 닮게 되면 감사할 일이 있을 때만 감사하는 것이 아니라 예수님처럼 고난 중에도 감사합니다. 십자가 앞에서도 감사합니다.

그러나 미련한 자와 동행하면 해를 받습니다. 미련한 자는 자기지식을 의지하는 사람입니다. 미련한 자는 불평하고 원망합니다. 책임을 돌리고 남을 비난합니다. 이런 모습을 그대로 닮게 됩니다.

닮는다는 말을 조금 다른 말로 바꾸면 전염된다는 말과도 통합니다. 감사하는 사람 옆에 있으면 나도 감사하게 됩니다. 짜증내고 신세한탄하는 사람 옆에 있으면 나도 그렇게 전염 됩니다. 무서운 영적인 전염병이 원망전염병입니다. 한 번에 다 돌아 버립니다. 광야에 있었던 이스라엘 백성이 이 전염병에 다 죽고 말았습니다.

예수와 함께

예수와 같이 있기를 원하고 가까이 하시기 바랍니다. 그러면 지혜와 같이 있는 것입니다. 지혜는 깨달음입니다. 지혜는 빛입니다. 환한 빛이 우리인생 앞에 비춰서 감사가 보이게 하시고 은혜가 보이게 하시고 하나님의 크신 사랑이 보이게 하실 것입니다.

기도 : 하나님 아버지! 하루하루의 삶을 통하여 예수를 닮아가는 시간이 되게 하여 주시옵소서! 예수님 이름으로 기도합니다. 아멘

폐회 / 주기도문

초달은 사랑입니다

개회 : 사도신경 / 찬송 492장 / 성경 잠13:24

차마 못하는 자는

오늘 본문에는 초달이라는 말이 나옵니다. 초달은 회초리라는 말입니다. 아주 가끔 자녀들이 버릇없이 굴거나 연거푸 잘못할 때 회초리를 들 때가 있습니다. 마음이 무척 아픕니다. 손바닥이나 종아리를 때린다고 하지만 아이들이 매달리고 울 때는 정말 마음이 약해집니다. 그 부모의 마음을 오늘 성경이 너무 정확하게 표현하고 있습니다. "초달을 차마 못하는 자는 그 자식을 미워함이라" 예, 이 말씀이 정말 맞습니다. 어떤 때는 차마 못하겠습니다. 제가 차라리 맞았으면 맞았지 못 때리겠습니다. 사실 때릴 곳도 없습니다.

그것이 부모의 마음일진대 그러나 성경은 그렇게 하는 것은 그 자녀를 사랑하는 것이 아니라 도리어 미워함이라고 말씀하고 있습니다. 그리고 이어서 자녀를 사랑하는 자는 근실히 징계 한다고 말씀하고 있습니다.

성경이 말하는 사람

가끔 자녀를 매 한번 때리지 않고 키웠다고 자랑처럼 말하는 부모님을 봅니다. 그러나 그것은 자기자랑에 지나지 않습니다. 교만입니다. 세상에 완전한 사람이 어디에 있습니까! 그만큼 부모로서 무관심 했다는 결론밖에는 없습니다. 정말 관심 있게 지켜봤다면 징계 할 일이 분명히 있었을 것입니다. 일부의 인본주의 교육학자들도 말하길 매를 대는 것은 인격모독임으로 말로 잘 교육해야 한다고 합니다.

그러나 성경에서 말하는 사람은 말로해서 바로 알아들을 만큼 그렇게 착하거나 의롭지 않습니다. 하나님 말씀에 대해 불순종과 거역과 배신으로 일관했던 것이 구약의 하나님 백성인 이스라엘인들의 모습이었습니다. 그러다가 하나님께로부터 매를 맞고 징계를 받고서야 비로소 깨닫습니다. 회초리와 징계를 통한 아픔이 하나님의 사랑을 깊이 있게 깨닫게 했습니다.

사랑 확인

이제 중요한 것은 초달 속에 나타난 부모의 사랑을 확인시켜야 합니다. 그렇지 않고서는 아동학대가 됩니다. 인격모독이 됩니다. 이 부분이 참 어렵습니다. 우리가 흔히 말하는 '사랑의 매' 입니다. 사랑하면 봐 주는 것인데 사랑해서 때리는 것입니다. 이것을 이해하면 철든 것입니다. 이는 더 크게 다치는 것을 두려워 함입니다. 지금 조금 아픈 것으로 영원한 멸망 길로 들어서지 않게 하기 위함입니다.

초달은 드는 자나 맞는 자나 같이 아픕니다. 그래서 저는 초달을 댄 후에는 꼭 껴안아 줍니다. 사랑 한다고 말해 줍니다. 그리고 이 본문 말씀을 말해주고 징계하는 사랑하는 아버지의 마음을 알아 달라고 말해 줍니다.

성경은 사람을 만들 때 칭찬을 통해서 정금같이 만들라고 하십니다. 그러나 정금이 되는 과정에는 분명히 뜨거운 불속도 필요합니다.

기도 : 하나님 아버지! 초달 속에 나타난 부모님의 사랑을 알게 해 주시고 또한 그 속에서 친 자녀를 징계하시는 하나님의 사랑도 깨닫게 하여 주시옵소서! 예수님의 이름으로 기도합니다. 아멘

폐회 / 주기도문

입술을 지킵시다

개회 : 사도신경 / 찬송 500장 / 성경 잠14:3

말 한 마디로

사람은 말 한 마디로 이쁨을 받기도 하고 미움을 받기도 합니다. 말 한 마디로 상대를 기쁘게 할 수도 있고 슬프게 할 수 있습니다. 말 한 마디 잘해서 친구를 얻기도 하고 잃기도 합니다.

상대방을 배려하는 말을 하고 내가 지금 한 말을 거꾸로 내가 듣는다면 나는 어떨까?를 늘 생각해야 합니다. 말할 때 마다 머리속으로 한 바퀴, 마음으로 한 바퀴해서 최소한 두 바퀴는 돌리고 한다면 말 실수는 없을 것 같습니다.

하나를 보면 열을 안다고 하는데 정말 말하는 것을 보면 그 사람을 알 수 있습니다. 우리의 입술은 우리의 마음에 담은 것을 흘려보내는 문과 같은 역할을 합니다. 교만한 사람이 겸손을 말하기는 정말 어렵습니다. 어리석은 사람이 지혜를 말하기 어려운 것과 같습니다.

자기 매를 버는 사람

오늘 본문은 "미련한 자는 교만하여 매를 자청하고 지혜로운 자는 입술로 스스로를 보존하느니라"고 말씀합니다. 대부분 막말하는 사람은 교만합니다. 자기만 잘 났습니다. 자기만 똑똑합니다. 침을 뱉듯이 교만을 뱉어냅니다. 더러움을 뱉습니다. 욕을 뱉고 하대를 뱉어 놓습니다. 이런 사람을 가리켜서 성경은 자기 매를 버는 사람이라고 합니다. 아랫사람인 경우는 매를 버는 것이고 윗사람인 경우는 미움을 버는 경우입니다. 상을 벌지는 못할망정 매를 벌고 미움을 사서 벌어야겠습니까? 성경말씀이 딱 맞습니다. 미련해서 그렇습니다.

그러나 지혜로운 자는 그 입술로 스스로 보전한다고 합니다. 지킨다는 말씀입니다. 우리의 본성은 겸손보다는 교만에 가깝습니다. 지혜보다는 미련함에 가깝습니다. 그래서 교만을 쏟아내고 미련을 쏟아냅니다. 그래서 우리 안에는 지혜이신 예수가 계셔야 합니다. 그래야 지킬 수가 있습니다.

예수를 모신 증거

예수를 그 마음에 주인으로 모시고 사는 사람은 남의 가슴에 못을 박는 말을 하지 않습니다. 주님이 못 박히셨기 때문에 못 박힌 자의 심정을 알기 때문입니다. 주님께서 마7:14에서 말씀하신 황금률처럼 상대방이 나에게 해 주었으면 하는 그것을 내가 해 주게 됩니다.

내가 칭찬을 듣고 싶기 때문에 칭찬을 하는 사람이 되는 겁니다. 내가 인정을 받고 싶기 때문에 먼저 상대를 인정해 주는 사람이 되는 것입니다. 내가 용서받고 싶기 때문에 용서한다고 말해주는 것입니다. 내가 사랑을 받고 싶기 때문에 먼저 사랑한다고 말해주는 것입니다. 우리의 입술이 칭찬하는 입술, 인정해 주는 입술, 용서하는 입술, 사랑하는 입술이 되어 우리 안에 지혜의 영이신 예수를 모신 사람으로서 증거를 삼으시기 바랍니다.

기도 : 하나님 아버지! 우리의 입술로 항상 칭찬하고 용서하고 감사하는 입술이 되게 하소서! 우리가 하나님 섬기는 사람인 것을 증명하게 하여 주시옵소서! 예수님 이름으로 기도합니다. 아멘

폐회 / 주기도문

조금 불편해도 큰 것을 얻읍시다

개회 : 사도신경 / 찬송 500장 / 성경 잠14:4

작은 것을 탐하다가

　소탐대실(小貪大失)이라는 말이 있습니다. 작은 것을 탐하다가 큰 것을 잃어버린다는 말입니다. 이 말을 비슷하게 적용하면 큰 것을 얻기 위해서는 작은 손해가 있다는 뜻이 될 것입니다. 오늘 잠언 본문에서 소가 없으면 구유가 깨끗하겠지만 소의 힘으로 얻는 것이 많다고 합니다. 소가 있어야 힘든 밭도 갈고 논도 갑니다. 그렇지만 소가 있는 외양간은 청소를 해야 합니다. 소가 있음을 감사한 줄 모르고 외양간 청소하는 일을 귀찮아 하고 있다면 참 한심한 노릇일 것입니다.

　원하는 학교에 들어가려면 잠을 좀 못자는 불편쯤은 감수해야 합니다. 원하는 직장을 얻었다면 멀다고 불평하면 안됩니다. 외양간 청소를 귀찮아 하는 농부와 다름 없습니다. 마찬가지로 원하는 아내를 얻었습니다. 원하는 남편을 얻었습니다. 원하는 자녀를 얻었습니다. 원하는 집을 얻었습니다. 얻는 과정에서 조금 외양간 청소하는 불편이 있을 것입니다. 그러나 그 불편을 감수하지 않고 불평하고 있다면 어리석은 사람입니다.

큰 것을 얻었습니다

　이 세상에서 가장 귀한 일은 하나님을 알아가는 일입니다. 하나님을 알아가는 과정에서 잃을 수 있는 것이 있습니다. 당장은 주일 아침 단잠을 반납하고 하나님을 예배하러 나와야 합니다. 다른 이들은 육체의 만족을 위해서 산으로 들로 떠나는 시간을 나는 하나님께 드리는 것입니다. 내 물질을 드리고 내 헌신을 드리는 것입니다. 내 것이 빠져 나가지만 행복한 것입니다. 내 작은 시간을 드림으로 하나님에게 속한 영원한 시간을 얻게 됩니다. 내 물질을 드림으로 이 세상 모든 물질이 하나님께 속한 것임을 알게 됩니다. 고로 이제 후로는 하나님께로부터 물질이 올 것으로 믿습니다. 예배당에 나간 것으로 내가 어디서 왔는지를 알게 됩니다. 그리고 어디로 갈지도 알게 됩니다. 작은 것을 잃었지만 큰 것을 얻었습니다.

빼앗기지 않을 것입니다

잃는 것이 있습니다. 손해가 있습니다. 불편한 것이 있습니다. 어쩌면 더 나아가서 우리는 예수를 믿는 이유로 사람들로부터 무시를 당할 수도 있습니다. 핍박을 받을 수도 있습니다. 그러나 기쁨이 있습니다. 세상이 이해할 수 없는 기쁨입니다. 그때 우리는 세상이 알지 못하는 신령한 기쁨을 맛보게 됩니다. 천국을 얻고 누리며 하나님을 알게 될 때 누리는 기쁨은 세상의 것 그 무엇과도 견줄 수 없는 기쁨이 되기 때문입니다.

예수 믿는 길은 예수님 말씀처럼 좁은 길입니다. 아무나 이 길로 들어서지를 못합니다. 그러나 내가 지금 얼마나 크고 엄청난 것을 얻고 있는지를 분명히 아는 사람은, 그 무엇을 더 잃는다 할지라도 이 기쁨을 결코 아무에게도 빼앗기지 않을 것입니다. 마치 나사로의 집을 방문했던 주님께서 마리아에게 "네가 좋은 것을 택하였은즉 빼앗기지 아니하리라" 하셨던 것처럼 말입니다.

기도 : 하나님 아버지! 주님께서 우리에게 주신 것을 지키고 보존하고 간직하기 위해서 작은 것을 잃는다 할지라도 오히려 기뻐하며 감사할 수 있는 믿음이 되게하여 주시옵소서! 예수님 이름으로 기도합니다. 아멘

폐회 / 주기도문

죄를 심상히 여기는 자

개회 : 사도신경 / 찬송 194장 / 성경 잠14:6~8

같은 말 들이 있습니다

믿음 생활을 하면 몇 가지 같은 말을 알게 됩니다. 이를테면 믿음은 은혜와 동의어입니다. 은혜로 구원받는다는 말과, 믿음으로 구원 얻는다는 말은 같은 말입니다. 믿음은 어떤 조건이 아니라 나를 위해 십자가를 지신 주님을 인정하는 것이기 때문입니다.

또 같은 말이 있습니다. 사망은 지옥과 같은 말입니다. 성경은 육체의 죽음을 '저가 잠들었다' 고 표현합니다. 그러므로 성경에서 말하는 진정한 의미의 사망은 영원한 멸망인 지옥을 의미합니다.

역시 같은 말이 있습니다. 교만과 어리석음이 같은 말입니다. 반대로 말하면 지혜와 겸손 역시 같은 말입니다. 이 부분은 특히 잠언에서 강조되는 말씀입니다. 잠언서에서는 한결같이 교만은 어리석음과 미련함과 아둔함으로 나타나고 겸손은 지혜와 명철과 총명이라고 합니다.

세상없는 지식이 있다고 해도

오늘 본문 6~7절에도 교만한 자는 미련한 자라고 말씀하고 있습니다. 지식을 얻을 수 없다고 합니다. 미련하게 된 이유가 교만하기 때문입니다. 교만이 미련함을 나왔습니다. 그러나 지혜로운 자는 8절의 말씀처럼 자기의 길을 안다고 합니다. 여기서 자기의 길이란 내가 어디로 와서 어디로 가야 하는지 그 길을 말합니다.

세상없는 지식이 있다고 해도 내가 어디서 왔는지 모르면 아무것도 모르는 것입니다. 지혜로운 자는 죄로 인한 사망 길로 가는 것을 압니다. 죄의 삯은 사망이라는 것을 겸손히 인정합니다. 그러나 어리석은 자는 사망 길을 위장하고 속입니다. 또한 스스로 속습니다. 마음이 강퍅하고 교만해서 그렇습니다. 8절에서 "미련한 자의 어리석음은 속이는 것" 이라는 말씀은 남을 속이는 것만 아니라 스스로 속는 것을 말합니다. 화려한 세상의 연락과 여흥과 쾌락으로 위장합니다.

지혜는 겸손과 같이 다닙니다

지혜로운 자는 죄가 없어야 천국 가는 것을 압니다. 그리고 죄를 해결하려고 합니다. 그러나 미련한 자는 죄를 심상히 여깁니다. 대수롭지 않게 여깁니다. 지혜로운 자는 죄는 오직 예수 십자가로만 해결된다는 것을 알고 주님 앞에 겸손히 무릎 꿇습니다. 그러나 교만한 자는 죄가 얼마나 심각한 결과를 가져 오는지 깨닫지 못합니다.

하나님 앞에 겸손하게 되면 세상을 만드신 하나님의 지혜를 얻게 됩니다. 세상을 구원하시는 하나님의 지식을 얻게 됩니다. 그러나 하나님 앞에서 교만하게 되면 어리석은 자가 됩니다. 지혜가 겸손과 같이 다닌다는 것을 항상 기억합시다. 또한 교만이 어리석음과 동행한다는 것도 잊어서는 안될 것입니다.

기도 : 하나님 아버지! 우리의 지식을 하나님 지식보다 앞세우지 않게 하시며 항상 겸손케 하셔서 하나님의 지혜를 얻는 사람들이 되게 하여 주시옵소서! 예수님 이름으로 기도합니다. 아멘

폐회 / 주기도문

웃을 때에도 마음에 근심이 있습니다

개회 : 사도신경 / 찬송 88장 / 성경 잠14:10

하나님과 나만 아는 이야기

　기쁨이란 것이 그런 것 같습니다. 모든 사람이 같이 공유하는 공동체적인 기쁨이 있고, 반면에 나만이 아는 개인적인 기쁨이 있는 것 같습니다. 슬픔도 그렇습니다. 가정적이고 사회적이고 국가적 슬픔이 있습니다. 한편으로는 나만이 느끼고 경험하는 개인적인 슬픔이 있습니다. 흔히 '내 마음 아무도 몰라!' '누가 내 마음 알겠어!' 라고 이야기하는 경우가 그런 경우입니다. 우리의 믿음과 신앙도 개인적이면서 동시에 공동체적인 성격을 지니고 있습니다.

　예수를 믿는 사람들은 하나님과 나만이 아는 이야기가 있습니다. 개인적이고 은밀하며 비밀스럽습니다. 아무도 모릅니다. 오직 하나님과 나만이 느끼고, 공감하고, 누리는 기쁨과 슬픔이 있습니다. 이 과정이 없으면 예수를 바로 믿지 못하는 사람입니다. 찬송가 499장 후렴처럼 '우리 서로 받은 그 기쁨은 알 사람이 없는' 것입니다.

연인의 사랑

　주께서 나를 은밀한 중에 부르셨고 훈련시키셨고 축복하시고 사랑하시는 과정은 나만이 아는 것입니다. 연인관계와 같습니다. 연인의 사랑은 다른 이들이 끼어들면 그건 연인의 사랑이 아닙니다. 이렇게 주님과 개인적인 부분에서 인격적이면서 온전한 관계를 이루고서야 바른 신앙생활을 해 나갈 수 있습니다. 내 안에서 온전히 이루어진 신앙은 또한 교회 공동체 속에서 성령과 말씀의 끈으로 서로서로 연결되어 집니다. 예수보혈로

한 피 받아 한 몸 이룬 형제자매이기 때문입니다. 그래서 온전한 신앙은 결코 이기적이거나 자기중심적이 되지 않습니다.

10절에서 말씀하는 나만이 느끼는 기쁨과 슬픔, 고민과 갈등 속에서 타인이 참여하지 못하게 해야 합니다. 오직 주님만 참여해야 합니다. 다른 것과 소통하면 안 됩니다. 결국은 실망합니다. 병든 내 자아와 소통하고 있어도 안 됩니다. 우리의 자아는 낮은 자존감과 열등감으로 병들어 있기 때문입니다. 오직 주님과만 통해야 합니다.

주님과 통합시다

12절에서 말씀하시는 "어떤 길은 사람보기에는 바르나 필경은 사망의 길이라" 는 말씀의 뜻은 많은 사람들이 기쁨인 줄 알고 돈과 통했습니다. 행복할 줄 알고 명예와 통했습니다. 만족할 줄 알고 사람과 통했습니다. 그러나 결과는 참담했습니다. 그 모든 것을 얻었지만 참된 만족이 없었습니다. 그것이 또한 13절 말씀입니다. 웃을 때도 마음의 슬픔이 있고 웃음 중에도 근심이 있었습니다. 돈과 명예와 인기를 한 몸에 얻고 살던 한 사람이 깊은 우울증에 걸려 정신과를 찾았다고 합니다. 의사는 가까운 곳에 있는 채플린의 공연이라도 감상하면서 한바탕 웃음으로 우울증을 달래 보라고 했답니다. 그때 그 사람이 '내가 바로 채플린입니다.' 라고 했답니다.

세상 것 그 어떤 것으로도 만족 할 수 없는 이유는 바로 우리가 영적존재로 지음받은 까닭이기 때문입니다.

기도 : 하나님 아버지! 세상 것으로 만족하고 세상 것으로만 기뻐하며 즐거워하지 않게 하시고 주님과 동행하는 신령한 기쁨을 누릴 수 있는 믿음이 있게 하여 주시옵소서! 예수님 이름으로 기도합니다! 아멘

폐회 / 주기도문

스스로를 믿는 자

개회 : 사도신경 / 찬송 40장 / 성경 잠14:15~16

귀가 좀 두꺼웁시다

오늘 본문 15절에서 어리석은 자는 무슨 말이든 믿으나 지혜로운 자는 그 행동을 삼간다고 말씀하고 있습니다. 먼저 우리의 귀가 좀 두꺼워야 겠습니다. 이 사람 저 사람 말하는 것에 따라 이리저리 쏠리는 인생은 일단 본인이 힘듭니다. 별것도 아니고 쓸모도 없는 일에 이리저리 뛰어 다니느라고 정신을 차리지 못합니다. 시간을 낭비하고 돈을 낭비하고 힘을 낭비 합니다.

'온갖 말을 믿는다는 말'을 뒤에 댓구를 이루는 말을 가지고 해석하면 바로 그 행동에 있어서 정함이 없다는 뜻입니다. 지혜로운 자는 그 행동에 있어서 요동이 없습니다. 이것이 행동을 삼간다는 말씀의 뜻입니다. 그러나 어리석은 자는 그 행동이 요동을 칩니다.

오직 하나일 때

믿는 것은 오직 하나여야 합니다. 온갖 것을 믿으면 하나도 믿지 못하는 것과 마찬가지입니다. 사람들은 꾀를 쓴다고 하나님도 믿고 다른 것도 믿고 양다리 걸치면 자기에게 이로울 줄 압니다. 그러나 절대성에 관한 것은 오직 하나일 때 힘과 능력이 나오는 것입니다.

우리를 지으신 아버지는 오직 하나님 한 분 이십니다. 여기저기 다니면서 아버지라고 하면 아버지는 한분도 없는 것입니다. 사랑하는 여인도 내 아내 오직 한 사람이어야 합니다. 모든 이를 사랑한다고 하면서 이 여자도 사랑하고 저 여자도 사랑한다고 하면 바람둥이 일 뿐입니다.

오직 홀로 한 분이신 하나님을 바라보며 믿으며 섬기며 사랑하며 살아갈 때 우리의 마음과 행동은 담대함으로 요동치지 않는 것입니다.

스스로 쌓아올린 지식

16절에서 지혜로운 자는 또한 악을 두려워합니다. 어리석은 자는 악을 대수롭잖게 행합니다. 성경에서 말하는 악은 꼭 거짓말하고 도둑질하는 것이 아니라 하나님 없다고 하는 것입니다. 그리고 또한 방자하여 스스로 믿는다고 합니다. '방자하여 스스로 믿는다' 는 말씀의 의미는 자기가 쌓아 올린 지식을 믿는다는 것입니다. 스스로 구원의 길을 만든다는 것입니다. 스스로가 하나님이 됩니다. 스스로가 지옥도 만들고 천국도 만듭니다. 그러나 우리는 누가 구해주지 않으면 꼼짝없이 멸망할 수밖에 없는 나약한 존재입니다. 빨리 겸손해져야 합니다. 방자함을 버려야 합니다. 스스로 믿는이에게는 하나님의 심판이 기다리고 있습니다.

성경의 표현대로 하면 천국 가는 사람은 '저가 천국에 간다' 고 하지 않고 '천사들의 인도로 들어간다' 로 되고, 지옥가는 것도 '저가 지옥에 간다' 하지 않고 지옥 불에는 던져 진다고 표현하고 있습니다. 자기가 들어가는 것이 아니라 누가 나를 인도하기도 하고 던지기도 한다는 것입니다. 예수를 믿고 천국으로 인도함을 받는 저와 여러분이 되기를 간절히 소원합니다.

기도 : 하나님 아버지! 우리는 하나님께서 말씀해 주시지 않으면 아무것도 알 수 없습니다. 도와주지 않으면 아무것도 할 수 없습니다. 우리의 지식과 우리의 인생길을 지도해 주시옵소세! 예수님 이름으로 기도합니다! 아멘

폐회 / 주기도문

부자와 가난한 자

개회 : 사도신경 / 찬송 198장 / 성경 잠14:20~21

가짜 친구

주님은 가난한 자와 부한 자에 관한 말씀을 주고 계십니다. 20절에서 가난한 자는 그 이웃에게 미움을 받으나 부자는 친구가 많다는 말씀을 하고 계시는데, 언뜻 이 말씀만 보면 하나님도 부자 편에서 말씀하시는 것 같은 느낌이 듭니다. 그러나 20절 말씀은 21절 말씀과 같이 보아야 합니다.

21절은 그 이웃을 업신 여기는 자는 죄를 범하는 자요 빈곤한 자를 불쌍히 여기는 자는 복 있는 자라고 하십니다. 사람을 업신 여기고 존경하는 근거가 돈의 많고 적음이라면 단순히 인격의 문제가 아니라 이것은 하나님 앞에 죄를 범하는 것이라고 성경은 말씀합니다. 돈이 있는 것으로 사람이 붙고 떨어지는 것이라면 그 사람들은 다 가짜입니다. 20절에 부자는 친구가 많다고 하는데 그 친구들 중의 상당수들은 다 돈과 함께 떨어져 나갈 사람들입니다.

하나님께 속한 마음

이웃을 업신 여겨서는 안 되겠습니다. 꼭 돈의 많고 적음뿐만 아니라 외모나 출신이나 배움이나 이런 것들이 사람을 무시하고 높이는 것이 되어서는 하나님이 싫어하십니다. 하나님은 겉모양보다는 언제나 중심을 보시기 때문입니다.

그런데 사실 사람들은 중심은 잘 안보이고 겉모양이 잘 보입니다. 특히 돈이 있고 없는 게 잘 보입니다. 이것이 가장 낮은 단계의 구별법입니다.

조금 높으면 학력을 보고 출신을 봅니다. 그래서 돈 많은 사람 곁에는 사람이 아주 많이 붙습니다. 가난한 사람에게는 사람이 없습니다.

가난한 자를 보면 무시할 마음이 드는 것이 아니라 불쌍한 마음이 드는 것이 복 있는 사람입니다. 불쌍히 여기는 것은 하나님께 속한 마음이기 때문에 복이 있습니다.

불쌍히 여김으로

하나님의 사람들은 항상 긍휼로 접근합니다. 비판하거나 무시하려 하지 않고 언제나 불쌍히 여김으로 다가갑니다. 오늘 말씀은 특별히 31절과 같이 보아야 합니다. "가난한 사람을 학대하는 자는 그를 지으신 자를 멸시하는 자요 궁핍한 자를 불쌍히 여기는 자는 주를 경외하는 자니라"고 하시고 더 나아가서 19:17을 보면 "가난한 자에게 꾸이는 것은 곧 나에게 꾸이는 것" 이라고 까지 말씀하십니다.

신약으로 가면 "지극히 작은 자에게 물 한 그릇 떠준 것이 곧 내게 한 것이라"고 주님은 말씀하십니다. 가난한 자를 무시하고 궁핍한 자를 비난하고 지극히 작은 자를 멸시했는데 알고 보니까 그가 주님이셨습니다. 주님은 언제나 성경을 통해 가난한 자들과 자신을 동일시하고 계십니다. 지극히 작은 자를 불쌍히 여기고 선대함으로 하나님을 경외하는 사람의 증거를 삼으시기 바랍니다.

기도 : 사랑하는 하나님 아버지! 사람의 겉모양이 아니라 그 속에 두신 하나님의 형상을 보고 중심을 볼 줄 아는 우리의 믿음의 눈이 되게 하여 주시옵소서! 예수님 이름으로 기도합니다. 아멘

폐회 / 주기도문

견고한 의뢰

개회 : 사도신경 / 찬송 410장 / 성경 잠14:26~27

믿는 게 있나 봐!

하나님을 경외하는 마음은 단순히 하나님을 향한 두렵고 떨리는 마음만을 가리키는 것이 아닙니다. 하나님을 향한 동경과 그리움과 사랑과 존경의 감정을 모두 담는 것을 말합니다.

26절의 "하나님을 경외하는 자에게는 견고한 의뢰가 있다"는 말씀은 '믿는 것이 든든하다'는 뜻입니다. '의뢰'의 뜻은 견고한 요새를 말합니다. 우리가 흔히 "저 사람 뭐 믿는 게 있다고 저렇게 대범하냐"고 말할 때가 있습니다. 사람은 믿는 게 있어야지 힘을 씁니다. 믿는 게 없으면 소심해지고 꽁무니가 내려갑니다. 하나님을 믿고 살면 힘이 생깁니다. 하나님이 주신 힘입니다. 어디서나 하나님과 함께 하심으로 자신 있게 삽니다. 그런데 오늘 말씀에 의하면 여호와를 경외하는 자는 본인만 담대해지고 용기를 얻는 것이 아니라 그 자녀들에게는 피난처가 된다고 합니다.

기초가 튼튼해야

하나님을 믿고 의뢰하는 모습을 자녀들이 봅니다. 삶을 통해서 하나님 의지하는 법을 부모로부터 배웁니다. '아! 저런 상황에서는 저렇게 하나님을 의지하는 것이구나!' '이렇게 기도하는 것이구나!' 하나님을 의지하는 법을 아는 자녀는 세상의 그 어떤 것을 의지하는 것보다 큰 것을 얻은 자녀가 됩니다. 하나님이 우리 자녀의 요새가 되어 주십니다. 방패가 되어 주십니다. 산성이 되어 주십니다.

이어서 27절에 생명 샘이 나옵니다. 샘이란 말의 원문의 뜻은 기초입니다. 여호와를 경외하는 자는 사람을 두려워하지 않습니다. 환경을 무서워하지 않습니다. 모든 생명의 기초가 하나님에게만 속해있고 오직 거기서만 나온다는 것을 알기 때문입니다. 그래서 생명의 시작이신 하나님께만 집중합니다. 하나님께만 성실합니다.

생명은 당장 육신의 생명뿐만 아니라 사업을 해도 생명이 있고, 국가와 나라도 생명이 있고 정치인들도 자신의 정치생명을 말하곤 합니다. 이 모든 생명의 시작이 우리 하나님께 말미암았다는 것을 알기에 오직 하나님을 경외합니다. 기초라는 말이 시작이라는 말입니다. 시작이 되신 주님은 또한 마침이 되십니다. 요한계시록 1:8에서 주님은 "나는 알파와 오메가요 처음과 나중이라 이제도 있었으며 전에도 있었고 장차 올 자요 전능한 하나님이라"고 하셨습니다.

시작하신 이가 끝낼 것입니다

시작이 되신 하나님께서 마쳐 주실 것입니다. 본문 27절의 사망의 그늘에서 벗어난다는 말씀의 뜻은 인생 살다가 사망의 그늘이 우리 가정과 자녀, 우리 직장과 사업위에 덮치려 할 때 하나님이 지켜주시고 책임지신다는 말씀입니다. 시작하게 하신이가 마치게도 하시는 것입니다. 내 생명, 내 가정, 내 사업을 시작하신 분이 하나님이십니다. 하나님을 경외하는 것은 하나님이 시작과 마침이라는 고백을 하는 것입니다. 우리 입술에서 항상 이 고백이 나오길 기도합니다.

기도 : 하나님 아버지! 오직 모든 생명의 기초가 되시는 주님께만 의지하고 살 때 주께서 우리 안에서 시작하신 일들을 책임져 주시고 끝마쳐 주실 것을 믿습니다! 예수님 이름으로 기도합니다. 아멘

폐회 / 주기도문

노하기를 더디 하는 것

개회 : 사도신경 / 찬송 235장 / 성경 잠14:29

하나님 성품에 참여하는 것

잠언서에서 말하는 지혜는 어떤 철학이나 관념상의 지혜가 아닙니다. 생활 속, 삶 속의 지혜이며 가장 실제적이고 현실적인 지혜입니다. 그렇게 멀리 있는 지혜가 아닙니다. 도서관의 두꺼운 책속에, 희랍 철학자들의 머리속에 있는 지혜가 아닙니다. 너무나 명료하고 심플한 지혜입니다.

오늘 주님은 우리가 살아가면서 화를 쉽게 내지 않는 것이 지혜요 명철이라고 말씀합니다. 오늘 본문 말씀으로는 '노하기를 더디하는 자가 크게 명철하다' 로 되어 있습니다. 사실 이 '노하기를 더디한다' 는 이 구절은 하나님을 수식하는 전문 어구입니다. 하나님은 자신을 수식하실 때 하나님 이름 앞에 붙이는 말이 여럿 있습니다. 그 중의 하나가 바로 이 "여호와는 노하기를 더디하시며" 입니다. 잠언서에만 4번 나오고 구약성경에 14번 똑같은 어구가 반복 기록되어 있습니다. '노하기를 더디하는 것' 은 하나님의 성품에 참여하게 되는 것입니다. 그래서 지혜이고 명철입니다.

먼 산 한번만 봅시다

노를 안 내는 것이 아니라 노하기를 더디 하는 것입니다. 조금 있다가 내는 것입니다. 눈 한번 꾸~욱 감고 있다가 그리고 내는 것입니다. 창밖의 머~언산 한번 쳐다보고 그리고 내는 것입니다. 세상을 살다보면 화날 때가 분명히 있습니다. 그러나 우리 30분만 있다가 화냅시다! 하룻밤만 자고나서 화냅시다! 물론 그렇게 하면 김 빠져서 화낼 맛이 없을 것입니다. 그러나 그는 지혜를 얻고 명철하게 될 것입니다.

화를 조금만 참으면 실수하지 않을 것입니다. 조금 더 냉정하고 객관적인 시각에서 문제가 바라 보이게 되고 참기를 잘했다고 할 것입니다. 사람들은 혈기가 일어나고 분노가 치밀어 오를 때 꼭 실수하고 죄를 짓고 험한 꼴을 보이게 됩니다. 순간 스트레스는 풀렸을지 몰라도 금방 후회하게 됩니다. 주워 담을 수가 없습니다. 예수사람은 화를 통해서 스트레스 풀려고 하지 않고 기도함으로 하나님께 부르짖음으로 쌓인 것을 푸는 은혜가 있습니다.

조급함이 어리석음입니다

어리석음은 오늘의 성경 말씀대로 하면 조급함입니다. 감정을 그냥 쏟아 버리는 것입니다. 비난하고 싶다고 비난하고, 욕하고 싶다고 욕하고, 시기심이 일어난다고 시기하고, 혈기가 일어난다고 분내고 싸우고 있으면 스스로의 어리석음을 드러내는 것일 뿐입니다. 잠16:32에서도 "노하기를 더디하는 것이 용사보다 낫고 마음을 다스리는 것이 성을 빼앗는 것보다 낫다"고 했으며 25:28에서는 "자기의 마음을 제어하지 아니하는 자는 성읍이 무너지고 성벽이 없는 것과 같으니라"고 했습니다.

스스로의 마음을 다스려서 분노를 조절하고 마음의 평정심을 찾는 것이 전쟁에 나가 승리하는 것보다 더 큰 일이라고 주님은 우리에게 지혜의 말씀을 주고 있습니다.

기도 : 하나님 아버지! 우리의 모습에는 너무나도 많은 분노와 조급함과 어리석음이 있습니다. 주의 성령으로 오래 참으시는 하나님의 성품에 참여하게 하여 주시옵소서! 예수님 이름으로 기도합니다. 아멘

폐회 / 주기도문

68 유순한 대답이 불끄는 물이네요

개회 : 사도신경 / 찬송 492장 / 성경 잠 15:1~4

옆 사람이 힘듭니다.

'분' 과 '화' 는 조절되고, 관리되고, 컨트롤 되어야 합니다. 관리와 조절되지 않은 울화와 분노는 본인을 위해서도 식구들을 위해서도 결코 바람직하지 않습니다.

식구들 중에 화를 잘 내고 분을 잘 쏟는 사람과 같이 사는 사람은 참 힘듭니다. 직장생활도 화가 나고 분이 난다고 사표 쓰고는 몇 번씩 직장을 옮기는 남편은 정말 그 부인이 힘듭니다. 조금만 화가 나서 틀어지면 '이혼한다! 집나간다!' 협박하는 아내와 사는 남편도 참 힘듭니다.

'분' 과 '화' 는 극단적인 방법으로 쏟아내서는 안됩니다. 조절하고 소멸시켜야 합니다. 우리에게 일어난 분을 예수님 앞에 가서 소멸시키고 오히려 본문 말씀처럼 상대의 분을 조절해 주는 사람이 되어야 합니다. 15:1절에서 "유순한 대답은 분노를 쉬게 하여도 과격한 말은 노를 격동케 한다"고 말씀합니다. 잠언30:33에서도 "대저 젖을 저으면 버터가 되고 코를 비틀면 피가 나는 것 같이 노를 격동하면 다툼이 남이니라"고 했습니다.

소방관이 됩시다

우리는 상대의 분을 쉬게 할 수도, 격동케 할 수도 있습니다. 불을 끌 수도 있지만 기름을 부을 수도 있습니다. 불 끄는 사람이 되어야지 불 붙은 데다 기름 붓는 사람이 되어서는 안 됩니다. 마음에 붙은 불을 끄는 소화기가 있습니다. 격동을 가라 앉히는 말이 있습니다. 분노를 쉬게 하는 말이 있습니다. 그것을 본문은 '유순한 대답' 이라고 합니다. 유순한 말을 2절의 말씀과 연결하면 '지혜있는 자의 혀에서 나오는 지식' 입니다. 사람

마음을 다스리는 지식임으로 참된 지식입니다. 4절과도 연결하면 '온량한 혀'가 됩니다. 온량한 혀는 원문상의 의미는 '치료하는 혀' 입니다. 종합하면 유순한 말은 불 끄는 '소화기'이며 사람의 마음을 움직이는 참된 '지식'이며 참된 '치료제' 입니다. 따뜻한 말, 부드러운 말, 인정해 주는 말, 위로해 주는 말, 힘을 주는 말, 칭찬하는 말 등이 바로 유순한 대답입니다.

따뜻한 말이 불을 끄네요

사람을 살리고, 마음에 붙은 분노를 꺼주며, 상한 마음을 치료해 줍니다. 화를 잘 내고 다스리지 못하는 사람은 신경 안정제 먹는 것보다 따뜻한 말 많이 먹는 것이 훨씬 더 유익합니다. 사실 화를 내는 것은 마음이 지금 상해 있다는 것을 드러내는 행위입니다. 그러므로 따뜻한 한 마디가 필요합니다. 그런데 큰소리로 '너가 처신을 잘못했으니까 그렇지!' '당신이 하는 일인데 별 수 있겠어!' 이렇게 되면 노가 격동케 되는 것입니다. 더 깊은 상처를 남깁니다. 아무리 논리적으로 정확하게 분석한 말이라고 해도 그것은 어리석은 말입니다. 과격하고 극단적인 말은 1절 처럼 '노를 격동시키고' 2절 처럼 '미련한 것을 쏟아내며' 4절 처럼 '패려한 혀가 되어 마음을 상하게' 합니다. 과격한 말은 버리고 유순한 말이 내입에 가득차 있는 은혜가 있기를 기도합니다. '과격한 말을 하면 인생이 과격해 지고 유순한 말을 하면 인생이 유순해 집니다!'

기도 : 하나님 아버지! 우리의 말 속에 따뜻하고 유순한 대답이 있게 하여 주시옵소서! 그리하여 노한 자의 가슴에 붙은 불을 꺼주는 성도가 되게 하여 주시옵소서! 예수님 이름으로 기도합니다. 아멘

폐회 / 주기도문

69 미리 말씀 드리고 삽시다

개회 : 사도신경 / 찬송 495장 / 성경 잠15:10~12

드러납니다

오늘 11절의 말씀에 기록된 "음부와 유명도 여호와 앞에 드러나거든 하물며 인생의 마음이리요"라는 말씀의 뜻은, 열길 물길 속은 알아도 한 길 사람 속은 모른다고 하지만 하나님 앞에는 다 드러난다는 말씀의 뜻입니다. 사람의 속내 뿐만이 아닙니다. 모든 피조물들의 가리워지고, 덮어지고 숨겨진 그 내막이 속속들이 드러난다는 말씀입니다. 음부와 유명은 지옥과 죽음을 말합니다. 가장 악하고 어두운 부분도 모두 다 드러난다는 것입니다.

사실 드러난다는 표현은 부정적인 의미를 담고 있는 말입니다. 악한 사람들 앞에는 드러나는 것만 있습니다. 하나님 앞에 모든 것이 낱낱이 드러날 것입니다. 숨겨졌던 것이 드러난다는 것이고, 가리워져 있었던 것이 벗겨진다는 것이고, 몰랐던 진실이 밝혀진다는 것입니다.

그러나 어떤 일이나 사안에 대해서 그것을 미리알고 있었던 사람에게는 그것이 드러났다고 하지 않습니다.

진정 난 몰랐었네(?)

믿는 사람들은 드러나는 일이 있어서는 안 됩니다. 밝혀지는 일이 있어서도 안 됩니다. 미리미리 다 말씀드리고 살기 때문입니다. 먼저 내가 하나님 앞에 죄인이라는 사실을 미리 말해야 합니다. 이 땅에 사는 동안 미리 말씀 드렸으므로 용서받는 길이 있습니다. 죽은 다음에 천국문 앞에 가서 하나님의 의로우신 빛에 비추어서 나의 더러운 죄를 발견하고는 거기서 인정하는 것은 소용없습니다.

또 있습니다. 이 땅에 사는 동안 주님께서 나와 함께 하셨다는 사실입니다. 몰랐던 진실이 뭐냐면 주님께서 나를 도와 주셨다는 것입니다. 주님께서 나를 사랑하셨다는 것입니다. 천국에 가서 우리 인생비디오를 보면서 '저때 주님께서 날 정말 도와 주셨구나!' '저 때는 하나님이 날 엎고 가셨구나!' '정말 하나님이 날 사랑하셨구나!' '내가 정녕 저 때는 진정난 몰랐었네!' 하고 있으면 안 됩니다. 죄악만 드러나는 것이 아닙니다. 의로운 행위도 밝혀질 것입니다. 오른손이 한 의로운 일을 왼손이 가렸던 것을 그때 인정해 주실 것입니다. 억울한 일을 당하고 참았던 일도 주님께서 신원해 주실 것입니다.

하나님이 도와 주셨습니다

이 세상에 제일 어리석은 일은 하나님을 인정하지 않는 일입니다. 하나님은 당신이 우리를 구원하셨고, 사랑하셨고, 도와주셨다는 것을 알게 하기위해 어떤 경우는 채찍을 들고 계시는데도, 계속해서 부인하려들고 스스로를 가리우며 하나님을 속이려 드는 경우가 있습니다. 10절에 기록된 도를 배반하는 자와 견책을 싫어하는 자 그리고 거만한 자가 바로 그런 경우입니다. 미리 미리 말씀드리고 삽시다. 하나님이 나를 지키셨고 인도하셨고 붙들어 주셨기 때문에 내가 지금 이렇게 살아가고 있음을.

기도 : 사랑의 하나님 아버지! 우리의 인생길을 세심한 곳까지 인도해 주신 분이 하나님이신 것을 믿습니다. 은밀한 중에 계신 모든 것을 다 보고 계신 하나님 앞에 항상 감사하며 살아가는 성도가 되게 하여 주시옵소서! 예수님 이름으로 기도합니다! 아멘

폐회 / 주기도문

사람의 마음이 날을 결정합니다

개회 : 사도신경 / 찬송 495장 / 성경 잠15:13~15

마음의 거울

마음이 즐거우면 얼굴에서 바로 알아볼 수 있습니다. 마음이 슬프면 얼굴이 말이 아닙니다. 그래서 얼굴은 마음의 거울입니다. 중요한 것은 마음입니다. 마음의 상태에 따라 그 얼굴이 환해지기도 하고 어두워 지기도 합니다. 15절에 보니까 "고난받는 자는 그날이 다 험악하나 마음이 즐거운 자는 항상 잔치하느니라"로 되어 있습니다.

두 사람이 있습니다. 고난 받는 자가 있고 마음이 즐거운 자가 있습니다. 고난 받는 자는 마음이 괴로운 자입니다. 그 사람 앞에 펼쳐지는 모든 날들은 다 험악하고 괴롭습니다. 똑같은 날입니다. 그러나 마음이 즐거운 자에게는 항상 잔치집에 있는 시간들입니다.

마음이 즐거운 자

밖에 비가 내린다고 합시다. 마음이 우울한데 비가 오면 구슬픈 비입니다. 치적치적 더 슬프게 합니다. 똑같은 비입니다. 그러나 마음이 즐거운 자에게는 축복처럼 느껴지는 비입니다. 단비이면서 축복의 비입니다. 똑같은 아침입니다. 마음이 괴로운 자는 절망 같은 아침입니다. 하루를 어떻게 또 살아야 할지 캄캄합니다. 시간을 사는 게 아니라 떼우는 것입니다. 성경 말씀대로 험악한 시간들입니다. 그러나 마음이 즐거운 자에게는 희망찬 아침입니다. 우리 정서대로 하면 소풍가는 아이의 마음이 됩니다. 할일들이 기다려지고 만날 사람들이 기대가 됩니다. 시간을 떼우는 것이 아니라 시간을 누리며 즐기게 됩니다.

우리가 흔히 세상이 달라 보인다고 할 때가 있습니다. 깊은 병고에서 나음을 입었거나 고난의 긴 터널을 빠져 나왔을 때입니다. 갑자기 다른 세상처럼 보인다고 하십니다. 그러나 사실 세상은 항상 있었던 그 세상이었습니다. 단지 내 마음이 바뀐 것입니다. 내 마음이 괴로울 때는 더럽고 아니꼽고. 뭐한 세상인데, 내 마음이 즐거워지니까 살만한 세상이고 아름다운 세상이고 행복한 세상이 됩니다.

내 맘이다?

이제 여쭙겠습니다. 오늘이 무슨 날입니까? 잔칫날입니까? 험한 날입니까? 그렇다면 누가 그 날들을 정했습니까? 내 마음입니다. 아이들이 흔히 하는 말 중에 '내 맘이다!' 라고 할 때가 있습니다. 그 내 맘이 오늘을 무슨 날로 정했는지를 오늘 잠언은 묻고 있는 것입니다. 잔치날로 정하는 은혜가 있기를 바랍니다. 잔치할 그 마음이 그 사람으로 하여금 잔치를 누리는 시간들로 가득하게 만들 것입니다. 실제 잔칫날이라도 잔치할 마음이 없으면 그 사람에게는 세상없어도 그날은 험한 날입니다. 반대로 비록 날은 험한 날이라도 잔치할 마음이 있으면 항상 즐거운 날이 됩니다. 예수 믿는 자가 '항상 기뻐한다' 는 것이 바로 이 부분입니다.

오늘은 참으로 중요한 진리를 성경이 우리에게 가르쳐 주고 있습니다. 날이 내 마음을 결정하게 하지 맙시다. 내 마음이 날들을 결정하게 합시다. 아침에 일어나면 오늘은 잔칫날이라고 선포하고 잔치하는 자의 마음으로 이해하고 덮고 용서하고 즐거워하며 사랑합시다.

기도 : 하나님 아버지! 우리의 인생 앞길에 펼쳐지는 모든 날들 위에 잔칫날이라고 선포하고 시작하는 믿음이 있게 하시고 또한 그 믿음대로 역사가 이루어지는 하루하루가 되게 하여 주시옵소서! 예수님 이름으로 기도합니다! 아멘

폐회 / 주기도문

마음 편한 것이 우선입니다

개회 : 사도신경 / 찬송 466장 / 성경 잠15:16~17

하나님 주시는 선물

오늘도 주님은 두 가지의 삶을 대비 시켜서 우리에게 말씀을 주고 계십니다. 16절에 큰 부자로 사는 사람이 나오고 이어서 가산이 별로 넉넉지 못한 사람이 나옵니다. 큰 부자는 많은 재물이 있지만 걱정에 사로잡혀 늘 번뇌하고 살아갑니다. 그리고 가산이 그리 넉넉지 못한 자는 재물은 적지만 하나님을 경외할 줄을 압니다.

성경은 항상 우리에게 돈 많은 부자가 되는 대신에 마음 편한 쪽을 택하라고 합니다. 그런데 사람들은 마음 편한 것보다 돈 많은 쪽을 쫓아갑니다. 돈이 많아야 마음이 편한 줄 알기 때문입니다. 그러나 오늘 말씀에 의하면 마음편한 것은 하나님을 경외하는 자에게 하나님이 주시는 선물이었습니다. 사람이 생각한대로 이정도 재물이 있으면 마음이 편하겠지 하지만 성경은 그게 아니라고 합니다.

돈과 권력이 많다고 해서

같은 잠13:8을 보면 "사람의 재물이 그 생명을 속할 수 있으나 가난한 자는 협박받을 일이 없느니라" 재산이 많은 것으로 인해 그 재산을 노리는 자들이 많다는 것입니다. 하다못해 그 자녀들까지도 그 아비의 재산을 노리고 몹쓸 짓 하는 것을 우리가 종종 보게 됩니다. 돈 많은 자들은 그것으로 인해 생명이 위협을 받을 수도 있으나 가난한 자는 그럴 염려가 없다는 말씀입니다.

돈과 권력이 많다고 해서 마음까지 편한 것은 결코 아니었습니다. 오히려 마음이 온갖 번뇌로 가득하게 되었습니다. 돈 꿔 달라고 생면부지의 사람들이 찾아와서 귀찮게 하고, 식구들끼리도 돈으로 마음이 갈라지게 되고, 미워하며 싸움질 합니다. 그런데 이 사람들 앞에 무엇이 있냐면 16절에 보니까 살찐 소고기가 있습니다. 성경은 스테이크 자르면서 서로 삿대질하고 싸우고 사느니 채소만 먹고도 서로 사랑하는 것이 낫다고 말씀합니다.

최상의 것

물론 최상의 길은 번뇌 없이 마음이 편한 상태에서 적당히 재산도 있고 식구들끼리 서로 사랑하며 사는 것입니다. 오늘 성경은 그 비결을 말씀해 주고 있습니다. 그것은 바로 여호와를 경외하는 것입니다. 본문에 의하면 여호와를 알지 못하는 것이 곧 번뇌입니다. 걱정이고 근심입니다. 16절의 말씀을 '여호와를 경외하는 것'을 중심으로 해석하면 그의 가산이 적든지 많든지 여호와를 경외하지 않는 것이 곧 그 마음을 번뇌케 하는 길이고 여호와를 경외하는 것이 곧 마음편한 길입니다. 마음이 편한 자를 17절과도 연결하면 서로 사랑하는 자가 됩니다. 마음이 편해야 사랑이 됩니다.

목회자로서 성도들에게 하나님이 허락하신 재물이 있기를 바랍니다. 그러나 먼저는 마음이 편하고 식구들끼리 사랑하고 나서 재물이 있기를 바랍니다. 그 방법은 바로 모든 식구들이 여호와 하나님을 알고 오직 그분을 경외하며 사는 것입니다.

기도 : 하나님 아버지! 우리에게 여호와를 경외하는 마음을 허락해 주시고 우리 마음에 평안을 허락해 주시옵소서! 예수님 이름으로 기도합니다! 아멘

폐회 / 주기도문

72 감동시키는 말

개회 : 사도신경/ 찬송 219장 / 성경 잠15:23~28

뭘 쌓고 있네요

말은 그 사람을 말해 줍니다. 선한 말을 하는 사람은 선한사람이고 악한 말을 하는 사람은 악한사람입니다. 흉내는 낼 수 있습니다. 악한사람이 잠깐 선한 말을 하는 척 할 수 있어도 이내 본성이 드러나게 됩니다. 예수님은 눅6:45에서 말씀 하셨습니다. "선한 사람은 그 마음에 쌓은 선에서 선을 내고 악한사람은 그 쌓은 악에서 악을 내나니 이는 마음의 가득한 것을 입으로 내느니라" 주님 말씀에 의하면 입은 그냥 흘러나오게 하는 기능만 하는 것입니다. 악한 것이 가득차 있으니까 누가 건드리면 악이 흘러나오는 것이고, 선이 가득차 있으니까 누가 흔들면 선이 흘러나오는 것입니다. 흥미로운 것은 선이고 악이고 내가 쌓았다고 하는 것입니다.

아로새긴 은쟁반의 금 사과

오늘 잠언의 23절과 28절의 말씀은 그냥 단순한 말이 아니라 '대답' 입니다. 누구한테 무슨 말을 들은 겁니다. 그 말에 대한 답으로서의 말입니다. "사람은 그 말의 대답으로 말미암아 기쁨을 얻는다"는 오늘 23절의 말씀은 우리 속에 쌓였던 선이 대답으로 흘러나오는 것을 말합니다. 그 대답이 나와 그를 즐겁게 합니다. 이어서 "때에 맞는 말이 얼마나 아름다운고" 하면서 감탄합니다.

말을 들어보니까 원망하고 불평할 수밖에 없는 상황입니다. 그러나 감사로 대답했습니다. 상황은 미워하고 비난해야 할 것 같습니다. 그런데 용서하는 말을 했습니다. 상황은 지금 아무래도 싸우자는 말 같습니다.

그러나 화해의 대답을 했습니다.

이것을 성경은 때에 맞는 적절한 말이라고 합니다. 잠언 25장으로 가면 적절한 말은 아로새긴 은쟁반의 금사과라고 극찬을 합니다. 말 한 마디로 사람을 감동시키고 천냥 빚도 갚게 하는 말이기 때문에 그렇습니다. 본문에 기록된 적절한 말을 의역하면 감동시키는 말입니다. 그런데 아무나 이 대답을 할 수 없고 그 마음에 예수를 영접한 사람이 할 수 있습니다.

오직 예수의 의로

예수 믿는 사람은 자기의 의로 살지 않고 예수의 의로 사는 사람이기 때문입니다. 우리의 의로는 조금 선을 흉내 낸다고 해도 이내 본성이 드러나게 됩니다. 조금 참았다가도 도저히 못 참겠다고 금방 반발하게 됩니다. 참는 것도 한계가 있다고 합니다.

그러나 예수를 영접한 사람은 예수님처럼 살게 됩니다. 내가 무시를 당했다고 남을 결코 무시하는 말을 하지 않습니다. 나를 비난한다고 같이 맞서서 흉을 보고 비방하고 비난하는 말을 하지 않습니다.

28절 처럼 대답할 말을 깊이 생각하게 하십시오. 그리고는 내 안에 있는 예수를 흘려 보냅니다. 용서를 흘려 보냅니다. 사랑을 흘려 보냅니다. 그러나 예수가 없는자는 28절 처럼 나의 죄된 본성인 악과 복수와 증오를 쏟아 놓습니다. 예수의 마음이 우리 안에 가득 쌓여 있기를 소망합니다.

기도 : 하나님 아버지! 우리는 어리석고 미련해서 쉽게 분노하고 아름다운 말을 하지 못할 때가 많이 있습니다. 아로새긴 은쟁반의 금사과 같은 말을 할 수 있도록 인도해 주시옵소서! 예수님 이름으로 기도합니다. 아멘

폐회 / 주기도문

관점1

개회 : 사도신경 / 찬송 345장 / 성경 잠15:30

마음에 쓰는 안경

오늘 본문은 '눈의 밝은 것은 마음을 기쁘게 하여도 좋은 기별은 뼈를 윤택케 하느니라' 입니다. 눈이 좋지 못해서 안경점에서 굳이 안경을 맞추어 쓰지 않아도 사람들은 누구나 나름대로의 안경을 끼고 살아갑니다. 그런데 얼굴에 안경을 쓰고 사는 사람은 일부에 불과하지만, 이 마음에 쓰는 안경은 이 세상을 살아가는 사람이라면 모두가 예외 없이 끼고 살아가게 되는 안경입니다. 얼굴에 쓰는 안경이 단순히 눈앞의 사물을 바라보는데 쓰이는 안경이라면 마음에 쓰는 안경은 사람을 바라보고 세상을 보고 역사를 보고 더 크게는 하나님을 바라보는데도 쓰이는 안경입니다. 이 마음에 쓰는 안경을 좀 다른 말로 하면 관점이라고도 합니다. 하다못해 신문 한 줄을 들여다 봐도 쓰는 사람과 읽는 사람의 관점에 따라 해석도 다르게 나옵니다.

믿음을 관점으로

어두움을 관점으로 해서 세상을 보면 세상은 온통 어두움입니다. 반대로 빛을 관점으로 세상을 보면 세상은 빛처럼 환한 것입니다. 상처 입은 나의 자아라고 하는 관점을 가지고 세상을 보면 세상은 또 상처투성이입니다. 나의 얄팍한 지성을 관점으로 해서 이 우주와 하나님을 바라보려 한다면 하나님은 영원히 풀리지 않는 수수께끼 일 뿐입니다. 그러나 믿음을 관점으로 겸손을 관점으로 하나님을 보면 하나님이 보입니다.

목회자로서 성도들이 밝고 맑은 안경으로 세상을 보길 원합니다. 겸손한 안경을 끼고 믿음의 세상을 바라보게 되길 원합니다. 죄에 때가 낀 누런 안경을 끼고 파란색 세상을 찾으면 파란나라는 세상 어디에도 없습니다. 십자가의 예수피로 깨끗해진 우리의 눈이기를 소원합니다. 예수의 흘리신 피로 맑아진 우리의 눈은 우리 마음을 항상 기쁨이 있는 곳으로 인도할 것입니다. 예수 안경을 끼고 살아가면 더러운 것이 안 보인다는 것이 아니라 그냥 지나간다는 것입니다. 더러운 것에는 집중하지 않습니다. 관심이 없습니다. 맑고 밝은 것에 집중할 때 마음에 기쁨이 있는 것이지 지저분하고 더러운 것을 보고 손가락질 하면서 우리의 마음이 기쁘게 되기를 원할 수는 없습니다.

좋은 기별

  듣는 것도 마찬가지입니다. 성도들 귀에 들려오는 모든 말들이 오늘 본문의 말처럼 '좋은 기별' 이기를 소망 합니다. 좋은 기별이라야 뼈가 윤택해집니다. 원문상의 의미는 병이 낫는다는 말씀입니다. 그런데 어찌 모든 소식이 좋은 기별 일수가 있겠습니까? 좋지 못한 기별이라고 할지라도 그것까지 사용하셔서 이제 더 좋은 기별을 주실 하나님이심을 믿어야 합니다. 듣는 것 역시 좋은 기별에 집중하는 것입니다. 무슨 소식이든지 좋은 소식으로 소화시키는 믿음이 있어야 합니다.
  모든 세상이 환하게 보이고 들리는 모든 소식이 좋은 기별로 들려지는 은혜가 성도의 삶에 가득하길 예수의 이름으로 축복합니다.

  기도 : 하나님 아버지! 우리의 영적인 눈은 세상 죄로 많이 더럽혀져 있습니다. 예수안경 끼워주시고 항상 밝고 긍정적으로 살아갈 수 있도록 인도해 주시옵소서! 예수님 이름으로 기도합니다! 아멘

폐회 / 주기도문

관점2

개회 : 사도신경 / 찬송 425장 / 성경 잠16:2

자기 보기에는

본문 2절에 "사람의 행위가 자기 보기에는 모두 깨끗하여도 여호와는 심령을 감찰하시느니라"라는 말이 나옵니다. 여기서 '자기 보기에는' 이라는 말이 바로 관점입니다. 내가 보는 관점이 있습니다. 그리고 남이 보는 관점이 있습니다. 내가 보는 관점으로는 대수롭지 않은 것이 남이 보는 관점에서는 중요한 것일 수 있습니다. 내 관점에서 깨끗한 것이 남들 관점에서도 깨끗한 것일 수는 없습니다. 성격이 털털한 사람이 청소해 놓았다고 하나 꼼꼼한 성격을 가진 사람 눈에는 여전히 더러울 수 있습니다.

세상과 사람의 관점으로는 우리 스스로에게 높은 점수를 줍니다. 자기 죄는 원래 크게 보이지 않는 법입니다. 그만하면 괜찮다고 합니다. 그 정도면 깨끗하게 인생을 살았다고 자부하라고 합니다. 그래서 우리는 다 나름대로 의인입니다. 나름대로 천국갈만하고 나름대로 선인입니다. 나름대로 정직하고 나름대로 법 없이 산다고 하는 사람들입니다.

천국의 관점

그러나 이것은 자기 잘못을 자기가 재판하는 오류입니다. 우리를 무엇보다 높은 곳에서 바라다보시는 하나님의 관점이 있습니다. 천국의 관점이란 것이 있습니다. 하나님의 관점에서는 세상과 사람을 향하여 의인은 하나도 없다고 합니다. 선인도 없고 하나님을 찾는 자도 없고 다 한 가지로 무익하여 악하게 되었다고 합니다.

2절 본문에 따르면 사람은 선한 행위 몇 가지를 가지고서 스스로 깨끗하다 하지만 하나님은 겉으로 나타난 몇 가지 행위뿐만 아니라 우리 마음

속 깊이 자리한 심령의 죄를 낱낱이 들여다보시는 분이라고 하십니다.

천국은 내가 나를 나름대로 의인이라고 인정하고 가는 곳이 아닙니다. 하나님이 나를 인정해야 갈 수 있는 곳입니다. 그래서 예수를 믿어야 합니다. 예수를 믿어야 하나님은 날 의인으로 인정하십니다. 믿는 사람은 오직 하나님의 관점으로 나를 들여다보고 세상을 바라보는 사람입니다. 결코 나를 관점으로 나를 평가하지 않습니다. 하나님 관점으로 예수를 떠난 인생은 다 무익한 죄인의 인생입니다. 그러나 예수 안에 있는 인생은 모두 복된 의인으로서의 인생입니다.

예수의 의를 붙잡으라

3절 말씀은 말하자면 너의 부족을 인정하라는 말씀입니다. 너의 의로운 행위로는 안되니까 예수의 행위인 십자가를 붙잡으라는 것입니다. 태평양 건너 미국에 가려면 아무리 수영 잘해도 비행기 타고 가야하는 것과 같습니다. 마찬가지로 천국에 가려면 예수 비행기를 타야 하는 것입니다. 자기 의와 공로로는 결코 천국에 갈 수 없다는 것이 성경의 외침입니다.

3절은 "너의 행사를 여호와께 맡기라 그리하면 너의 경영하는 것이 이루리라" 입니다. 1절에서 나의 행위를 인정하는 것이 아니라 오직 예수의 십자가행위를 인정하고 나면 이제는 2절로 가서 나의 행사를 맡기게 됩니다. 그러면 그가 경영하는 것을 이루신 답니다. 천국가고 싶은 것 천국경영입니다. 사업 키우고 싶은 것 사업경영입니다. 자식 잘 키우고 싶은 것도 경영입니다. 이 모든 인생의 경영이 나의 부족함을 인정하고 예수 믿고 나서야 이루어지는 것임을 믿어야 할 것입니다.

기도 : 하나님 아버지! 우리의 관점으로 하나님을 판단하는 오류를 범치 않게 하시고 항상 말씀을 기준으로 나를 바라볼 수 있도록 인도하여 주시옵소서! 예수님 이름으로 기도합니다! 아멘

폐회 / 주기도문

관점 3

개회 : 사도신경 / 찬송 214장 / 성경 잠16:2

내가 누군지 인식할 때

내가 누구인지를 인식하게 되고 내가 누군지를 바라볼 때가 있습니다. 자기정체성을 찾고 자의식을 가질 때입니다. 그때 세상에 있는 것을 통해서 날 바라보면 안 됩니다. 그러면 우리는 결국 반드시 실망합니다. 내가 세상에서 얻게 된 부와 명성으로 인해서 자기만족에 빠지고 내가 이만하면 성공했다고 자평하며 그것으로 날 평가하고 있으면 언젠가는 그것으로 큰 낭패를 보는 때가 옵니다. 혹은 그와 반대로 내가 이 세상에서 쌓아 놓은 것이 전무하고 사회적 지위 또한 초라한 것으로 인해서 낙심하거나 자학하고 있다하면 이것 역시 안될 일입니다. 성경은 세상의 것으로 우리를 평가하지 말라고 말씀합니다. 왜냐하면 우리도 늘 그렇게 이야기 하듯이 이 세상이란 곳이 덧없고, 헛된 곳이기 때문입니다.

렌즈

우리를 들여다보는 거울은 언제나 하나님이 우리에게 주신 성경말씀이어야 합니다. 말씀이라는 렌즈로 날 들여다 보고 주의 뜻이라고 하는 거울로 내 인생을 해석해야 합니다. 사람들이 날 더러 하는 말을 듣기 이전에 하나님이 지금 나를 향해 무어라고 말씀하시는지 귀 기울여야 합니다. 세상이 날더러 하는 말은 없어지는 것이고 이건 가짭니다. 하나님이 지금보고 계시는 내 모습과 하나님이 날 향하여 말씀하시는 이것이 진짜이고 영원한 것입니다.

사람들은 우리가 입고 있는 옷이나 타고 다니는 차나 살고 있는 집에 관심이 많습니다. 그러나 하나님은 세상의 화려한 포장지로 가리우고 위장된 모습에 내 모습이 아니라 그 속에 감춰진 본래의 내 모습에 관심이 많으십니다. 즉 내가 어떤 존재인지를 보시는 것입니다. 예수로 인해 죄 씻음 받고 구원받은 하나님나라 성도인지 그렇지 않은지를 보십니다. 예수 믿음으로 구원 받은 성도가 바로 천하보다 귀한 하나님의 자녀가 되는 것입니다. '너는 택한 족속이요 거룩한 나라요 왕 같은 제사장' 이라는 말씀은 하나님나라의 성도를 가리켜 하시는 말씀입니다.

택함의 은혜

하나님은 또한 이 세상이 있기 전 영원이라고 하는 시간 속에서 지금의 나를 알고 계셨습니다. 에베소서 1장에 곧 창세전에 그리스도 안에서 우리를 택했다는 말씀입니다. 하나님의 치밀한 계획과 섭리 가운데 예수 그리스도 안에서 하나님자녀로 선택되어진 성도들입니다. 어쩌다가 그냥 우리의 이쁜 짓을 보고 즉흥적으로 선택하신 것이 아닙니다.

우리가 다 이해 할 수 없지만 우리가 이 세상에 존재하기 이전부터 하나님은 우리를 알고 계셨습니다. 시139편을 보면 내 형질이 이루어지기 전에 주의 눈이 보시고 나를 위하여 정한 날이 하루도 되기전에 주의 책에 다 기록되었다고 말씀하고 있습니다. 5만원짜리 좀 구겨졌어도 천원짜리 되지 않는다는 그 누군가의 말로 우리가 위로를 얻는 것처럼, 마찬가지로 예수믿는 우리의 모습은 우리의 현재 모습과는 관계없이 하나님 앞에 존귀하고 보배로운 존재인 것을 믿습니다.

기도 : 사랑이 많으신 하나님 아버지! 세상을 통해 날 바라보지 않고 오직 말씀을 통해 나 자신을 바라볼 수 있는 은혜를 허락하여 주시옵소서! 예수님 이름으로 기도합니다! 아멘

폐회 ; 주기도문

경영

개회 : 사도신경/ 찬송 466장 / 성경 잠16:3

육적 경영

목회를 하고 사람들을 만나며 세상을 조금 살다 보면 유난히 사리에 밝고 처세에 능한 사람이 있다는 것을 알게 됩니다. 사회적응력이 좋은 사람들입니다. 세상에 대한 적응도가 높은 사람이라고도 할 수 있을 것입니다. 직장생활을 해도 출세가도를 달리고 장사를 해도 수완이 좋아서 돈을 많이 법니다. 항상 주위에는 사람도 많습니다.

그런데 이런 분들 중에 의외로 영적인 적응도는 낮은 분들이 있다는 것을 보게 됩니다. 세상에 대한 적응도만 있는 것이 아니라 영적인 적응도가 있습니다. 세상 적응도가 세상 이치에 특별히 밝아서 세상에 잘 적응하는 사람을 가리켜 말한다면, 영적인 적응도는 하나님을 알아가고 영적인 지식을 얻는 일에 대한 반응과 적응을 말씀하는 것입니다.

영적 경영

세상에 대한 이치는 너무 밝고 환해서 일사천리인데 영적인 부분은 그렇지 않은 경우가 있습니다. 관심도 없을 뿐 더러 혹 신앙생활을 한다고 해도 믿음이 잘 생기지를 않고 말씀도 잘 들어가지 않습니다. 어떤 분은 스펀지처럼 말씀을 흡수하고 하나님 말씀에 반응함으로 믿음이 일취월장 성장하는데 반해서, 영적적응도가 낮은 분들은 오랜 시간을 배회하며 방황 합니다.

물론 그와 반대되는 경우도 있습니다. 세상에는 전혀 적응하지 못하고 세상과는 담을 쌓고 수도생활만 하려는 사람들입니다. 사회 부적응자입니다. 주님은 "너희는 세상의 빛이다! 소금이다!" 하셨기 때문에 산속에 들어가 아무도 없는 곳에서 내가 소금이다 빛이다 할 수는 없습니다. 하나님은 우리를 사람들 속에서 살아가게 하시는 사회적 존재로 만드셨습니다.

빛과 소금

그렇기 때문에 세상의 이치와 사리도 알아야 하며 처세도 바르게 해야 합니다. 그리스도인은 절대로 사회 부적응자가 되지 않습니다. 세상 속으로 들어가 어두운 곳에 그리스도의 빛을 비춰며 부패한 곳에 소금이 되는 사람들입니다.

우리가 세상을 살고 있는 한 세상에 대한 적응도도 높아야 합니다. 그러나 영적인 적응도 역시 높아야 합니다. 사람은 육신만 있는 존재가 아니라 영적인 존재라서 그렇습니다. 네 영혼이 잘됨같이 범사가 잘 되며 강건할 것이라고 말씀하셨기 때문입니다.

오늘 본문의 말씀은 "너의 행사를 여호와께 맡기라 그리하면 너의 경영하는 것이 이루리라" 입니다. 우리의 육적이고 영적인 부분에 있어서의 모든 경영을 우리 주님께 온전히 맡겨드리는 은혜가 있기를 소망합니다.

기도 : 하나님 아버지 감사합니다. 세상을 살아가면서 육적으로 필요한 것을 채워주시고 또한 영적으로도 우리의 영의 눈이 가리워지지 않고 언제나 하나님을 바라볼 수 있도록 역사해 주시옵소서! 예수님 이름으로 기도합니다! 아멘

폐회 : 주기도문

악인도 악한 날에

개회 : 사도신경 / 찬송 427장 / 성경 잠16:4

악역

오늘 본문의 말씀은 "여호와께서 온갖 것을 그 쓰임에 적당하게 지으셨나니 악인도 악한 날에 적당하게 하셨느니라" 입니다. 드라마나 영화 속에 보면 악역이 있습니다. 극의 긴장감을 더욱 살려주는 역할을 합니다. 인생 속에는 악한 역할이라기보다는 악한 사람이 있습니다. 차이점은 극중의 악한 사람은 자신이 악한 역할을 하고 있는 것을 아는데 반하여 인생 속의 악한 사람은 자기가 악한지를 모른다는 것입니다. 최선을 다하여 자기 일을 한다고 하는 게 악한 일입니다. 예수님이 십자가에 달리시려면 누군가가 예수를 팔아야 합니다. 악역이 있어야 합니다. 가야바 같은 대제사장도 있어야 하고 가룟유다같은 배신자도 있어야 합니다.

희생양?

하나님은 예수를 팔아야 하는 배역을 정하셨습니다. 사람을 정한 것이 아니라 배역을 정하신 것입니다. 그래서 예수님은 말씀하시길 "인자는 경에 기록된대로 팔릴 것이지만 인자를 판 그 자는 화가 임할 것이다" 라고 하셨습니다. 누구든지 그 배역을 맡을 수 있습니다. 마귀에게 이끌림을 받게 되면 예수님이 "나와 함께 떡그릇에 손을 넣는자가 나를 팔 것이다" 라고 이야기해 줘도 모릅니다. 도리어 성질을 내고 문을 박차고 나가버립니다. 예수님은 가룟유다에게 "너의 할 일을 어서 가서 하라" 고 하셨습니다.

어떤 궤변철학자는 '흑이 있어서 백이 더욱 하얀 것이고, 어둠이 짙을

수록 빛이 환하게 빛나는 것처럼 악이 있음으로 선이 더욱 빛을 발하는 것이다' 라고 말하면서 도리어 가룟유다를 희생양인 것처럼 옹호하는 경우가 있는데 철학적이고 현학적인 궤변일 뿐입니다.

선한일에 선하게

마태복음 27장을 보면 예수를 못 박는 일에 수장이었던 대제사장과 그의 무리들은 예수가 죽은 이후로도 예수가 사흘만에 부활한다 했는데, 혹 그의 제자들이 시신을 훔쳐 가고서는 예수 가 부활했다 할 수 있음으로 파수꾼으로 예수의 무덤주위를 2중 3중으로 지키게 했습니다. 그러나 이러한 악한 무리들의 행위가 도리어 예수부활의 증거를 더욱 확실히 하는데 일조를 하고 있더라는 것입니다. 그들이 예수의 무덤을 파수꾼으로 지키지 않았다면 예수의 부활 사건이 제자들이 꾸민 조작설에 휘말릴 수도 있었습니다.

악한 자들은 자신들의 악한 일을 열심히 하고 있는데 하나님께서는 그것까지도 이용하여서 당신의 뜻을 이루셨습니다. 신약의 말씀처럼 모든 것을 협력하여 선을 이루신다는 의미입니다. 하나님의 선한 일에 선한 배역을 맡아 끝까지 선하게 쓰임 받는 성도가 되어야 할 것입니다.

기도 : 사랑하는 하나님 아버지! 하나님 아버지의 뜻을 이루는 데에 혹이라도 악하게 쓰임 받는 일은 없게 하시고 주님의 나라가 이루기까지 선한 일에 끝까지 선하게 쓰임 받는 성도가 되게 하여 주시옵소서! 예수님 이름으로 기도합니다. 아멘

폐회 : 주기도문

교만

개회 : 사도신경 / 찬송 489장 / 성경 잠16:5~6, 18

위선과 가식

　겸손과 교만을 말할 때 세상에서 말하는 것과 성경이 말하는 것이 조금 다릅니다. 세상은 자기를 낮추고 공손하며 예의바른 사람을 겸손하다고 합니다. 그러나 세상적으로는 아무리 겸손한 사람도 그가 하나님을 믿지 않으면 성경은 그를 겸손하다고 하지 않습니다. 도리어 교만하다고 합니다. 성경은 하나님을 믿는 사람을 겸손하다고 합니다. 얼핏 보면 받아들이기 어려운 말 같지만 금방 이해할 수 있습니다.

　밖에서는 아무리 겸손하고 훌륭하고 예의 바른 사람이라고 할지라도 그가 집에서 아버지에게 불효하고, 나는 아버지 없이 태어났고 부모의 은혜없이 나 혼자 커서 자수성가 했다고 한다면, 그가 아무리 대외적으로 겸손하게 보이는 자라고 할지라도 그것은 다 가면 쓴 것에 지나지 않습니다. 위선이고 가식입니다. 자기 낳아준 아버지 떠나서 자기 혼자 잘나서 산다는 것 자체는 아무리 그가 훌륭하고 겸손해 보인다고 해도 교만한 자입니다.

하나님을 떠나 사는 것

　영적으로도 똑같습니다. 하나님이 나를 지으셨습니다. 내게 생명을 주신 분도 하나님이십니다. 그리고 그분이 지으신 땅에서 그의 긍휼과 은혜를 받아먹고 살고 있으면서도 하나님이 없다하고 하나님을 떠나서 사는 것은 교만 중에도 아주 큰 교만입니다.

　본문 5절을 보면 교만한 자는 하나님이 미워하십니다. 그러나 겸손한 자는 하나님이 사랑하십니다. 하나님 앞에 나온 사람은 그가 좀 부족한 사람이라 할지라도 하나님은 그를 겸손하다고 하십니다. 그리고 사랑하십니다. 그러나 하나님 밖에서는 그가 아무리 잘난 사람이라고 할지라도 그는 교만한 자이고 하나님의 미워하시는 대상이 됩니다.

재미있는 것은 하나님을 믿지 않는 교만한 자는 항상 피차 손을 잡고 있습니다. 5절 후반부입니다. 서로 간에 연대를 합니다. 죄는 연대를 잘 합니다. 자기 죄가 상대적으로 작아 보이는 것입니다. 그러나 죄악의 무리가 아무리 커다란 무리를 이루었다고 할지라도 하나님 앞에 형벌을 피하지 못하는 법입니다.

영적 교만

그러나 6절에서 처럼 오직 하나님의 인자(사랑)로 죄를 용서받는다는 진리를 알고 그리고 여호와를 경외하는 마음이 그 안에 있으면 그는 그 교만한 자의 무리에서 떠나게 됩니다.

18절 말씀입니다. "교만은 패망의 선봉이요 거만은 넘어짐의 앞잡이로다" 교만하면 패망합니다. 거만하면 넘어집니다. 이 이치는 단순히 세상에서만 통하는 이치가 아니라 영적인 세계에서도 통하는 말씀입니다. 성경에서 말하는 교만은 사람들 사이에서 말하는 것도 있지만 특별히 하나님을 인정하지 않는 영적인 교만이라는 사실을 기억해야 할 것입니다.

기도 : 하나님 아버지! 하나님을 믿고 의지하며 섬길 줄 아는 참으로 하나님 앞에 겸손한 자가 되게 하여 주시옵소서! 예수님 이름으로 기도합니다! 아멘

폐회 / 주기도문

예쁜 짓

79

개회 : 사도신경 / 찬송 488장 / 성경 잠16:7

여호와를 기쁘시게 하면

오늘 본문은 제 인생에 참 많은 영향을 끼친 말씀입니다. "사람의 행위가 여호와를 기쁘시게 하면 그 사람의 원수라도 그와 더불어 화목케 하시느니라" 입니다. 사람이 이 땅을 살아가면서 천국을 누리고 사는데 필수적인 요소는 사람과의 관계라고 하는 부분입니다. 아무리 물질적으로 풍요롭고 사회적으로 높은 명예를 얻었다고 하더라도 사람과의 관계가 원만하지 못하면 거기서 누리는 천국은 없습니다.

사람이 좋게 보여야 합니다. 만나는 사람이 다 사랑스러워 보여야 합니다. 또한 상대방이 나를 좋게 보아 주어야 합니다. 그래야 인생에서 천국 맛이 납니다. 본문 말씀대로 하면 원수도 좋아 보입니다. 세상의 원수도 좋게 보이는데 누가 좋게 안 보이겠습니까! 반대로 세상에 제일 사랑스럽게 보여야 할 가족도 원수처럼 보여서 '이 웬수, 저 웬수!' 하고 있으면 이건 큰일난 겁니다. 본문에 기록된 '화목게 한다' 는 말씀의 뜻은 좋게 보이게 하시는 분이 따로 계신다는 말씀의 뜻입니다.

하는 짓이 예뻐야

사람들은 나를 좋게 보이게 하기 위해서 예쁘고 멋진 옷을 입고 여자분들은 화장도 하고 더 나아가 성형수술까지 합니다. 그러나 한계가 있습니다. 아무리 내가 나를 예쁘게 보여도 사람들이 나를 예쁘게 보지 않으면 어쩔 수가 없습니다. 비록 외모는 좀 아니다 싶어도 예쁘게 보이는 사람이 있습니다. 조금 부족한 외모가 오히려 귀엽고 개성 있게 보입니다.

그런데 아무리 외모가 받쳐 준다고 해도 결코 예뻐 보이지 않을 때가 있습니다. 좋아 보이지 않을 때가 있습니다. 어른들이 흔히 하는 말씀입니다. '하는 짓이 이뻐야 된다' 는 말씀입니다. 하는 짓이 예쁘면 다 예쁘게 보입니다. 그런데 하는 짓이 미우면 그 예쁜 외모가 도리어 마이너스 작용을 해서 표독스럽게 보이고 성질 있게 보이게 합니다.

예쁜 짓을 해야 합니다. "사람이 그 행위가 여호와를 기쁘시게 하면 그 사람의 원수라도 그와 더불어 화목케 하신다" 는 말씀에서 '사람의 행위' 는 쉬운말로 하면 '예쁜 짓' 입니다. 하나님은 우리가 선행을 베풀고 구제하고 봉사하고 헌신하는 이 모든 일을 예쁘게 보십니다.

믿음을 드립시다

그런데 특별히 하나님께서 예쁘게 보시는 것이 따로 있습니다. 히브리서의 말씀입니다. "믿음이 없이는 기쁘시게 못하나니 하나님께 나아가는 자들은 반드시 그가 계신 것과 자기에게 나오는 자들에게 상주시는 이심을 믿어야 할지니라" 하나님은 믿음이 있어야 기뻐 하십니다. 하나님은 믿음으로 당신 앞에 나오는 사람들을 끔찍이도 예쁘게 보십니다. 하나님만 예쁘게 보시는 것이 아니라 모든 사람들 눈에도 그를 예쁘게 보이게 만드십니다. 잠3:4처럼 하나님과 사람 앞에서 은총과 귀중히 여김을 받게 하시는 것입니다. 나는 부족하더라도 하나님의 역사로 사람들이 나의 부족한 것을 보지 않고 나를 좋게 바라보아 준다면 이 보다 큰 복이 또한 어디에 있겠습니까! 좋게 보이게 하시는 분이 있습니다. 예쁘게 보이도록 도와 주시는 분이 있습니다. 그분이 바로 하나님 이십니다.

기도 : 하나님 아버지! 온전한 믿음을 드림으로 하나님의 기쁨이 되는 자녀가 되게 하여 주시옵소서! 그리하여 하나님과 사람 앞에 은총과 귀중히 여김을 받게 하옵소서! 예수님 이름으로 기도합니다! 아멘

폐회 / 주기도문

길과 걸음

개회 : 사도신경 / 찬송 388장 / 성경 잠16:9

길과 발걸음

본문은 유명한 성경구절입니다. 웬만한 성도의 집에 그리고 교회 캘린더 성구 난에서 흔히 볼 수 있는 말씀입니다. "사람이 마음으로 자기 길을 계획할지라도 그 발걸음을 인도하시는 자는 여호와시니라"라는 말씀입니다. 오늘 말씀에서 대비되는 두 단어가 있습니다. '길' 과 '걸음' 입니다. 길은 희망입니다. 비전이요 꿈이요 이상입니다. 캄캄하던 세상에 길이 보인다는 것은 정말 그 자체로 빛이 비췬 것입니다. 길이 보인다는 것은 다른 말로 목표지점이 보인다는 것입니다. 길이 보이는 순간 멈추게 되는 것이 있습니다. 방황입니다. 어디로 가야 할지 모르는 막연함과 답답함이 사라집니다.

목표는 바라보기 위해서 있는 것이 아닙니다. 가기 위해서 거기 도달하기 위해서 있는 것입니다. 먼 산꼭대기를 바라보며 그 산을 올랐다고 말하는 사람은 없습니다. 산기슭을 올라야 하고 내를 건너야 하고 험한 산비탈을 돌아가야 합니다. 그래서 걸음은 현실입니다. 실천입니다. 삶의 실제상황입니다.

이상과 현실

본문에 의하면 사람은 그 길을 계획한다고 하고 하나님은 그 걸음을 옮기신다고 합니다. 인생의 목표지점을 바라보며 나아가다 보면 갑자기 길이 끊어질 때가 있습니다. 분명히 내가 계획하고 설계했던 대로라면 이

길을 돌아서면 또 다른 길이 나타나야 하는데 그 앞에 큰 바위가 가로 막고 있고 큰 시내가 버티고 있습니다. 바라만 보았던 것과 실제 거기에 가 본 것과는 많은 차이가 있었기 때문입니다. 이상과 현실의 차이입니다.

그러나 오늘 말씀에 의하면 바로 그때 하나님이 도와 주십니다. 바위를 넘어가고 시내를 돌아가는 길을 인도해 주십니다. 하나님은 우리의 발걸음을 옮기는 일을 하십니다. 단순히 인생길 위에 빛을 비추시고 인도하시는 것뿐만 아니라 한 걸음 한 걸음씩 우리의 발을 띄어다가 직접 옮기신답니다. 아무리 그럴듯 해 보이는 길이라도 우리 인생의 길 위에는 사탄이 파놓은 함정과 올무가 여기 저기 숨어있기 때문입니다. 만약에 띄어 옮기는 것이 안 된다면 들어서, 엎어서, 태워서 옮기실 것입니다. 하나님은 당신의 백성인 이스라엘을 출애굽 시킬 때에 독수리 날개위에 업어서 옮겼다고 표현하셨습니다.

우리의 현실과 함께 하시는 주님

하나님은 우리의 현실과 함께 하십니다. 우리의 꿈과 이상 가운데도 역사하시지만 우리의 삶의 길 위에 더욱 크게 역사 하십니다. 가시밭길과 고난의 길까지도 다 헤치고 그래서 목표지점까지 가게 하실 것입니다. 하나님이 원하시는 자리, 하나님이 뜻하신 자리, 하나님이 약속하신 그 자리까지 가게 하신다는 것입니다. 그 자리가 하나님 백성들에게는 젖과 꿀이 흐르는 축복의 땅 가나안인 것을 믿습니다.

기도 : 하나님 아버지! 우리의 가는 길 위에 주님께서 함께 하심을 믿습니다. 우리의 인생 발걸음 한 걸음 한 걸음을 인도하시고 그 길 위에 환한 빛으로 함께하여 주시옵소서! 예수님 이름으로 기도합니다! 아멘

폐회 / 주기도문

기준예수

개회 : 사도신경 / 찬송 172장 / 성경 잠16:11~12

움직이지 않는 것

기준은 움직이지 않는 것입니다. 학교 다닐 때 체육시간에 선생님께서 기준을 정해 주시면 그 아이는 움직이면 안 됩니다. 그 아이를 중심으로 모든 아이들이 횡대로 또는 종대로 모이게 됩니다. 기준의 가장 큰 특징은 움직이면 안 된다는 것입니다. 비단 학교에서 뿐만 아니라 우리가 살아가는 모든 삶에도 기준이 되는 것이 있습니다. 이 기준이 잘못 설정되어 있거나 이리 저리 움직이게 되면 우리의 삶은 정신을 못 차리게 됩니다.

오늘 주님께서 말씀하고자 하시는 부분은 '기준을 네 마음대로 옮기지 말라' 는 것입니다. 너의 편의대로 힘 있는 자의 논리대로 기준을 움직이지 말라는 것입니다. 11절의 "주머니 속의 추돌들도 다 그의 지으신 바라" 는 말씀은 기준이 우리 하나님이라는 말씀입니다. 기준은 척도입니다. 삿대라고노 합니다. 이 기준이 잣대가 되서 짧기도 하고 길기도 합니다. 무겁기도 하고 가볍기도 합니다. 더 나아가서 이것에 기준해서 옳기도 하고 그르기도 합니다. 이것에 기준해서 행복과 불행, 만족과 불만족, 이 나눠집니다.

영원불변의 기준

집이 몇 평이 되어야 행복한 겁니까? 얼마를 벌어야 만족이 있는 겁니까? 신분이 어디까지 올라야 흡족합니까? 종업원이 몇 명이 있어야 이제 되었다는 소리가 나오는 겁니까? 저 같은 목회자는 성도가 몇 명이 모여야 만족하는 겁니까? 어디를 기준으로 해야 합니까?

성경에서 말하는 기준은 예수님을 말합니다. 예수 믿는 자는 예수님을 기준으로 사는 사람입니다. 예수님을 기준으로 사는 사람은 수치를 기준으로 삼지 않습니다. 수치화 된 기준은 숫자가 끝이 없듯이 그 끝이 없습니다. 움직이는 기준입니다. 정함이 없습니다. 오직 하나님의 아들 예수를 기준해서 진리와 비진리가 나뉘이고, 구원과 심판이 나뉘이며, 행과 불행이 나뉠 것입니다. 이것이 최후 재판장이신 하나님의 판단기준 입니다.

행복의 척도

움직이지 않는 영원불변의 기준은 예수기준 입니다. 예수를 기준으로 사는 사람은 항상 하나님 말씀을 기준으로 삼습니다. 말씀대로 순종하고 살면 그것으로 행복합니다. 혹 어려운 일이 있어도 이제 곧 하나님이 도와주실 것으로 믿습니다. 반대로 불순종하고 살면 불행합니다. 지금 좀 잘 되는 것 같더라도 이제 안될 것입니다. 순종하고 살면 포도나무가지 되신 주님께 붙어있는 것이지만 불순종 하면 그 잎이 아무리 파릇해도 줄기에서 떨어져 나간 가지에 불과하기 때문입니다.

예수를 기준으로 살면 세상 사람들의 기준에서 탈피해야 합니다. 세상 사람들은 수치화 된 기준만 가지고 행불행을 나눕니다. 그러나 예수기준으로 사는 성도는 순종하는 기쁨, 기도할 때의 행복, 주님과 동행하는 맛 이런 것을 알아야 예수를 기준으로 살아가는 참된 성도가 되는 것입니다.

기도 : 하나님 아버지! 세상사는 기준을 오직 예수 기준으로 삼고 사는 것으로 참다운 행복을 누릴 수 있도록 도와 주시옵소서! 예수님 이름으로 기도합니다. 아멘

폐회 / 주기도문

즐거움을 주는 말

개회 : 사도신경 / 찬송 466 장 / 성경 잠16:23~24

달콤한 말

얼마 전에 집중적으로 말의 중요성에 대해서 언급 했었습니다. 그러나 하나님의 말씀은 식사 때마다 먹는 밥 인고로 다시 먹도록 하겠습니다. 잠언에서 나올 때마다 계속해서 다시 밥상에 올리도록 하겠습니다. 밥도 잡곡밥, 현미밥, 조밥, 팥밥 등 많은 종류가 있는 것처럼 오늘은 말 중에서도 선한 말을 드시겠습니다(?). 23절에서 지혜로운 자의 마음은 그 입을 슬기롭게 한답니다. 지혜로운 자의 관심은 얼굴도 아니고, 피부도 아니고, 헤어스타일도 아니고, 오직 그 입술에 있다고 합니다. 그 입술에서 지식을 내는데 그 맛이 참 달콤합니다.

웃음 짓게 하는 말

오늘 본문 24절에 기록된 '선한 말' 을 원문의 의미를 그대로 살리면 '유쾌하게 하는 말', '즐거움을 주는 말' '웃음 짓게 하는 말' 입니다. 혀에만 단 것이 있는 것이 아니라 마음도 단 것이 있습니다. 얼마나 달콤하면 꿀송이라고 했습니다. 상대방을 웃음 짓게 하는 말입니다.

인생에는 유머가 필요합니다. 인생은 유머가 있어야 맛이 납니다. 어떤 설문조사에 보니까 결혼적령기 여성들이 고르는 남성상의 1순위가 유머가 있는 남자로 나왔다고 합니다. 다른 건 별로라도 나를 웃길 수 있어야 결혼하겠다는 겁니다.

그러고 보면 우리 예수님도 상당한 유머의 소유자이셨습니다. 성경에 나타난 예수님의 비유와 과장법이 다 유머입니다. '낙타가 바늘귀에 들어간다' 는 예수님의 표현이나 각종 비유에서 나타난 예수님의 설교를 통해 당시의 사람들은 빙그레 웃으며 진리를 쉽게 이해 했습니다. 유머를 통해 진리를 접했을 때 그것이 쉽게 잊혀지지 않는 것입니다.

웃음치료

웃을 때, 그때 우리 몸에서 만들어지는 것이 있습니다. 그 이름도 유명한 엔도르핀입니다. 엔도르핀은 우리가 일상을 통해 받은 스트레스로 갖게 된 병균을 몰아냅니다. 암세포를 무찌릅니다. 단순히 텔리비전 코미디 프로를 보고 웃는 것도 웃음이겠지만 그 보다도 진리를 발견할 때 얻는 웃음은 단순한 웃음이나 기쁨이 아니라 감동이고, 희열이고, 전율입니다. "아, 이것이구나! 여기에 진리가 있었구나!" 하고 무릎을 치며 웃음 지을 때 그때는 엔도르핀의 4000배에 달하는 '다이돌핀' 이라고 하는 호르몬이 나온다고 합니다.

웃음은 뼈에 양약이 됩니다. 오늘 말씀입니다. 웃음은 뼈를 치료한다는 말씀입니다. 양약이란 말이 원어로는 '치료한다' 로 되어 있습니다. 뼈를 치료하는 것이 칼슘 많이 붙어서 뼈가 튼튼하게 된다는 뜻도 있지만 뼛속에 골수가 윤택하게 된다는 뜻의 의미입니다. 골수에서 새 피가 잘 만들어져서 온몸을 잘 돌게 한다는 것입니다. 설사 좀 실없다는 소리를 듣는 일이 있어도 우리 경직된 얼굴을 풀고 항상 웃을 수 있는 마음의 여유와 쉼이 있으시길 소망합니다.

기도 : 하나님 아버지! 우리의 마음이 속의 작은 일에도 웃을 수 있는 여유와 쉼이 있기를 소망합니다! 예수님 이름으로 기도합니다! 아멘

폐회 / 주기도문

사망의 길

개회 : 사도신경 / 찬송 495 / 성경 잠16:25

광명한 천사의 모습

본문은 어떤 길은 사람 보기에는 바르나 필경은 사망의 길이라는 말씀입니다. 거짓된 길이 처음부터 거짓처럼 보이고 진실된 길이 처음부터 진실처럼 보이면 문제는 없습니다. 그런데 어떤 길은 진실처럼 보이는데 실상은 거짓 길이 있습니다. 분명히 진실된 길임에도 불구하고 좁고 거친 길의 모양을 보고는 거짓 길로 생각합니다. 양이 양처럼 보이고 늑대가 늑대처럼 보이면 문제는 없습니다. 그런데 양의 탈을 쓴 늑대가 있습니다. 사탄이 그들의 본래 모습인 험악하게 생긴 머리에 뿔 달린 괴물처럼 나타나면 문제가 없는데 성경을 보니까 악마가 광명한 천사의 모습을 하고 나타날 때가 있다고 합니다.

길을 좀 확인합시다

물론 우리가 보는 대부분의 모습은 보이는 모습 그대로가 진실입니다. 착하게 생겼으니까 착한 사람입니다. 부드러운 말을 하는 사람 부드러운 사람입니다. 사나운 말을 하는 사람 사나운 사람입니다. 선한 눈을 가진 사람은 선합니다. 눈매가 매서운 사람은 마음속도 무섭습니다. 그런데 선한 눈을 가지고 있으면서도 그 속에 악을 품은 사람이 있을 수 있습니다. 말은 그럴듯 하게 친절하게 하고 있지만 사기꾼이 있습니다. 이런 사람을 만나면 참 힘듭니다. 진실과 거짓을 구분할 수 없기 때문입니다. 평생을 살면서 거짓과 진실을 구별하는 능력이 있기를 소망합니다. 사람도 잘 구분해야 겠지만 오늘은 길을 좀 확인해야 겠습니다. 진짜와 가짜를 구분하는 중에 지금 내가 나가고 있는 인생길이 진짜 길인지 가짜 길인지 알아야 겠습니다. 생명 길인지 사망 길인지 꼭 확인해야 합니다. 다소 힘들고 어려운 길이라 해도 꼭 생명 길로 가야 합니다. 지금 편하다고 죽는 길로 가면 안 됩니다. 사탄은 그럴듯한 길을 포장해서 보여 줍니다. 그러나 그 길에는 함정이 있습니다. 올가미가 있습니다.

인생의 두 갈래 길

아무리 세상만사 근심걱정 다 잊는 길이 술 마시는 길이라고 선전한다고 해도 술 취하는 길은 패망 하는 길입니다. 꿀이 발라진 길이라도 음녀에게 가는 길은 죽음의 길입니다. 배팅하는 맛이 아무리 좋아도 도박과 노름의 길은 패가망신의 길입니다.

가장 결정적인 사망의 길은 하나님을 의지하지 않고 내 능력을 의지하는 길입니다. 내 능력으로 살아가고, 내 능력으로 자녀 키우고, 내 능력으로 직장생활 하고, 내 능력으로 공로를 쌓고, 내 능력으로 의로워지고, 내 능력으로 천국까지 갈려고 합니다. '내 능력 길' 끝에는 낭떠러지가 있습니다. 그러나 하나님의 길 끝에는 천국이 우리를 기다리고 있습니다. 하나님을 의지하는 길이 다소 힘든 길 일수도 있습니다. 보이지 않는 하나님을 보이는 것처럼 섬겨야 하고, 손에 잡히는 것이 없는 가운데도 믿음을 가지고 나아가야 할 때도 있습니다. 그러나 이 길만이 생명의 길입니다.

인생길은 두 갈래 길이 있습니다. '하나님 의지의 길' 이 있고 '내 능력 의지 길' 이 있습니다. 하나님 의지하는 길로 들어서는 은혜가 성도들에게 있기를 기도합니다.

기도 : 하나님 아버지! 우리의 인생길 그 길이 비록 좁고 협착할 지라도 그 길이 생명길 되게 하여 주시옵소서! 예수님 이름으로 기도합니다. 아멘

폐회 / 주기도문

화와 분은 다스려야 합니다

개회 : 사도신경 / 찬송 91장 / 잠언16:32

분을 담는 통이 있습니다

우리 말 중에 '분통'이라는 말이 있습니다. 굳이 해석 하자면 '분을 담는 통'이라고 할 것입니다. 이 통의 크기는 사람마다 조금씩 다릅니다. 물론 질긴 정도도 다릅니다. 문제는 이 통에 '분'이 어느 정도까지 쌓여서 팽창하게 되면 이게 터진다는 것입니다. 분통이 터진 겁니다.

신앙을 모르는 정신과 의사는 화가 나고 분이 날 때마다 분을 쌓지 말고 바로 내라고 합니다. 통에 분이 계속해서 쌓이다가 이것이 밖으로 폭발하면 우리가 다 아는 것처럼 걷잡을 수 없는 일이 벌어지기 때문입니다. 주위에 있는 기물이 부서지고 주위 사람들의 몸과 마음들이 다 부서집니다. 이것이 거꾸로 우리 마음 안에서 폭발하면 이게 한 사람의 마음을 초토화 시킵니다. 화병에 걸리거나 치명적인 인격의 손상을 가지고 옵니다.

상한 자를 가까이 하시며

예수 믿는 자는 분이 나고 화가 나고 스트레스가 오면 일단 들고 주님께로 달려갑니다. 그것을 분통에 다 쌓지도 않고 밖에다 쏟지도 않습니다. 화를 주님께만 풀어 놓습니다. 조금 이상하게 들릴 수 있지만 주님은 우리의 화 받기를 기뻐하십니다. 화를 조금 다른 말로 바꾸면 상한마음 입니다.

우리 믿음의 선배들이 다 이렇게 했습니다. 시편 초반부에 보면 다윗이 그의 상한 마음을 하나님 앞에 모두 다 쏟아놓고 있습니다. 욥이 고난 중에 있을 때 역시 그랬습니다. 주님은 마음이 상한 자들을 찾으십니다. 마음이 상한 자와 하나님 사이에는 요즘 유행하는 말로하면 코드가 맞습니다. "하나님이 구하는 제사는 상한심령이라 상하고 통회하는 자의 마음을 주께서 멸시치 아니하리로다"(시51:17). "여호와는 마음이 상한 자를 가까이 하시며 중심에 통회하는 자를 구원하시는 도다"(시34:18).

하나님께 분을 푼다고 해서 그렇다고 덮어놓고 무례하게 하나님 앞에 행패를 부리는 것은 물론 아닙니다. 그냥 하나님 앞에 가서 우는 것입니다. 우리 마음에 있는 상태를 그대로 말씀드리는 것입니다. 억울하면 억울하다고 하고, 아무개가 미우면 밉다고 하고, 답답하면 답답하다고 하고, 괴로우면 괴롭다고 말씀드리는 것입니다.

성령의 손길

우리의 상한 마음을 주님께 쏟아 놓는 것은 결코 불경스러운 일이 아닙니다. 애가 2:19에 보면 "너는 밤 초경에 일어나 부르짖을 찌어다 네 마음을 주의 얼굴 앞에 물 쏟듯 할 찌어다" 주님께 우리 마음을 쏟아내면 주님은 우리의 상한 마음을 어루만지십니다. 성령의 손길이 부드러운 터치로 우리 상한 심령을 치유하십니다.

사람들끼리는 서로가 서로의 분을 받아줄 만한 여유가 없습니다. 한쪽에서 화를 내면 그 화를 고분고분 다 받아주는 사람은 없습니다. 아무리 어진 사람이라 해도 어느 순간 '왜 나에게 화를 내냐!' 고 받아치게 되어 있습니다. 그러나 우리 주님은 다 받아 주시고도 남음이 있습니다. 예수 믿는 자의 '분통' 안에는 분이 담겨있지 않습니다. 인생을 살면서 분과 화와 스트레스가 일어나지만 그때마다 주님께 기도로 풀면서 살기 때문입니다.

기도 : 하나님 아버지! 우리의 상한 마음을 오직 주님 앞에 쏟아 낼 때 주의 성령으로 만져주시고 싸매 주시고 치유하여 주시는 은혜를 경험케 하옵소서! 예수님 이름으로 기도합니다. 아멘

폐회 / 주기도문

일의 작정

개회 : 사도신경 / 찬송 460장 / 성경 잠16:33

제비뽑기

오늘 말씀은 "사람이 제비를 뽑으나 일을 작정하기는 여호와께 있느니라" 입니다. 성경에서 제비뽑기 하면 생각나는 이야기가 있습니다. 요나의 이야기입니다. 요나가 니느웨로 가라는 하나님의 명령을 어기고 다시스로 도망가다가 배안에서 큰 풍랑을 만나자, 사람들이 이 풍랑이 누구로부터 말미암았는지를 알아보기 위해 제비뽑기를 했는데 요나가 걸려 들었습니다.

사람이 하는 일 같고 우연히 된 일 같고 어쩌다가 일어난 일 같지만 그 모든 일의 배후에는 하나님이 계십니다. 우주를 운행하는 것, 역사를 이끌어 가시는 것 같은 큰 일 뿐만 아니라 작은 미물들의 움직임까지도 하나님이 주관하십니다. 이것이 사람들 눈에 잘 보이질 않아서 하나님이 안 계신다고 하는 무신론자들이 있습니다. 그러나 내가 안보이고 내가 모른다고 해서 없다고 하는 것은 어리석은 일입니다. 하나님은 하루가 천년 같으시고 천년이 하루 같으신 하나님이기 때문에 당장 우리 눈에 이해할 수 없는 부분이 있을 수 있습니다.

우연은 없습니다

하나님은 모든 일을 그냥 어쩌다가 하시는 일이 없으십니다. 분명한 목적을 두고 하십니다. 일의 작정은 여호와께 있다는 말씀이 바로 그 뜻입니다. 작정은 계획입니다. 목적입니다. 필연입니다. 우연히 일어난 일은 없습니다. 무엇을 목적하고 일하십니다. 풍랑이 일어났다면 풍랑이 일어난 목적이 있습니다. 요나에게는 불순종에서 순종으로 돌이키게 하기 위함이었습니다. 순종이 목적이었습니다.

사탄은 하나님이 하신 일임에도 자꾸만 우연히 된 일로 알게 합니다. 이스라엘이 법궤를 적국 블레셋에게 빼앗긴 적이 있었습니다. 법궤가 가는 블레셋 마을마다 하나님의 재앙이 떨어졌습니다. 두려워진 블레셋은 재앙이 우연히 생긴 일인 줄 알았습니다. 그러나 하나님은 벧세메스로 가는 송아지를 통해 우연이 아님을 증명하셨습니다.

실수가 없으신 하나님

하나님은 실수하는 하나님이 아니십니다. 사람들의 잔꾀에 넘어가는 하나님이 아니십니다. 이스라엘 역사 중 가장 교활하고 사악한 왕이었던 아합이란 자가 전쟁터에서 살아나려고 왕복을 이웃나라 하나님의 사람이었던 여호사밧에게 입혔습니다. 그러나 적군이 어쩌다가 쏜 화살이 여호사밧을 비껴서 정확히 아합에게 맞았습니다. 전쟁터에서 화살 하나 날아가는 것도 하나님이 방향을 정하십니다. 하나님이 일을 작정하시면 누구도 이 하나님의 작정 안에서 벗어날 수 없습니다.

제비뽑기의 결과는 우연입니다. 확률입니다. 우연과 확률도 하나님이 주관하시는데 하나님 아들의 피값을 주고 사신 성도들이겠습니까! 하나님이 붙들고 하나님이 책임지십니다. 겉으로는 사람이 생각하고, 사람이 애쓰고, 사람이 손을 놀리고, 사람이 일하고, 사람이 추진하지만 그러나 그 뒤에는 하나님의 역사가 있습니다. 하나님을 믿는 사람은 우연을 믿지 않습니다. 필연을 믿습니다. 필연은 곧 하나님이십니다.

기도 : 하나님 아버지! 모든 일의 작정이 되신 분이 우리 주님이신 것을 믿습니다. 우리를 향하신 놀라운 주님의 계획과 뜻을 우리의 삶 속에 나타내 주시옵소서! 예수님 이름으로 기도합니다. 아멘

폐회 / 주기도문

가정화목

개회 : 사도신경 / 찬송 305장 / 성경 잠17:1

고기반찬

오늘 본문은 "마른 떡 한 조각만 있고도 화목한 것이 육선이 가득하고 다투는 것보다 나으니라" 입니다. 이 구절은 가정화목을 중요시하는 성경의 대표적인 구절입니다. 가장 먼저 눈에 띄는 두 단어는 '마른 떡' 과 '육선' 이 대조되고 있습니다. 마른 떡은 초라하고 가난한 음식의 대명사입니다. 육선은 고기반찬입니다. 예나 지금이나 고기반찬 좋아 하는 것은 똑같은 것 같습니다.

'마른 떡' 과 '육선' 은 물질의 상징입니다. 금전입니다. 돈입니다. 돈이 많은 것으로 사람들의 생활이 풍요로워지고 마음이 넉넉해지고 여유로운 것이 사실입니다. 이 여유를 원하기 때문에 사람들은 너나할 것 없이 돈을 쫓아갑니다. 고기 먹고 배부르면 인자해 집니다. 그래서 부자동네는 싸움도 별로 없는 것 같은데 가난한 동네는 싸움도 많다고 합니다. 배고프면 사나워집니다. 생활의 여유가 없는 것으로 다투고 싸움질 하고 사는 것도 사실입니다.

그렇다고 돈 많은 부자집이 무조건 평화롭고 가난한 집은 무조건 싸우고 있는 것도 역시 아닙니다.

화목하고 볼일입니다

사탄이 한 가정을 파괴시킬 때 돈을 사용할 때가 있습니다. 돈을 주고는 그 사다리를 밟고 그 가정에 들어가서는 가정구성원들의 마음을 초토화 시키는 경우가 있습니다. 마른 떡 먹고 살 때는 서로 위해 주고, 정을 나누고, 웃고 살다가 돈이 들어가니까 불행해지는 경우를 보게 됩니다.

　물질이 들어가서 더 행복해지고, 더 사랑하고, 더 서로가 위해 주는 가족이 되기를 바랍니다. 물질은 복입니다. 그러나 복이 복이 되지 못하는 경우는 차라리 없느니만 못한 것이 됩니다.

　우리가 흔히 하는 말이 있습니다. '다 먹고 살자고 하는 일인데' 입니다. 그런데 예수 믿는 사람은 '다 화목하자고 하는 일인데' 가 돼야 합니다. 먹고 살기만 하면 안됩니다. 화목하게 살아야 합니다. 때로 못 먹는 일이 생기더라도 화목은 하고 봐야 합니다.

성령이 하나 되게 하신 것

　가정이 화목하려면 마음이나 뜻이나 생각에 있어서 하나가 돼야 합니다. 사탄은 우리가정을 하나로 만들지 않습니다. 흩으려 놉니다. 반대로 성령은 우리 가정을 하나로 묶습니다. 주님은 "성령이 하나 되게 하신 것을 힘써 지키라"고 말씀하십니다. 그러므로 하나 되는 것은 지키는 것입니다. 지키려면 누군가가 자신의 생각을 내려놓는 희생이 필요합니다.

　예수님께서 자신의 몸을 십자가에 내려놓는 희생으로 그를 믿는 모든 사람이 하나님을 아버지로 모시는 가족으로 묶이게 되었습니다. 누군가의 내려놓음의 희생이 있는 곳에 화목이 또한 있음을 믿습니다.

　기도 : 하나님 아버지! 우리 가정 안에 모든 식구들의 마음이 화목으로 하나 되게 하시며 성령이 하나 되게 하신 것을 힘써 지키게 하옵소서! 예수님 이름으로 기도합니다. 아멘

폐회 / 주기도문

연단

개회 : 사도신경 / 찬송 376장 / 성경 잠17:3

인생의 유격장

오늘 말씀은 연단에 대해서 입니다.

하나님은 당신의 백성들을 연단하십니다. 그런데 사람들은 연단 받는 것을 별로 좋아하지 않습니다. 힘들고 고역스럽기 때문입니다. 군대에서 가장 힘든 훈련 중에 하나가 유격훈련입니다. 일주일 유격장에 들어갔다 나오는 것을 너무 끔찍하게 여깁니다. 거기서는 사람이 아니라 올빼미 처럼 되어 이리 구르고 저리 구르고 하루 종일 뺑뺑이를 돌기 때문입니다. 그렇게 일주일 구르다가 나오면 군인다운 군인이 되어 나옵니다.

인생이라는 유격장에서 하나님이 시키는 연단을 받을 때도 어떤 때는 사람이 아닐 때가 있습니다. 올빼미 정도가 아니라 아예 벌레가 되는 느낌도 받습니다. 아무도 주위에 없는 것 같은 고독 속에 철저히 버림받은 것 같기도 합니다. 그러나 그 유격장을 나올 때는 하나님의 사람이 되어서 나옵니다.

풀무속으로

오늘 주님이 말씀하십니다. "도가니는 은을 풀무는 금을 연단하거니와 여호와는 마음을 연단하시느니라" 도가니와 풀무는 대장간이나 제철소에 있는 것들입니다. 쇠를 녹이고 주물 하는 곳입니다. 다니엘서를 보니까 너무 뜨거워서 풀무질하는 사람이 타 죽기도 하는 그런 곳입니다. 풀무가 그 정도인데 그 안에 들어가는 것은 오죽하겠습니까! 아무리 단단한 쇠덩어리나 돌이라고 해도 흐물흐물 물처럼 녹아버립니다.

하나님은 그 도가니와 풀무속에 우리 마음을 넣고 그렇게 연단하신 답니다. 쇠 덩어리 같이 단단한 마음이라고 해도, 돌같이 완악하고 강퍅하다고 해도 하나님 풀무에 한번 들어갔다 나오면 다 녹아내린 부드러운 마음이 되어서 나옵니다.

그릇 만들기

그래서 하나님이 담으시고자 하는 그릇에 담기기 좋은 모양으로 다시 만들어지는 것입니다. 모난 부분이 없어지고 온전히 주님 앞에 헌신하는 일꾼의 모습이 됩니다.

환경이라는 풀무를 통해서 사람이라는 도가니를 통해서 단련 받을 때는 정말 고통스럽습니다. 정말 마음이 다 녹아내리는 것 같습니다. 그러나 그 단련의 과정을 통해 불순물이 떨어져 나가고 순수한 결정체가 남게 됩니다. 하나님 앞에 추하고 더러운 죄된 모습이 사라지고 하나님 받으시기에 합당한 믿음의 사람이 만들어지게 되는 것임을 믿습니다.

기도 : 하나님 아버지! 하나님께서 사용하시기에 합당한 성결하고 거룩한 그릇이 되게 하기 위해 우리를 연단하시는 줄 믿습니다. 이 연단을 감사로 받을 수 있게 하여 주시옵소서! 예수님 이름으로 기도합니다.

폐회 / 주기도문

천하명의

개회 : 사도신경 / 찬송 170장 / 성경 잠17:3

천하제일의 명의

천하의 명의였던 편작에게는 역시 의사인 형이 두 명 있었다고 합니다.

어느 날 위나라 왕이 편작에게 "삼형제 중에 누가 가장 실력이 좋은가?"고 물었더니 편작은 맏형 의술이 가장 뛰어나며 둘째 형님이 그 다음이라고 대답하였습니다.

그러자 위나라 왕은 의아해 하면서 또다시 묻기를 그렇다면 형들을 제치고 네 이름이 천하제일의 명의로 알려진 연유를 물었답니다. 그러자 편작은 목소리를 낮추어서 이렇게 대답했다고 합니다.

"맏형은 환자가 증상을 느끼기도 전에 환자의 얼굴만 보고도 앞으로 무슨 병이 나타날 것인지를 압니다. 그래서 병도 생기기 전에 미리 치료해 주지요. 그러다보니 아무리 잘 치료해 주어도 병이 나기 이전에 치료 받은 사람들은 고마운 줄을 모릅니다. 그리고 둘째 형은 큰형 보다는 못하지만 그래도 환자의 병세가 미약할 때 병을 알아내어 치료해 줍니다. 그러나 환자들은 자신의 병이 심각하게 되기 전에 치료를 해주면 그저 간단한 치료를 받은 줄 알지 중병을 일찍 치료해 준 것은 모르고 역시 고마워하지 않습니다. 그러다보니 큰형이나 둘째형이 사람들의 입에 오르내리지 않게 된 것입니다."

죽을 지경에 이르러야

위나라왕은 더욱 궁금해 하면서 그렇다면 편작 네가 유명해진 이유는 무엇인지 물었습니다.

"저는 별로 뛰어난 의사가 되지를 못해서 병이 커져서 심한 고통을 느낄 때야 비로소 병을 알아 봅니다. 그래서 맥도 짚어야 하고, 또 처방하고 아픈 곳을 도려내야 했습니다. 사람들은 자신이 거의 죽을 지경에 이르렀을 때 고쳐 주니까 그런 나를 보고 큰 병을 치료하는 명의로 믿고 존경하게 된 것입니다. 이것이 저희 삼형제 중에서 제가 실력이 가장 모자라는데도 저의 이름이 유명해진 이유입니다." 하고 대답했습니다.

끊임없는 연단

여기서 신앙인들이라고 하는 우리도 이와 똑같은 우를 범하는 것을 보게 됩니다. 하나님이 은혜로 미리 우리의 길을 인도해 주실 때 우리는 전혀 감사할 줄을 모릅니다. 그러다가 죽을 처지가 되어서 건져주시면 그때서야 호들갑을 떨면서 하나님의 은혜였다고 합니다. 그러기 때문에 진정으로 감사를 아는 깊이 있는 신앙인을 만들기 위해서 하나님은 우리의 삶에 끊임없이 연단을 주시는 것입니다.

최고 수준의 신앙인은 평상의 삶을 누리면서 감사가 끊이지 않는 인생을 말합니다. 망가지고 난 다음에 수리하기에 바쁜 '수리인생'이 아니라 사전에 감사와 기도, 헌신, 말씀에 순종이 있는 '정비인생'으로 하나님께 영광을 돌리는 성도들이 되시기를 주의 이름으로 축원합니다.

기도 : 사랑하는 하나님 아버지! 우리 인생에 연단이 필요함은 하나님의 은혜를 깨닫기 위함인 줄을 믿습니다. 평상의 삶속에서도 항상 감사를 발견하며 살 수 있는 우리의 믿음이 되게 하여 주시옵소서! 예수님 이름으로 기도합니다. 아멘

폐회 : 주기도문

하나님 특별관리 구역

개회 : 사도신경 / 찬송 432장 / 성경 잠17:5

가난한 자와 하나님

오늘 본문은 "가난한 자를 조롱하는 자는 이를 지으신 주를 멸시하는 자요 사람의 재앙을 기뻐하는 자는 형벌을 면치 못할 것이니라" 입니다.

성경은 가난한 자를 철저히 보호하고 있습니다. 아니 보호하다 못해 하나님 자신과도 동일시 하고 있습니다. 오늘 본문은 이미 잠14:31에서 살폈습니다. 거기서는 "가난한 자를 멸시 하는 자는 그를 지으신 자를 멸시 하는 것" 이라고 했습니다. 조롱하는 것과 멸시하는 것은 같은 것입니다.

뿐만 아니라 오늘 본문은 잠19:17절과도 같이 보아야 합니다. "가난한 자를 불쌍히 여기는 것은 여호와께 꾸어 드리는 것이니 그의 선행을 그에게 갚아 주시리라" 고 말씀하시면서 가난한 자와 하나님을 동일시하고 있습니다. 가난한 자에게 꾸어주는 것을 하나님께 꾸어드리는 것으로, 그리고 갚는 것도 하나님이 갚으신다고 하십니다.

고아와 과부와 나그네

가난한 자를 또 다른 말로 하면 힘없는 자입니다. 소외된 자입니다. 연약한 자입니다. 성경은 이 가난하고 힘없고 연약하고 소외된 자를 말씀하시면서 그들이 누구인지 정확히 구별해 놓으셨습니다.

대표적으로 고아와 과부와 나그네입니다. 고아는 부모의 보호를 받을 수 없습니다. 과부는 남편의 보호를 받을 수 없습니다. 나그네는 지금으로 하면 외국인 노동자입니다. 국가의 보호를 받을 수 없습니다. 이들은 하나님이 그 삶의 지경을 정해 주셨습니다.

분명히 성경에서 말씀하셨습니다. 하나님은 당신을 가리켜서 나는 고아의 아버지고 과부의 남편이고 나그네의 국가다라고 말씀하셨습니다. 이 지경은 하나님 특별관리구역입니다. 잘못 여기다가 허투른 짓 하면 큰일 납니다.

투자를 잘 합시다
잘못할 일이 있어서는 절대 안 되겠지만 인생 살다가 그래도 혹 잘못할 일이 있다면 이 구역 밖에다 해야 합니다. 여기다가 해코지를 하고, 못된 짓을 하고, 막 대하면 큰일 납니다. 하나님이 진노하십니다.

반대로 이 구역에다 투자하면 하나님이 큰 손으로 갚아 주십니다. 이 구역에다 선행을 하고 손을 펴서 구제하고, 무상으로 이들을 도와주고, 보살피면 그 일을 하나님 자신께 한 일로 기억하겠다고 하십니다. 그것이 성경의 내용입니다.

하나님이 특별히 관리하고 계시는 구역이 잘 들여다 보이는 은혜가 오늘 성도들에게 있기를 축원합니다.

기도 : 사랑하는 하나님 아버지! 하나님께서 특별히 관리하고 계시는 사람들이 세상에서 소외되고, 가난한 자들이라는 것을 알게 되었습니다. 그들을 대할 때 주님을 대하는 것과 같은 마음을 갖게 하여 주시옵소서! 예수님 이름으로 기도합니다. 아멘

폐회 : 주기도문

하나님 일반관리 구역

개회 : 사도신경 / 찬송 337장 / 성경 잠17:6

자기가족 챙기는 것

지난주에 하나님 특별관리구역에 대해 말씀 드렸습니다.

그런데 사실 특별관리는 일반관리를 먼저 말씀드리고 했어야 했기에 오늘은 일반관리를 말씀드리겠습니다. 특별관리가 내 가정이라는 경계를 넘어선 곳을 살피고 돌보는 일이라면 일반관리는 내 가정 안에서의 관리를 말합니다. 내 가정 안에서의 관리는 지극히 당연한 차원이라는 점에서 오히려 소홀히 여기고 도외시 된 부분이 없지 않습니다. 자기가족 챙기는 것으로 자랑삼거나 공로로 여기는 일은 없기 때문입니다.

수신제가부터

대외적으로는 특별구역에는 특별히 사명을 가지시고 헌신하는 많은 분들이 계십니다. 참으로 많은 시간과 열정과 물질을 쏟아 붓고 계십니다. 참 아름답고 선한 일입니다. 그런데 이러한 사역을 하시는 분들의 약점이 있습니다. 일반관리 즉 가족 관리가 안 되는 경우가 심심치 않게 많다는 것입니다. 특별관리는 일반 관리 먼저 한 다음에 하는 것입니다. 수신제가해야 치국평천하가 되는 것입니다.

이 부분의 대표적인 희생자들이 독립운동가의 후손들입니다. 통계에 의하면 독립운동가의 후손이 교육정도에서나 생활수준이 평균이하라고 합니다. 독립운동가의 자손들이 참으로 많은 부분에서 교육도 받지 못했고, 가정과 사회로부터 소외되어 있다고 합니다. 독립운동가인 부모가 소위 대의를 위한다는 유교적 명분을 잘못 이해해서 가정을 내 팽개치고 돌보지 않았기 때문입니다.

가까운 곳이 먼저 보이는 은혜

교회 안에도 이런 일이 있습니다. 하나님의 뜻을 위한다고 하면서 가정을 돌보지 않는 경우입니다. 큰일을 한다고 작은 일을 무시한다면 그것은 하나님의 뜻이 아닙니다. 특별회계는 일반회계 치룬 다음에 해야 합니다. 어떤 교회의 재정을 보니까 대외적인 곳에 기부하는 일에는 수입의 대부분을 투자하고, 정작 본인들의 교회는 예배환경이나 교회학교 투자가 인색해서 교인들이 불만인 곳도 더러 보게 됩니다. 그런데 도리어 그것을 자랑으로 삼고 이야기하는 것을 들은 일이 있습니다.

그러나 그렇게 자신의 내핍생활을 의로 삼고 공로로 삼는 것은 위험합니다. 바리새적 요소가 짙기 때문입니다. 사도바울은 디모데후서에서 "자기 친족을 돌보지 않는 자는 불신자보다 더 악한 자요 믿음을 배반한 자라"고 까지 말씀하고 있습니다.

가까운 곳이 먼저 보이고 그리고 먼 곳이 보여야 합니다. 자기 가족밖에 모르는 이기적인 근시안도 문제입니다. 그러나 반대로 먼 곳 밖에는 보이지 않는 이상주의자인 원시안도 그에 못지않게 문제입니다. 성도들에게 가까운 곳과 먼 곳이 같이 보이는 은혜가 있기를 소망합니다.

그리하여 아버지와 자녀가 가정에서 서로 갈등하지 않고, 오늘 본문의 말씀처럼 손자를 자신의 면류관으로 삼으며 아비는 자식의 영광으로 삼는 복된 가정들이 되시길 주의 이름으로 축복합니다.

기도 : 하나님 아버지! 우리가 우리의 가정을 먼저 돌보게 하옵소서! 우리의 자녀를 키우고 교육하는 일과 우리 부모님 모시는 일을 먼저 잘 하게 하시고 그리고 또한 주의 일에 힘쓰게 하옵소서! 예수님 이름으로 기도합니다! 아멘

폐회 / 주기도문

사랑하기

개회 : 사도신경 / 찬송 278장 / 성경 잠언 17:9

시간 낭비

사랑을 하고 살면 시간을 허비하지 않습니다. 다투고, 혈기부리고, 미워하고, 시기하는 시간은 다 낭비하는 시간입니다. 사랑하고 있는 시간은 최고의 시테크가 되고 그것은 또한 최상의 재테크와도 연결됩니다. 사랑을 하면 무한한 시너지 효과가 일어납니다. 생산과 창조가 사랑할 때 일어납니다. 미워하고서는 아무 일도 되지 않습니다. 누군가를 미워하고 있는 동안 업무가 될 일이 없고 일의 능률도, 학업성적도 오르지 않습니다.

하나님은 위에서 사랑하는 성도가 있나 내려다 보시고 그에게 하나님의 복을 주십니다. 하나님이 성도에게 원하시는 삶은 사랑하는 삶이기 때문입니다. 부부가 다투면서 그 가정에 재산이 모아질 리가 없습니다. 노사가 서로 싸우면서 그 회사 크는 것 못봤습니다. 서로 사랑할 때 그 사람에게 사람이 붙고, 그 가정에 재물이 들어오고, 그 사업에 하나님의 복이 내려오는 것을 믿으시기 바랍니다. 이 세상이 힘든 이유는 사람이 안 붙어서 힘든 것입니다. 혈기, 분노, 시기, 미움, 이런 것 다 부리고는 사람이 붙지 않습니다. 관용하고, 친절하고, 사랑하면 사람이 붙습니다. 그 사람과 함께 물질이 오고 복이 옵니다.

모든 일에 동기

크리스천에게 있어서 그가 하는 모든 일의 동기는 사랑이어야 합니다. 일할 때도 일 자체를 즐기며 사랑해서 해야지 동료와 경쟁하고 그를 밟고 그 위에 서기위해 일해서는 안 됩니다. 학생이 공부할 때도 지적요구 충족(지혜에 대한 사랑)에 목적이 있어야지 옆 친구를 목표해서는 안 됩니다. 스포츠 경기를 해도 악에 바쳐하는 사람은 그것이 스트레스가 되서 경기하다 죽는 답니다. 무엇이든 사랑하며 해야 합니다. 그것이 그를 살리는 것이 됩니다.

미워하는 데는 시간이 많이 듭니다. 누군가가 나를 힘들게 했다면 날 힘들게 했으니까 '너 두고 보자!' 하고는 다음에 만나면 어떻게 골탕을 먹이고 절묘하게 복수를 할지에 대해서 차에서도, 밥먹으면서도, 화장실에서도, 잠자면서도 생각합니다. 며칠을 합니다. 그러나 사랑하는 시간은 짧습니다. 누군가 내게 해코지 했으면 그 순간 내가 눈 찔끔 감고 용서하고, 덮어주고, 감싸주면 그것으로 끝입니다. 시간이 남습니다.

사랑해 버리기

축복합니다! 사랑해 버리고 시간을 많이 남기시기를 바랍니다. 미워하는 시간은 죽은 시간입니다. 사랑하는 시간만이 살아있는 시간입니다.

우리는 때로 스스로 상처 입을 것을 두려워해서 사랑하기를 주저한다고 말합니다. 그러나 예수님이 하게하신 사랑은 내가 참지만 그것이 나에게 상처가 되지 않습니다. 내가 억울하지만 그것이 나를 아프게 하지 않습니다. 내가 손해를 보지만 상실을 경험하지 않습니다. 자신 있게 주의 이름으로 사랑해 버리는 은혜가 성도의 삶 속에 충만하기를 소망합니다. 거기서 천국이 경험되는 놀라운 역사가 일어날 것입니다.

기도 : 사랑하는 하나님 아버지! 우리가 미워함으로 시간을 낭비하는 일이 없게 하여 주시옵소서! 사랑함으로 창조적 시간을 살아가는 성도들이 되게 하여 주시옵소서! 예수님 이름으로 기도합니다. 아멘

폐회 / 주기도문

다툼을 좋아하는 자

개회 : 사도신경 / 찬송 453장 / 성경 잠17:9-13

불화를 일으키는 자

오늘 본문에는 여러 사람이 등장합니다. 9절에서 사랑하는 자와 이간하는 자가 나오고 10절은 총명한 자와 미련한 자가 나옵니다. 11절 이하를 보면 의로운 자와 악한 자도 나옵니다. 여러 종류의 사람이 등장하지만 그 속을 들여다 보면 결국은 분란을 조장하고 싸움을 일으키는 자에 대한 경고성 짙은 메시지가 들어 있습니다.

본문에서 말하고 있는 미련하고 이간질 하는 악한 자는 바로 싸우길 좋아하는 자입니다. 다툼을 좋아하는 사람이 있습니다. 좋아 한다기보다는 무슨 일이든 싸워서 해결하려고 하는 사람이 있습니다. 그러다보니까 자기 사람을 만들어야 하고 그러다보면 또 사람 사이를 이간질 하고 분쟁을 일으키면서 자기 쪽으로 끌여 들여야 합니다. 이렇게 불화를 만드는 사람을 가리켜서 성성은 미련하고 어리석고 악하다고까지 말씀하십니다.

허물을 거듭 말하는 자

9절을 보니까 허물을 덮어주는 말을 하는 자는 사랑하는 자라고 하지만 그것을 거듭 말하는 자는 이간자라고 합니다. 거듭 말한다는 표현이 아주 제격입니다. 실수로 말한 것이 아닙니다. 싸우자는 겁니다. 지혜자는 싸울 것도 사랑할려고 합니다. 사랑이 있는 곳으로 가지고 가려 합니다. 미련한 자는 무엇이든 싸움이 있는 곳으로 가져 가려 합니다. 아무 것도 아닌 걸 가지고도 싸울려고 합니다.

10절에서 총명한 자와 어리석은 자가 또 나옵니다. 한 마디의 말이 총명한 자에게는 깊이 박히지만 미련한 자에게는 소귀에 경 읽기라는 것입니다. 한 마디로 '사랑해야 한다'는 가르침입니다. 이 가르침에 대해 지혜자는 바로 알아 듣지만 미련한 자는 때려도 무슨 말인지 모릅니다.

반역하는 자

11절을 보면 또한 악한 자는 반역만 힘쓴다고 합니다. 위에서 이간질이 동기간의 일이라면 여기서는 윗사람에게 대한 이간입니다. 윗사람을 향한 이간이 바로 반역입니다. 왕을 반역합니다. 상사를 거역합니다. 부모를 불순종합니다. 윗사람의 비리를 캐고 약점을 파헤치고 그것으로 언제든지 대들고 거역할 준비를 합니다. 말씀 그대로 반역하는 일에만 온 힘을 기울입니다. 성경은 이런 사람과 가까이 말 것을 경고합니다. 오죽했으면 12절에서 차라리 사자와 곰을 만났으면 만났지 이런 사람은 만나지 말라고 말씀 합니다.

한 때는 은혜를 입었던 사람입니다. 도움을 받았던 분입니다. 선을 베푸셨던 어른입니다. 그러나 지금은 거역과 반역의 대상입니다. 13절은 이렇게 악으로 선을 갚는 사람은 악이 그 사람과 평생 같이 살 것이라고 합니다. 반대로 사랑하고 살려하고, 감싸주고 살려하면 선이 그 사람과 평생을 같이 살 것입니다. 선은 바로 우리 주님이십니다. 주님과 함께 평생 사시는 은혜가 있기를 기도합니다.

기도 : 하나님 아버지! 우리의 인생이 화목케 하는 인생이 되게 하여 주시옵소서! 분란을 일으키고 반역하는 자리에는 있지 않게 하옵소서! 예수님 이름으로 기도합니다. 아멘

폐회 / 주기도문

시비

개회 : 사도신경 / 찬송 313장 / 성경 잠17:14~15

기분 나쁜 것

오늘도 다툼에 대한 말씀입니다. 다툼의 시작은 시비입니다. 시비가 붙으면 이미 14절 말씀처럼 방축에서 물이 새는 것과 같습니다. 방축은 댐입니다. 댐에서 물이 새면 이제 곧 다 무너진다고 보면 됩니다. 사람사이의 관계를 무너뜨리는 것이 오늘 본문에서는 '시비' 라고 합니다.

시비는 항상 기분 나쁜 걸로 시작 합니다. 무시하는 조의 말을 들었습니다. 내가 당하는 것 같습니다. 기분이 상했습니다. 싸움이 시작되면 그때부터는 논리는 없습니다. 기분만 있습니다. 감정만 있습니다. 사실 시비라는 말은 내가 옳은지 상대가 그른지 밝히자는 말입니다. 그러나 사실 시비를 가린다기 보다는 감정에 치우칩니다. 논리 보다는 기분에 따라 좌지우지 됩니다.

속이 상했습니다

지금 있었던 사실을 쭉 이야기하고 있지만 사실은 속이 상한 겁니다. 겉으로 나타난 이야기가 아니라 그 속에서 상한 기분을 알아 달라는 것입니다.

사람이 감정에 따라 행동하게 되면 이성이 마비됩니다. 옳고 그른 것이 구분이 안 됩니다. 위아래도 없어집니다. 선악도 구분이 안 됩니다. 본문 15절을 보면 악인도 의인이 되고 의인도 악인이 됩니다. 기분이 확 나빠지니까 아무생각이 없어집니다. 상황에 따른 올바른 판단을 하지 못하게 됩니다.

　기분 나쁜 마음이 들어오지 않도록 해야 겠습니다. 기분 나쁘라고 시비 걸면 안 걸리기 바랍니다. 스트레스 받으라고 스트레스 주면 그거 받지 마시기 바랍니다.

　세상은 악한 세상이라서 내가 아무리 가만히 있어도 와서 히스테리성 시비를 걸고 스트레스를 줄 겁니다. 괜히 다가와서는 다리 걸듯이 시비를 걸면 아무렇지도 않다는 듯이 폴짝(?) 뛰어넘고 스트레스 주면 그거 받지 말고 그냥 버립시다. 오히려 생뚱맞게 웃어버립시다.

　걸리라고 걸었고 받으라고 줬는데 안 걸리고 안 받으면 거꾸로 스트레스 준 사람이 스트레스 받게 됩니다. 자기 꾀에 자기가 넘어가는 겁니다.

내가 변화되는 것

　스트레스는 있을 것입니다. 시비는 있을 것입니다. 내가 강해지면 됩니다. 상대가 변하리라고 생각지 마시기 바랍니다. 예수 믿는 사람은 환경이 변하길 기대하는 사람이 아닙니다. 예수 믿고 내가 변화되는 것입니다. 화살이 날 향해 날아와도 내가 예수 갑옷입고 있으면 됩니다.

　다윗의 고백처럼 하나님이 나의 방패가 되고 산성이 되고 요새가 되시는 은혜가 성도의 삶에 충만하시길 기도합니다.

　기도 : 하나님 아버지! 상대방이 변화되길 바라고 환경이 변화되길 바라기 이전에 내가 먼저 변화될 수 있도록 은혜를 주시옵소서! 예수님 이름으로 기도합니다! 아멘

　폐회 / 주기도문

어디서 지혜를 얻을 수 있습니까

개회 : 사도신경 / 찬송 377장 / 성경 잠17:16,24

소유욕

사람들은 무엇인가를 가지고 싶은 소유욕이 생겨서 그것을 자기의 것으로 삼을 때, 돈을 주고 사는 것으로 자기 것으로 만드는 데에 익숙해 있습니다. 사실 많은 부분에서 우리의 삶을 주장하는 것은 돈이 맞습니다. 그러나 이것이 극단적이 되면 황금만능과 배금주의가 됩니다. 무엇이든 돈으로 해결하려 드는 것입니다. 돈으로 사람 마음도 얻으려고 하고, 돈으로 사랑도 얻으려고 합니다. 돈으로 죄도 속할려고 합니다. 더 나아가서 돈을 주고 지혜를 얻으려고 합니다. 신약적 의미의 지혜는 성령입니다. 성령을 어떻게 돈으로 사겠습니까?

성령을 어떻게 돈으로

돈을 주고 사는 것에 익숙한 사람들이 비단 현 세대만의 모습은 아닙니다. 오늘 구약 잠언시대의 사람도 그러했고 신약시대를 가면 사도행전에서 시몬이라는 자가 베드로를 통해 성령의 놀라운 역사와 표적이 나타나는 것을 보고는, 베드로에게 그 능력을 돈으로 팔라고 했습니다. 그때 베드로는 크게 노하며 그를 물리쳤습니다.

이렇게 지혜를 돈 주고 살려고 하는 사람을 오늘 성경은 미련하다고 말씀합니다. 지혜는 세상에 속한 것이 아니라 하나님나라에 속한 것이기 때문입니다.

세상에 있는 것은 많은 부분을 돈으로 얻습니다. 그러나 하나님나라에 관한 것은 돈으로 얻을 수 없습니다. 은혜와 사랑 그리고 지혜와 믿음은 돈으로 얻는 것이 아닙니다. 지혜는 너무 귀한 것이라서 돈으로 환산 될 수 없습니다. 믿음, 사랑, 소망이 다 마찬가지입니다.

어떻게 보면 너무 귀한 것은 아이러니하게도 거저 주어집니다. 우리의 생명의 근원이 되는 공기와 물은 거저나 마찬가집니다. 육신적으로도 그렇습니다. 부모님은 우리를 거저 키워 주셨습니다. 영적으로도 마찬가지입니다. 하나님은 우리의 영혼을 거저 구원해 주셨습니다. 값이 없습니다. 그래서 믿음이고 그래서 은혜입니다.

지혜는 어디 가서 얻어야 합니까

24절을 보니까 지혜가 가까이 있다고 합니다. 어리석은 자는 지혜를 얻기 위해 그 눈이 땅 끝으로 간다고 합니다. 그 마음이 허탄한 곳에 가 있고 그 뜻이 허망한데 있습니다. 저 무지개 너머에 있는 별천지에 행복이 있을 거라 생각합니다. 그러나 진리는 가까운 데 있습니다. 그것을 아는 것이 지혜입니다.

내 가족 가운데 행복이 있고, 내가 오늘 경험한 일들 가운데 하나님의 음성이 있고, 내가 오늘 만난 사람과 내가 속한 직장 속에 하나님의 뜻이 있습니다. 늘 가까운 곳에서 지혜와 진리를 발견하는 성도들이 되시길 축복합니다.

기도 : 사랑하는 하나님 아버지! 이 모든 것이 하나님께서 거저 주신 은혜인 것을 믿습니다. 이 은혜에 감사해서 사는 하루하루가 되게 하여 주시옵소서! 예수님 이름으로 기도합니다. 아멘

폐회 / 주기도문

네 부모를 공경하라

개회 : 사도신경 / 찬송 304장 / 성경 잠언 17:25

부모의 마음

오늘 말씀은 "미련한 아들은 그 아비의 근심이 되고 그 어미의 고통이 되느니라" 입니다. 동서고금을 막론하고 자녀를 향한 부모의 마음은 한결같습니다. 그런데 부모를 향한 자녀의 마음은 그렇지 않는 것을 부인할 수 없습니다. 효에 관련해서 아비의 근심과 어미의 고통이 되는 자녀는 한 마디로 하면 부모의 마음을 헤아리지 못하는 자녀입니다. 징계 속에 나타난 부모의 사랑을 깨닫지 못하고, 자녀를 향한 부모의 마음을 전혀 읽지 못하는 경우입니다.

마음읽기

어리석은 성도가 하나님 아버지의 마음을 헤아리지 못하는 것처럼 어리석은 자녀는 부모의 마음을 읽지 못합니다. 하나님은 우리에게 독생자 아들을 내어주시는 사랑으로 우리를 사랑했지만 우리의 기도는 늘 "왜 나에게는 이것밖에는 안 주십니까"로 점철 되어있는 경우가 더러 있습니다. 우리의 부모님은 우리를 낳아 주시고 키워주셨건만 어리석은 자녀는 성인이 되어서도 늘 부모에게 손을 벌립니다. 특별히 자신보다 더 잘 사는 집 친구 부모들과 비교하며 부모의 마음을 아프게 합니다. 어리석은 부모가 자신의 자녀를 이웃집 아이와 비교하듯이 어리석은 자녀 또한 늘 자신의 부모를 이웃집 부모와 비교하며 신세를 한탄합니다.

최고의 부모님

'나의 부모님은 내게 최고의 부모님입니다' 라고 말씀해 드리는 자녀가 진정한 효를 아는 자녀라고 할 수 있습니다. 어떤 자녀가 부모님께 '어머니 아버지가 건강하시니 저도 이렇게 건강합니다. 건강한 몸을 물려 주셔서 감사합니다.' 하고는 넙죽 절하면서 부모의 기쁨이 되는 것을 보았습니다. 사실 이 질병이라는 것이 상당부분 유전인 경우가 많거든요. 내 몸이 건강한 것 하나 만으로도 부모님을 향한 감사의 마음을 갖는 자녀가 지혜로운 자녀입니다.

부모와 자녀의 관계는 선택에 의한 관계가 아니라 만나게 하시는 하나님의 뜻에 따라 되어진 관계입니다. 서로가 서로에게 복이 되도록 부모에게는 자녀를 주심과 마찬가지로 자녀에게는 또한 부모를 주신 것입니다. 복을 복으로 알지 못하는 자녀는 세상에 미련한 자녀입니다. 오늘 저녁 '하나님은 제게 정말 최고의 좋은 부모님을 만나게 하셨습니다' 라고 우리의 부모님께 말씀드리는 은혜가 이 세상 모든 자녀들에게 있기를 소망합니다.

기도 : 사랑하는 주님! 제게 주신 부모님은 나를 복주시기 위해서 하나님이 주신 부모님인 것을 믿습니다. 부모님을 잘 섬기고 부모의 뜻을 헤아리는 것으로 부모님의 기쁨이 되게 하시고 또한 우리에게는 축복이 되게 하여 주시옵소서! 예수님 이름으로 기도합니다. 아멘

폐회 : 주기도문

땅 끝을 보지 맙시다

개회 : 사도신경 / 찬송 204장 / 성경 잠17:24

가까운 곳에

오늘 말씀은 "지혜는 명철한 자의 앞에 있어도 미련한 자는 눈을 땅 끝에 두느니라" 입니다. 사람들은 진리를 찾아 헤메입니다. 깊은 철학에 진리가 있을거라 생각하고 이상 세계 속에 진리가 있을거라 생각합니다. 또한 행복을 찾아다닙니다. 어디에 행복이 있을까를 찾습니다. '여기 있을까? 저기 있을까?' 멀리까지 찾아 나섭니다. 그런데 오늘 성경은 말씀합니다. 멀리 있지 않다고 합니다. 어디에 있다고 정확한 위치를 가르쳐 주지 않지만 그 근방은 가르쳐주고 있습니다. 진리도 그렇고 행복도 그렇고 지혜 또한 가까이 있다고 가르쳐 줍니다. 우리의 인생 아주 가까운 곳에 행복이 있고 지혜가 있습니다.

한 걸음

내 마음 안에 그리고 내가 속한 가정 가운데 또한 내가 하는 일 가운데 진리가 있고 행복이 있습니다. 특별히 오늘 말씀은 우리가 일하는 데 있어서의 지혜를 가르쳐 줍니다. 산 더미 같은 일이 우리 앞에 있다고 합시다. 우리는 그 많은 일 앞에서 주저 앉아 버립니다. 우리가 주저앉게 되는 이유는 그 일의 꼭대기를 보기 때문입니다. 엄두가 나지 않습니다. 기운이 빠져 버립니다. 그러나 태산을 오를 때도 한 걸음 부터라고 했듯이 한 걸음을 생각해야 합니다. 오늘 우리 눈앞에 있는 이 한 걸음이 곧 오늘 우리 가까이 있는 지혜입니다. 이 한 걸음을 보지 않고 꼭대기만 보면 우리는 절망합니다. 일은 하지도 않은 채 벌써 지쳐버립니다. 아무 쓸모없는 근심과 염려만 늘게 되고 초조함과 조급함에 쫓기게 됩니다.

내일 일은 내일

프랑스 속담에 "풀을 베는 농부는 들판의 끝을 보지 않는다"라고 했습니다. 참 좋은 속담 같습니다. 오늘 말씀과도 잘 어울립니다. 농부가 들녘의 곡식을 보면서 '이 많은 곡식을 언제 다 베지!' 하고 탄식하고 푸념하고 있으면 의욕을 잃어버리고 맙니다. 일은 눈앞에 있는 풀만 보면서 하는 것입니다. 먼 데 있는 풀을 지금 가지고 와서 걱정하면 안 됩니다. 주님께서도 내일 일을 걱정하지 말라고 하셨습니다. 내일 일을 오늘 가지고 오면 오늘 일을 못합니다. 우리는 오늘 일을 내일로 미루지 말라는 교훈은 익숙합니다. 그러나 내일 일을 오늘 가지고 와서는 안 되는 우(愚)는 자주 범하곤 합니다. 오늘 일은 오늘 것이듯이 내일 일은 내일 겁니다. 크리스천은 언제나 하루를 단위로 주께서 맡기신 일에 충성하는 사람들입니다.

기도 : 하나님 아버지! 하루하루를 살아갈 때 하나님 주시는 힘으로 사는 것을 믿습니다. 오늘 감당할 힘을 주셨듯이 내일 우리 앞에 오는 문제도 감당할 힘을 주실 줄 믿습니다. 예수님 이름으로 기도합니다. 아멘!

폐회 : 주기도문

말을 아끼는 자

개회 : 사도신경 / 찬송 404장 / 성경 잠17:27~28

아낄 것이 있습니다

오늘부터 다시 계속해서 '말'에 대한 이야기를 해야 할 것 같습니다. 하나님께서 다시 시작하시니 저도 따라하지 않을 수가 없습니다. 오늘 17장 마지막 부분과 18장이 다 이 말에 관한 지혜들로 가득차 있습니다. 오늘 말씀의 중심은 '말을 아끼는 것이 지혜이고 지식이고 명철이다' 라는 데에 있습니다.

아낄 것이 있습니다. 돈만 아끼는 것이 아니라 말도 아껴야 합니다. 왜냐하면 말이라는 것이 많이 쏟아 놓을수록 손해를 보게 되기 때문입니다. 말씀을 그대로 받읍시다. 27절을 보면 "말을 아끼는 자가 지혜있는 자"라고 합니다. 이어서 하시는 말씀은 "성품이 안존한 자는 명철하다" 합니다. 말을 아끼는 자는 안존한 자와 같은 사람입니다. 안존한 자는 원문의 의미 그대로 하면 냉철한 사람을 말합니다. 다시 말씀드리면 감정에 이끌리지 않는 사람을 말합니다.

입술의 파수꾼

사람이 감정에 이끌리면 말이 거칠어집니다. 말할 때는 상황에 따라 조절이 돼야 하는데 그게 안 됩니다. 10년 전, 20년 전 감정이 다 섞여서 나옵니다.

입술에서 말이 나온다고 마구 쏟아놓게 되면 지식이 없는 자가 됩니다. 오늘 말씀에서 "미련한 자라도 잠잠하면 지혜로운 자로 여긴다"고 말씀합니다. 그 만큼 많은 말이 우리에게 낭패를 안긴다는 뜻입니다. 말 많이 하면 꼭 실수합니다. 말 많이 해서 남을 아프게 하고 말 많이 해서 상처 입히고 하나님께 죄를 짓습니다. 그래서 시편기자는 시편 131:3에서 "여호와여 내 입에 파수꾼을 세우시고 내 입술의 문을 지키소서"라는 기도를 했습니다.

우리는 많은 말을 해야 문제가 해결될 것이라고 생각하지만 실은 일이 더 꼬이게 되고 문제를 더 복잡하게 가지고 가게 되는 경우가 많습니다. 예수님을 믿는 사람은 좀 답답한 게 있어도 좀 억울한 게 있어도 침묵할 줄 아는 지혜가 필요합니다.

하나님께 맡긴다는 믿음이 여기서 필요합니다

성경은 경우에 맞는 합당한 말을 아로새긴 은쟁반에 금사과 같은 말이라고 합니다. 금사과 같은 말을 해야 하겠는데 그게 쉽지 않습니다. 말 한 마디로 천냥 빚을 갚아야겠는데 역시 어렵습니다. 도리어 말 한 마디로 빚을 지게 되는 경우가 있기 때문입니다.

많은 말이 내입에서 쏟아져 나오려고 할 때를 조심합시다. 그때는 감정이 격해 있거나 마음이 상해 있을 때 일 것입니다. 사람에게 하고 싶은 많은 말을 기도로 하나님을 향해 쏟으시기 바랍니다. "너는 물같이 네 마음을 나에게 쏟아 놓으라"고 하셨으니까요.

기도 : 사랑하는 하나님 아버지! 우리 입에서 나오는 말을 아끼게 하시고 오직 하나님을 믿고 의지함으로 침묵할 줄 아는 지혜를 허락하여 주시옵소서! 예수님 이름으로 기도합니다. 아멘

폐회 / 주기도문

듣는 기도

개회 : 사도신경 / 찬송 483장 / 성경 잠18:2

마더 테레사

　인도에서 평생을 빈민 봉사에 헌신한 노벨 평화상 수상자 마더 테레사 수녀의 이야기입니다. 그녀가 한 번은 미국을 방문해 CBS방송의 유명한 뉴스 진행자 댄 래더의 프로그램에 출연했습니다. 방송국 스튜디오를 찾은 마더 테레사에게 앵커는 물었습니다.
　"당신은 하나님께 기도할 때에 무엇이라고 말합니까?" 테레사 수녀는 다소곳이 고개를 숙이고 있다가 대답했다. "나는 듣습니다." 예상 밖의 대답을 들은 앵커는 당황해 다시 질문을 던졌습니다. "당신이 듣고 있을 때에 하나님은 무엇이라고 합니까?" 그때 마더 테레사 수녀는 잠시 생각하다가 다시 대답했습니다. "그분도 듣지요."
　우리의 믿음은 본 것으로 말미암지 않고 들은 것으로 말미암습니다. 들어야 말합니다. 혀가 아무리 멀쩡해도 들은 것이 없으면 아무 말도 하지 못합니다. 청각장애인은 80%가 혀의 구조는 정상이라고 합니다. 그러나 들은 적이 없기 때문에 말하지 못하는 것입니다. 마찬가지로 하나님을 듣지 못하면 하나님을 말할 수 없습니다. 하나님을 듣지 못하고 하는 기도는 괴성에 불과합니다.

세미한 음성

　어리석은 사람은 오늘 본문의 말씀처럼 자기말만 하려고 합니다. 그러나 지혜로운 사람은 상대방 말을 들으려고 합니다. 우리가 인간관계에서 참 많은 부분에 있어서 문제가 생기는 것이 상대의 말을 들어주지 않아서 생기는 문제인 것 같습니다. 들어주기만 해도 상당부분은 해소가 될 텐데 어찌 보면 별것 아닌 것인데 우리가 이것을 하지 못함으로 인해서 많은 갈등과 문제가 일어나는 것 같습니다. 영적으로도 그렇습니다. 믿음이 성장하면 들을 줄 알게 됩니다. 하나님이 주시는 세미한 음성을 들을 줄 알고 그 말씀에 순종할 줄 알게 됩니다.

쌍방기도

미사여구의 장황한 기도를 하나님이 기뻐하시는 것이 아니라 듣는 기도를 기뻐하십니다. 듣는 기도는 마음이 열려있는 기도입니다. 그래서 마음으로 하나님의 말씀을 듣는 것입니다. 우리가 기도회시간에 합심하여 같은 기도제목을 놓고 통성으로 기도할 때도 있어야 하겠지만, 입이 지나치게 열려 있으면 마음이 닫힐 수 있다는 것을 기억해야 할 것입니다.

우리 모두가 시끄럽고 소란스러운 대로에 서 있다고 합시다. 곤충학자는 아무리 시끄러운 곳에서도 담벼락 밑의 귀뚜라미 울음소리가 들리는 겁니다. 어머니는 자기 아이의 울음소리가 들리게 되어 있습니다. 장사꾼은 주머니에서 동전 떨어지는 소리가 들리게 되는 것입니다. 그러나 하나님을 사랑하는 하나님의 사람은 아무리 번잡하고 소란스러워도 하나님 소리가 들리는 것입니다. 마음이 닫히면 귀가 닫히는 법입니다. 하나님과 내가 쌍방이 듣는 기도가 영의 기도인 것입니다.

기도 : 사랑이 많으신 하나님 아버지! 우리의 영의 귀가 열리게 하시고 하나님을 들을 수 있게 하옵소서! 또한 우리의 모든 삶에서도 상대를 들을 수 있는 여유와 포용이 있게 하여 주시옵소서! 예수님 이름으로 기도합니다. 아멘!

폐회 : 주기도문

별식 : 남의 말

개회 : 사도신경 / 찬송 199장 / 성경 잠언18: 4~8절

샘의 근원

오늘 말씀은 깊은 곳에서 시작 됩니다. 성경이 말하는 지혜로운 사람은 다른 사람이 가지지 않는 깊은 그 무엇인가를 가지고 있습니다. 그 깊은 곳으로부터 길어 올린 물 맛 같은 입술의 말을 흘려보내고 깊은 곳에서 솟아나는 샘처럼 맑은 지혜를 흘려보냅니다.

샘의 근원은 어려서부터 참 신기한 부분이었습니다. 도무지 근원이 어디서부터 인지 모를 곳으로부터 계속해서 솟아나기만 하니까요. 성경을 보다가 요나서 7장에서 그 근원을 알았습니다. "나를 믿는 자는 그 배에서 생수의 강이 흘러나리라"고 하셨습니다. 모든 생명이 시작되는 그 깊은 곳 그 원천은 우리 주님입니다. 성경에서 말하는 '배' 는 '깊은 근원' 을 가리킬 때 쓰는 말입니다. 영적이든 육적이든 모든 샘의 근원은 우리 주님이셨습니다.

상과 매

근원이 예수님으로부터 솟아 나오는 지혜는 말을 통제하는 지혜입니다. 오늘 본문 6절과 7절이 연이어서 이 부분을 말씀해 주고 있습니다. "미련한 자의 입술은 다툼을 일으키고 그 입은 매를 자청하느니라" 7절에서는 "어리석은 자는 말로 스스로 멸망하게 되고 스스로의 말이 그물이 되어 걸린다"고 합니다. 해석이 필요 없는 본문입니다. 10번이고 100번이고 반복해서 읽어야 할 본문입니다. 말로 싸움을 일으키고, 말로 매를 벌고, 말로 멸망길을 자초하는 사람이 있습니다. 말 한 마디를 하더라도 상을 버는 사람이 되어야지 매를 버는 사람이 되어서는 안되겠습니다.

매를 버는 말

말이 매가 되는 대표적인 것이 무엇인지를 오늘 8절에서 말해 주고 있습니다.

남의 말하기를 좋아하는 것입니다. 먼저 성도들에게 축복합니다. 남의 말 하고 다닐 시간이 없기를 소원합니다. 기도하고 일하는데 바빠서 남의 얘기 할 시간이 없기를 바랍니다. 가만히 보면 빈둥빈둥 놀면서 할 일 없는 한가한 사람들이 여기저기 다니면서 남의 말을 옮기고 다닙니다. 이게 아주 맛이 있기 때문입니다. 오늘 본문에는 별식이라고 나와 있습니다.

별식처럼 맛이 있다는 의미를 "배속 깊숙한 곳으로 내려간다"고 표현하고 있습니다. 남의 말을 좋게 하면 좋겠는데 대부분 자기 편의대로 이리꼬고 저리꼬고해서 사람사이를 갈라 놓습니다. 이간질 합니다. 갈라놓는 일은 사탄이 전문입니다. 예수 믿는 사람은 하나로 만드는 것이 전문입니다.

남의 말 하는 것을 별식으로 먹는 일은 매를 버는 일인 것을 꼭 기억합시다.

기도 : 하나님 아버지! 남의 말을 하고 다니는 일이 없게 하옵소서! 말로 매를 버는 일이 없게 하옵소서! 예수님 이름으로 기도합니다! 아멘

폐회 / 주기도문

병을 이기는 힘

개회 : 사도신경 / 찬송 401장 / 성경 잠18:14,(17:22)

심령의 근심

본문은 "사람의 심령은 그 병을 능히 이기려니와 심령이 상하면 그것을 뉘가 일으키겠느냐" 입니다. 이 말씀을 17:22절의 "마음의 즐거움은 양약이라도 심령의 근심은 뼈를 마르게 하느니라"와 같이 보도록 하겠습니다.

육신과 영혼은 따로 떨어져 있는 것이 아니라 연결되어 있습니다. 신기한 것은 마음이 상할 때 곧바로 육신의 저항력이 떨어지고 덜커덕 병에 걸린다는 것입니다. 상한 것은 마음인데 병은 육신이 걸립니다. 그래서 병원에 가면 스트레스 받지 말라고 합니다. 만병의 근원이 스트레스이기 때문입니다. 스트레스의 반대는 즐거움입니다. 기쁨입니다. 내 마음이 즐거움과 기쁨으로 가득할 때 반대로 나는 육신의 병을 이길 수 있습니다. 오늘 성경은 병을 이기는 것은 약이 아니라 심령(마음)이라고 합니다.

공짜 건강식품이 있습니다

사람들은 건강을 위해 값 비싼 보약과 건강식품을 먹지만 그보다 중요한 것이 있습니다. 내 마음이 항상 즐거운가를 생각해야 합니다. 마음은 괴로운데 보약 아무리 먹어봐야 효과는 없습니다. 건강식품이 너무 비싸니까 돈 있는 사람만 먹습니다. 신문광고 보니까 조그만 캡슐 몇 개에 초가집에 사는 굼벵이도 갈아 넣고 제주도 말뼈다구(?) 같은 것도 넣고 10만원 합니다. 너무 비쌉니다. 돈 없는 사람은 사먹을 수가 없습니다.

하나님은 공짜로 건강식품을 주셨습니다. 그리고 그 처방전을 성경 잠언에다 두셨습니다. 보약입니다. 17절에 그 보약이 나옵니다. 약 이름은

'마음의 즐거움' 입니다. '양약' 이라는 말이 원문에는 '치료제' 라는 말입니다. '마르페' 라는 말인데 우리가 아는 '몰핀' 의 원어입니다. 몰핀이 몸 밖에서 투여되면 마약인데 우리 안에서 만들어지면 그 유명한 엔돌핀(endolphine)이 됩니다. 마음이 즐거우면 육신이 치료됩니다. 회복됩니다. 소성케 됩니다. 신비한 것이 있습니다. 사람은 인생을 살면서 끊임없이 병들고 또한 치유되는 과정을 겪습니다. 우리도 알지 못한 때에 우리 몸 속에서 병이 일어나고 그 병이 또한 우리도 알지 못하는 가운데 자연 치유되는 과정을 반복합니다.

이기고 있습니다

중요한 것은 우리가 항상 이겼다는 것입니다. 물론 지금도 이기고 있습니다. 그러니 살아가는 것이지요. 그러나 그 어느 순간 우리가 병에 지면 덜커덕하고 암 같은 불치병에 걸리게 됩니다. 그래서 병에 걸릴 때를 돌이켜 보면 상당수 굉장한 스트레스를 받았을 때입니다. 엄청난 충격을 받았을 때입니다. 갑작스러운 불행을 겪을 때 우리 심령이 상하게 되면서 병에게 지고 맙니다. 즐거우면 병을 이길 것입니다. 즐거움은 병을 이기는 것 뿐만 아니라 예방차원에서도 좋습니다. 웃고 살면 병이 안 걸립니다. 인상 쓰고 있으면 누가 찾아옵니다. 질병입니다.

기억합시다. 병을 이길 때는 즐거울 때입니다. 즐거울 때는 오직 주를 바라볼 때입니다.

기도 : 하나님 아버지! 우리의 마음이 즐겁게 하옵소서! 항상 감사할 마음으로 가득하게 하옵소서! 그래서 병을 이기고 죄를 이기게 하옵소서! 예수님 이름으로 기도합니다. 아멘

폐회 / 주기도문

혀의 권세

개회 : 사도신경 / 찬송 465장 / 성경 잠18:20~21

죽고 사는 것이

오늘 본문은 말의 중요성을 설명한 잠언의 구절 중에 가장 강력한 메시지가 담긴 말씀입니다. 본문을 그대로 옮기겠습니다. "사람은 입에서 나오는 열매로 인하여 배가 부르게 되나니 곧 그 입술에서 나는 것으로 하여 만족하게 되느니라 죽고 사는 것이 혀의 권세에 달렸나니 혀를 쓰기를 좋아하는 자는 그 열매를 먹으리라" 입니다.

참 재미있으면서 아이러니합니다. 사람이 배가 부르려면 입 속으로 들어가야 되는데 입에서 나오는 것으로 배가 부르게 된다는 것입니다. 역설적 진리입니다. 지혜의 글은 역설이 많습니다. 뒤집어야 비로소 의미가 살아납니다. 오늘 본문에서 제일 먼저 풀어야 되는 말이 있는데 두 구절에 계속해서 나오는 열매라는 단어입니다. 열매라는 단어의 의미를 풀면 이 말씀 안에 담긴 신리는 다 풀리게 된 거나 다름 없습니다.

열매라는 말은 반드시 같이 나와줘야 하는 단어가 있습니다. 그것은 씨라는 말입니다. 씨와 열매는 따로 떼어놓고 생각할 수 없는 것입니다. 씨가 자라 열매가되고 열매 안에 씨가 있기 때문입니다.

입에 맺히는 열매

20절에 사람의 입에서 나오는 열매는 사실 씨의 성격이 더 짙습니다. 성경은 씨가 심겨지고 자라 열매가 되는 시간을 뛰어 넘어서 바로 열매를 기록했습니다. 그러니까 20절의 정확한 문장은 "사람은 입에서 나오는 씨가 자라나서 맺은 열매로 배가 부르게 되나니"가 맞습니다. 씨는 손으로 뿌리는 건데 입에서 뿌리는 씨는 처음 봤습니다.

성경은 우리 입에서 나오는 말들을 가리켜서 '씨'라고 합니다. 씨는 심겨지는 기능을 합니다. 우리의 입에서 나오는 말은 세상이라고 하는 밭에 심겨집니다. 중요한 것은 내가 뿌린 씨는 내가 반드시 거두게 하신다는 것입니다. 영어성경을 보면 "입술에서 나는 것"이 생산물(products), 수확물(harvest), 곡식(crop)으로 번역되어 있습니다. 바로 나의 입술과 혀에서 만들어진 양식입니다.

혀가 씨를 만듭니다

혀가 권세를 지녔다는 말은 씨를 사람이 만들 수 있다는 뜻이고 또한 씨를 택할 수 있다는 뜻이기도 합니다. 씨는 주어지는 것입니다. 그런데 신비롭게도 하나님은 사람의 입으로 씨를 만들게 하셨습니다. 택하게도 하셨습니다. 이 씨는 사과씨도 아니고 포도씨도 아닙니다. 영적의미를 지닙니다. 좋은 씨와 나쁜 씨로 구분 됩니다. 내 입으로 좋은 씨를 만들어 뿌릴 수도 있고 나쁜 씨를 만들어 뿌릴 수도 있습니다. 오늘 21절의 본문은 나쁜 씨 쪽에 무게가 실려 있습니다. 혀를 쓰기를 좋아한다는 표현이 그렇습니다. 사람들이 주로 나쁜 씨를 뿌리기 때문입니다. 죽고 사는 것이 혀의 권세에 달렸다고 했으니 혀 스스로가 독을 만들어(열매 맺어) 먹기도 하고 약을 만들어(열매 맺어) 먹기도 할 것입니다. 하나님께서 신비한 능력을 부어주신 내 혀를 어떻게 사용하고 있는지 잘 살펴봅시다.

기도 : 하나님 아버지! 우리 입술에서 나오는 말들이 선하고 좋은 씨로 우리 삶에 심겨지게 하시고 그 풍성한 열매를 먹고 살게 하여 주시옵소서! 예수님 이름으로 기도합니다! 아멘

폐회 / 주기도문

복 있는 남자

개회 : 사도신경 / 찬송 253장 / 성경 잠18:22, 19:14

아내를 얻은 자

오늘 말씀의 제목은 복 있는 남자입니다. 복 있는 사람은 들어 봤습니다. 시편 1편입니다. "복 있는 사람은 죄인의 길에 서지 아니하고 오만한 자의 자리에 앉지 아니하고 오직 여호와의 율법을 즐거워하여 그 율법을 주야로 묵상하는 자로다"라고 되어 있습니다. 잠언은 복 있는 사람에서 복 있는 남자가 또한 누구인지를 말씀해 주고 있습니다.

성경은 복 있는 남자를 가리켜서 한 마디로 '아내를 얻은 자' 고 합니다. "아내를 얻은 자는 복을 얻고 여호와께 은총을 얻은 자라"는 다소 의외의 말씀을 하십니다. 더 나아가서 19:14에서는 "집과 재물은 조상에게서 상속하거니와 슬기로운 아내는 여호와께로서 말미암느니라"고 말씀하십니다. 남편에게 있어서 재물을 얻고 출세를 얻는 복보다 더 좋은 복이 아내를 얻는 복이라는 말씀입니다.

아내는 복입니다

하나님께서 아내를 복으로서 주셨습니다. 아내가 있는 곳은 가정입니다. 가정은 쉬는 곳입니다. 아내는 쉼입니다. 아내는 안식입니다. 아내는 충전입니다. 하나님께서 아담을 지으시고 아담이 독처하는 것이 하나님 보시기에 좋지 않으셨습니다. 하나님께서 만물을 하나씩 창조하시면서 그때마다 "보시기에 좋았더라!" 하시는데 처음으로 "보기에 안 좋다"고 하신 것이 있었습니다. 바로 아담이 혼자 있는 것이었습니다. 하나님은 아담을 깊이 잠들게 하시고 그의 갈빗대를 빼어 여자를 만드셨습니다. 그리고 아담에게로 이끌고 오셨습니다. 엄밀하게 성경적으로 말하면 모든 아내들은 하나님의 손에 이끌려 지금의 남편에게 온 것입니다.

아내는 아담에게 하나님이 준비하신 최고의 선물이었습니다. 이 선물을 받고 아담은 어쩔 줄을 몰라 했습니다. 내 뼈중의 뼈요 살중에 살이라는 극찬을 했습니다.

첫사랑을 회복합시다

그런데 이 처음 마음이 바뀝니다. 첫사랑을 잃어버립니다. 죄짓고 선악과 따먹고는 하나님께 둘러대는데 '이 여자 만나서 내 인생이 이렇게 됐다' 고 말합니다. 여자가 선악과를 따서 자기에게 주었으므로 자기책임은 없다고 발뺌합니다. 아담의 후손이 아니랄까봐 지금도 많은 남자들이 이 아담이 한 말을 똑같이 하고 있습니다.

인생이 좀 힘들어지면 '내가 이 여자 만나서 이렇게 됐다' 고 하면서 구박, 괄시 천대합니다. 더 나아가서 이 여자를 준 하나님을 원망합니다. 복은 복으로 봐야 복입니다. 복이 복으로 안 보이면 짐이 됩니다. 내가 평생 짊어져야 할 무거운 짐으로 보입니다. 부모님과 자녀도 마찬가지 입니다. 항상 기억합시다! 아담이 타락하기 전 의로움 가운데 하나님과 같이 있을 때는 아내가 복으로 보였습니다. 그런데 죄짓고 사탄과 함께 있으니까 아내는 짐으로 느껴졌습니다. 아내가 항상 하나님께서 내게 주신 사랑스런 복덩이로 보이는 은혜가 저와 모든 남편들에게 가득하길 기도합니다.

기도 : 남자와 여자를 지으시고 한 몸으로 삼으신 하나님! 부부가 서로 사랑하고 의지하며 서로를 바라보게 하시고 서로가 서로에게 하나님이 주신 복으로 보이게 하옵소서! 예수님 이름으로 기도합니다! 아멘

폐회 / 주기도문

생각 없는 자

103

개회 : 사도신경 / 찬송 369장 / 성경 잠19:2

솔로몬의 일천번제

오늘 본문은 "지식 없는 소원은 선치 못하고 발이 급한 사람은 그릇 하느니라 사람이 미련하므로 자기 길을 굽게 하고 마음으로 여호와를 원망하느니라" 입니다.

먼저 성도들 마음에 소원하는 마음이 있기를 바랍니다. 그러나 그 소원이 막연한 소원이 아니길 바랍니다. 맹목적인 바람이 아니길 소망합니다. 왜 그것을 원하는지에 대한 지식이 분명히 있기를 바랍니다. 하나님이 물어보시는 부분이기 때문입니다.

솔로몬이 일천번제를 드리고 하나님께 소원을 말합니다. 지혜를 달라고 합니다. 하나님이 물으십니다. "왜 뭐하려고?" 솔로몬이 대답합니다. "주의 많은 백성들을 다스리려면 꼭 있어야 겠습니다!" '지혜로 신하들 앞에서 잘 난 척 하겠소 던지 다른 나라 왕들 앞에서 좀 으스대고 싶습니다' 가 아니라 '하나님의 백성들을 공의로 판단하기 위해서는 꼭 필요합니다!' 였습니다. 하나님 마음에 합하게 되었고 솔로몬은 구하지 않은 부귀와 영화까지 받게 되었습니다.

소원에 지식을 더하기

소원에 지식이 있기를 바랍니다. 행동에 생각이 있기를 바랍니다. 열심에 목표가 있기를 바랍니다. 맹목적인 열심은 오히려 해가 될 수 있습니다. 또한 원하는 것이 너무 이기적인 것이 아닌지 생각해야 합니다. 소망하는 것이 너무 내 정욕을 이루기 위한 것인지 판단해야 합니다. 내가 바라는 것이 너무 속물적이고 순간적인 것이 아닌지 돌아보아야 합니다. 이 부분을 깊이 생각하는 것이 곧 소원에 지식을 더하는 것입니다.

다음으로 "발이 급한 사람은 그릇 행하느니라" 입니다. 발이 급한 것은 성질이 급한 사람을 말합니다. 성질이 급한 사람은 실수를 잘 합니다. 말이 앞서고 행동이 앞서는 사람입니다. 조금만 더 생각하고, 조금만 더 참고, 조금만 더 기다렸다면 성사될 일이었는데 급한 성질로 인해 일을 그르치는 경우가 있습니다. 오늘 성경의 표현대로 하면 길이 굽어졌습니다. 미련함으로 인해 일을 그르치게 되자 오히려 하나님을 원망한다고 합니다.

생각이 앞서는 사람

미련한 사람은 다른 사람이 아니라 생각 없는 사람입니다. 매사에 행동이 앞서고 감정이 앞서고 본성이 앞서는 사람입니다. 지혜로운 사람은 생각이 앞섭니다. 물론 생각만 있고 행동이 따르지 않는 것도 큰 문제지만 행동의 근거는 생각에 있어야 합니다. 마찬가지로 소원의 근거는 지식에 있어야 합니다. 우리가 가진 소원이 하나님 앞에 솔로몬처럼 인정받기 위한 소원이기 위하여서 깊은 생각과 지식을 갖는 은혜가 임하기를 소망합니다.

기도 : 하나님 아버지! 우리의 소원에 지식이 더 해지기를 원합니다. 우리의 기도와 바람이 모두 하나님 기뻐하심과 뜻이 이루어지는 것이 되길 소망합니다! 예수님 이름으로 기도합니다. 아멘

폐회 / 주기도문

여호와의 뜻

104

개회 : 사도신경 / 찬송 307장/ 성경 잠19:20~21

신앙의 싸움

신앙 생활하는 우리의 삶 속에서 일어나는 싸움이 있습니다. 우리의 뜻이 이루어지길 바라는 것과 하나님의 뜻이 이루어지길 바라는 중에 이루어지는 싸움입니다. 우리의 마음 속에 많은 생각이 있고 계획이 있고 뜻이 있습니다. 그러나 예수를 올바로 믿는 사람은 나의 그 모든 바람과 뜻이 하나님의 뜻을 이루는 도구가 되고 수단이 되길 바라는 마음이 있어야 합니다.

예수님이 그렇게 하셨기 때문입니다. 예수님께서 십자가지시기 전날 밤에 겟세마네동산에서 기도하실 때 "아버지여, 할만 하시거든 이 잔을 내게서 옮겨 주옵소서 그러나 내 뜻대로 마시고 아버지의 뜻이 이루어지길 원합니다"라고 기도했듯이 하나님의 자녀는 나의 뜻과 계획 그리고 소원이 하나님의 뜻과 섭리를 이루는 것이 되게 해 달라는 기도가 앞서야 합니다.

관계성립

우상숭배자들과 다른 것이 바로 여기에 있습니다. 우상숭배자들에게 있어서 신은 일종의 자판기 같은 것입니다. 동전 넣으면 콜라가 나오듯이 내 공로와 치성을 넣으면 복이 나오는 식입니다. 거기에는 신과 인간 사이에 아무런 관계도 성립되어 있지 않습니다. 오직 이기적이고 나 중심적인 욕심만이 있을 뿐입니다. 예수 믿는 것은 예수께서 나를 위해 십자가에서 죽으셨다는 관계가 설정되어 있습니다. 피로서 맺어진 관계입니다.

애절하고 절절하고 끈끈한 사랑입니다. 그리스도 안에 있는 이 하나님의 사랑에서 아무도 끊을 수가 없습니다.

하나님 뜻으로 들어가기

어리석은 자는 그저 내 뜻 위에 하나님의 뜻이 딱하니 들어맞기를 바랍니다. 그러나 지혜로운 자는 하나님의 뜻 안에 내가 들어가길 원합니다. 그래서 계속해서 하나님의 권고를 받고 훈계를 받습니다. 나는 가만히 놔두면 나의 욕구만 채우러 가기 때문입니다. 그래서 권고가 필요하고 훈계가 따라야 합니다. 오늘 본문 20절의 말씀처럼 권고와 훈계는 필경 우리를 지혜롭게 합니다. 어리석은 자는 자기 생각만 합니다. 그러나 지혜로운 자는 나를 넘어서서 하나님을 생각합니다. 우리의 많은 생각위에 결국 하나님의 뜻이 온전히 설 것입니다. 여기서 기억할 것은 우리를 향한 하나님의 뜻은 필경 우리에게 축복이고 더 나아가서 영광이 된다는 것입니다. 하나님을 믿는 믿음이 바로 여기에 있습니다.

기도 : 하나님 아버지! 우리의 뜻과 하나님의 뜻 사이에서 오직 하나님의 뜻이 이루어지길 바라는 우리의 기도와 삶이 되게 하여 주시옵소서! 예수님 이름으로 기도합니다. 아멘

폐회 / 주기도문

다투는 여인

개회 : 사도신경 / 찬송 415장 / 성경 잠언 잠19:13, 21:9, 21:19

충전소

얼마 전에 잠19장에서 "아내를 얻은 자는 복 있는 자다"라는 말씀을 했습니다. 남편에게 있어서 아내는 말 그대로 위로와 쉼이고 안식이며 축복입니다. 더 나아가 가정 그 자체이기도 합니다. 가정은 세상 살아가는 힘을 충전받는 충전소입니다. 배터리가 떨어지면 충전 하듯이 세상에서 이리저리 부딪치며 소진한 힘을 재충전 받는 곳으로서 하나님은 가정을 주셨습니다. 아내와 자녀를 주셨습니다.

집에 들어서면 "수고했어요. 여보!" 하고 반기는 아내와 "사랑해 아빠!" 하고 안기는 자녀의 말 한 마디로 수많은 아버지들은 봄 눈 녹듯이 세상에서 쌓인 피로와 스트레스를 풀게 됩니다. 이 부분이 먼저 되어야 합니다. 하나님이 날 사랑해서 실제로 내 앞에 놓으신 선물이기 때문입니다. 성경에서 "아내가 복이다!"라는 말씀은 쉼과 안식과 충전으로서의 아내를 말합니다.

그런데 이게 복이 아닐 때가 있습니다

돈 버는 일이 쉬운 일 아닌데 남편이 집에만 들어서면 붙잡고 돈돈돈돈 돈돈... 하는 여인이 있습니다. 그것도 꼭 이웃집 남편과 비교하면서 바가지를 긁습니다. 성경은 남편은 아내의 머리라고 했는데 어리석게도 머리 알기를 우습게 압니다. 말끝마다 시비로 시작해서 원망과 불평을 늘어 놓습니다. 물론 아내도 마찬가지겠지만 남편입장에서 아내의 짜증 섞인 불평소리처럼 참기 힘든 소리도 없습니다. 다 남편인 나로부터 말미암았다는 소리로 들리기 때문입니다. 이런 곳에서는 결코 쉴 수 없습니다. 충전은커녕 오히려 더욱 상태가 악화됩니다.

그래서 아내는 기도하고 얻어야 합니다. 유대 격언에 '전쟁터에 나갈 때는 열흘을 기도해라 그러나 아내를 얻을 때는 백일을 기도하라' 는 말이 있다고 합니다. 그만큼 중요합니다.

기도해야 받습니다.

기도해야 선물로 받습니다. 기도 안하면 악한 마귀가 나를 시험하려고 복이 아니라 저주로서 사람을 붙입니다. 처음에는 잘 모릅니다. 오늘 19장 13절을 보면 다투길 좋아하는 여인을 가리켜서 처음에는 '떨어지는 물방울' 이라 했습니다. 집 천정에 물이 새는 것과 같다는 뜻입니다. 그런데 21:9로 가니까 이것이 좀 더 발전해서 다투는 여인과 사니 움막으로 가서 혼자 지내는 게 낫다고 하다가, 19절로 가니까 아예 광야로 가서 혼자 지내는 것이 낫다고 합니다. 점층법으로 점점 그 의미가 강조되고 있습니다.

배우자를 위해 기도해야 합니다. 혹 기도하지 않고도 선한 아내를 얻었다면 그만큼 하나님이 날 사랑하신 것입니다. 기도해야 악한 사단이 역사하지 못하고 날 향하신 하나님의 선한 뜻이 이루어짐을 믿습니다.

기도 : 하나님 아버지! 기도해서 받게 되는 사람 중에 우리의 남편과 아내가 가장 커다란 기도의 열매가 되게 하여 주시옵소서! 예수님 이름으로 기도합니다. 아멘

폐회 / 주기도문

게으름의 공통점 3가지

개회 : 사도신경 / 찬송 88장 / 성경 잠19:15,24, 20:4

잠자기

잠언은 참으로 많은 구절을 빌어서 게으름을 죄악시 하고 있습니다. 오늘은 게으른 자의 공통점 세 가지를 본문을 중심으로 살펴보도록 하겠습니다.

첫째로 게으른 자는 일찍 일어나지 않는다고 합니다. 오늘 본문 15절에서 게으름을 잠과 연관 시키면서 "게으름이 사람을 깊이 잠들게 한다"고 하십니다. 사람이 해가 중천에 가도록 잠자기만 너무 좋아 하면 20:13절로 가게 됩니다. 빈궁과 궁핍이 따라붙게 됩니다. 26:14을 보면 문이 문찌귀를 따라 도는 것 같이 침상에서 뒹굴기만 한다고 합니다. 적당한 잠은 우리에게 꼭 필요하지만 과도한 잠은 우리를 나태하게 하고 결국에는 인생을 깊이 잠들게 만들어 버릴 것입니다.

불평불만

둘째로 게으른 사람이 또 잘 하는 것이 있습니다. 불평불만이 많습니다. 게으른 사람들에게는 거슬리는 것이 많습니다. 성가시고 귀찮은 것이 많습니다. 오죽했으면 24절 말씀처럼 밥그릇에 손을 넣고도 올리기를 괴로워한다고 했겠습니까? 괴로워한다는 표현이 바로 원망하고 불평한다는 것입니다. 요즘에는 많이 없어졌습니다. 그런데 예전에 빈민촌에 사는 사람들이 그렇게 늦게 일어났다고 합니다. 해가 중천에 뜨면 사람들이 하나둘씩 나와서 고스톱하고 소주병 들고 다녔다고 합니다. 그리고 나라를 원망하고 정책 탓과 시대 탓을 하면서 살았다고 합니다. 게으르면 우리 입에서 불평이 나올 겁니다. 그러나 부지런 하면 감사할 수 있을 것입니다. 부지런함 속에는 열매가 있기 때문입니다. 나태하게 늘어져 있을 때는 잡다한 생각이 들고 부정적이게 되는 자신을 발견합니다. 그러나 부지런히 손을 놀리며 일하고 있을 때면 긍정적으로 변하게 되는 것을 우리는 경험하게 됩니다.

준비하지 않는 자

3번째로 게으른 자는 준비하지 않습니다. 잠 20:4입니다. 다음해에 씨를 심어주기 위해서 가을이면 밭을 한번 갈아 주어야 합니다. 그런데 봄을 준비하지 않습니다. 준비하지 않는 자는 거두는 것이 없습니다. 이것은 진리입니다. 추수 때에 수확할 것이 없습니다. 예수님도 달란트 비유에서 맡은 돈을 땅에 묻어 두었던 사람을 가리켜서 "악하고 게으른 종아 내가 심지 않은데서 거두며 흩으지 않은데서 모으는 줄 알았더냐" 하시고 책망 하십니다. 악한 것과 게으른 것을 동일시 하십니다. 준비 중에 가장 큰 준비는 천국준비입니다. 가장 지혜로운 자는 하나님 받으시는 믿음을 항상 준비하고 사는 사람인 줄을 믿습니다.

기도 : 하나님 아버지! 평생을 사는 동안 부지런히 게으르지 않고 주의 일에 더욱 힘쓰는 주의 종들이 되게 하여 주시옵소서! 예수님 이름으로 기도합니다. 아멘!

폐회 : 주기도문

거만과 어리석음

개회 : 사도신경 / 찬송 40장 / 성경 잠19:25~29

'말' 과 '매'

이런 사람이 우리 주위에 있을 수 있습니다. 그냥 걸어가는데도 그 뒤에 거만을 줄줄 흘리고 다니는 사람입니다. 눈빛과 말, 걸음걸이에서 거만이 줄줄 흐릅니다. 요는 자신이 이러고 다니는 줄을 모른다는 것입니다.

성경은 거만한 자와 어리석은 자를 동일시합니다. 어리석은 자가 거만한 자고 거만한 자는 곧 어리석다고 쉼 없이 말씀하고 있습니다. 이 둘의 공통점이 있습니다. 둘 다 매를 맞고 나서야 조금 알아 듣는다는 것입니다.

본문 25절에서 "거만한 자를 때리라 그리하면 어리석은 자도 경성하리라"라는 말씀에서 거만한 자와 어리석은 사람이 같은 사람임을 알 수 있습니다. 어리석고 거만한 자는 매를 맞고서야 경성합니다. 깨어납니다. 정신을 차립니다.

그런데 이어서 나오는 명철한 자는 견책을 통해서 지식을 얻는다고 말씀합니다. 여기서 견책은 말로써 꾸중 듣는 것을 말합니다. 말로써 혼났을 때 경성합니다. 깨어납니다. 지식을 얻습니다.

자녀를 훈계하거나 학생을 가르칠 때 매부터 드는 부모와 스승은 없습니다. 말이 안 되니까 마지막 수단으로 매를 드는 것입니다. 목적은 알아듣게 하는데 있습니다. 참 지식을 주는 데에 있습니다. 생명길로 나가게 하는데 있습니다.

거만이 어리석은 이유

거만한 자는 자기지식에 갇혀서 참 지식을 받지 않으려고 합니다. 자신을 시기하는 무리들의 음해라고만 생각합니다. 지식이 다 같은 지식이 아닙니다. 참 지식이 있고 거짓 지식이 있습니다. 거만한 사람이 어리석다 하는 이유가 여기 있습니다. 자기 지식을 가장 높이 두고 살기 때문입니다. 높이 있는 지식을 이해하지 못하고 고루한 것으로 여기며 배척하려 합니다. 그러나 나의 지식이 바라 볼 수도 없는 가장 높은 곳에 하나님의 지식이 있습니다.

오늘 말씀을 보니까 잘못된 교훈이 27절에서 나옵니다. "내 아들아 지식의 말씀에서 떠나게 하는 교훈을 듣지 말찌니라" 하십니다. 바로 자기 혼자 쌓아올린 지식입니다. 하나님 없이 하고 사람들끼리 만들어 놓은 인본주의 지식입니다. 잘못된 가르침은 참 하나님의 지식에서 멀어지게 한다고 합니다.

겸손이 곧 지혜

참된 지식은 오직 하늘과 땅을 지으시고 그 위에 지식을 두신 하나님의 지식에서 나오는 것을 믿습니다. 그래서 "거만한 자가 어리석은 자"라는 말을 뒤집어서 말하면 "겸손한 자가 지혜로운 자"가 되는 것입니다. 성경은 "거만한 자가 어리석다는 말씀과 동시에 지혜는 겸손한 자의 것이다" 라고 말씀하고 있다는 것을 항상 기억해야 할 것입니다.

마지막 29절 말씀에서 "심판은 거만한 자를 위하여 예비 된 것이요 채찍은 어리석은 자의 등을 위하여 예비된 것이라"는 말씀이 크게 들려야 할 것입니다.

기도 : 사랑의 하나님 아버지! 우리의 마음이 낮은 곳에 있고 겸손과 온유함으로 무장하게 하여 주시옵소서! 예수님 이름으로 기도합니다! 아멘

폐회 / 주기도문

술에 대하여

개회 : 사도신경 / 찬 268장 / 성경 잠20:1, 23:29~35

거만케 하는 것

술을 마시면 하늘이 손바닥만 하게 보인다는 말이 있습니다. 하늘이 작게 보인다는 것입니다. 하늘이 작게 보인다는 뜻은 무서운 게 없어지고 보이는 것이 없어진다는 뜻입니다. 사람이 술이 거나하게 오르게 되면 이성이 마비가 됩니다. 평상시에 무섭고, 두렵기도 하고 걱정이 되던 것이 하나도 눈에 들어오지 않습니다. 무서운 대상이 없어지거나 걱정거리가 사라진 것이 아닙니다. 그대로 있습니다. 다만 술로 인해 이성과 감각이 마비가 되어서 보이지 않고 느끼지 못하게 된 것 뿐입니다. 맨몸으로 적진에 뛰어드는 것과 다름이 없습니다. 술의 힘을 빌리면 자신의 실제 모습을 망각하게 됩니다. 거만하게 됩니다. 그러나 성령의 힘을 빌리면 골리앗 앞에 선 다윗같이 하나님이 주신 참된 용기와 능력을 얻게 됩니다.

떠들게 하는 것

본문에 '독주' 가 나옵니다. 독주는 독한 술을 말하기도 하지만 혼합한 술로 번역되는 경우도 있습니다. '독주는 떠들게 한다' 할 때 '떠든다' 는 성경의 표현이 참 제격입니다. 독한 술을 마시면 사람의 이성이 마비가 되면서 풀어지는 것이 하나 있습니다. 그것이 바로 '혀' 입니다. 우리의 혀는 이성에 의해 통제 되어야 합니다. 그런데 이성이 마비되면서 허풍을 떨게 만들고 실없는 소리를 끝없이 쏟아 놓게 합니다. 사람은 입이 통제가 되어야 합니다. 입을 열어서 흘리게 된 말들로 인해 우리가 실수를 하고 낭패를 봅니다. 술이 깨면 부끄럽고 창피합니다. 술은 우리를 거만하게 하는 것뿐만 아니라 책임지지 못할 말을 하게 됩니다. 우리 입에서 나오는 말이 아무 의미 없는 떠드는 말이 되어서는 안되겠습니다.

미혹되는 자

술은 힘을 지니고 있습니다. 사람을 매혹 시킵니다. 그리고 결국 그를 사로 잡아 버립니다. 연약한 사람들은 이 술 힘에 의지해서 살아갑니다. 술 힘에 의지해서 몸을 가누고 술 힘에 의지해서 사람도 만납니다. 철저하게 거짓된 힘입니다. 미혹되는 것입니다. 속는 것입니다. 이 술로 인해 마귀가 역사해서 헤아릴 수 없이 많은 심령과 가정이 피폐되고 파괴되었으며 사회적으로도 큰 문제가 되고 있습니다. 수사관 중에 사건현장을 검식하는 일을 전문으로하시는 분이 신문에서 인터뷰 하는 것을 보고 놀랐습니다. 거의 모든 사건현장을 가보면 '발단이 다 술이더라!' 는 것입니다. 그분은 '술이 마귀' 라고 까지 했습니다.

성경은 "술 취하지 말라 이는 방탕한 것이니 오직 성령의 충만을 받으라"고 하십니다. 술 충만은 거짓 힘입니다. 마귀의 힘입니다. 그러나 성령의 충만은 참된 하나님의 능력입니다. 성령의 충만으로 이 세상 살아가는 참된 힘을 얻는 하나님의 자녀들이 되시기를 축원합니다.

기도 : 하나님 아버지! 술 취하여 방탕하지 말고 오직 성령에 의지하여 성령 충만을 받고 살아가는 하나님 나라의 성도들이 되게 하여 주시옵소서! 예수님 이름으로 기도합니다! 아멘

폐회 : 주기도문

모략 길어내기

개회 : 사도신경/ 찬송 434장 /잠20:5, 18

우물가에서

오늘 본문에 지혜로운 자는 다름 아닌 길어내는 사람입니다. 우물가에서 두레박으로 물 길어 내듯이 잘 길어내는 사람입니다. 뭘 길어 내냐면 '모략' 을 길어 냅니다.

오늘 본문에서의 모략은 중상모략 할 때 쓰이는 부정적인 의미의 뜻은 아닙니다. 삶의 지혜를 말합니다. 위급한 상황에 놓였을 때 일종의 탈출구와도 같은 생각입니다. 풀리지 않는 문제의 단초와도 같습니다. 이리저리 실타래처럼 엉켜있는 문제의 해결책과도 같습니다.

해결책이 있습니다. 답이 있습니다. 그런데 어디 있냐면 깊은 물속에 있습니다. 그래서 보이질 않습니다. 그러나 지혜로운 자는 그것을 건져낸다고 합니다.

상의하기

18절에도 모략이 나옵니다. "무릇 경영은 의논함으로 성취하나니 모략을 베풀고 전쟁할 지니라" 여기서의 모략은 한 사람 속에서 나온 모략이 아니라 여럿이서 합쳐진 모략을 말합니다. 혼자는 지혜로울 수 없습니다. 깊은 물속에 답이 있다면 그것을 건지기 위해 배를 만들어야 하고 잠수정을 만들어야 하고 끌어올릴 밧줄을 만들어야 합니다. 나름대로 전문분야의 전공자들이 모여서 의논해야 합니다. 이것이 경영입니다. 무슨 일을 이루기 위해 혼자서는 할 수 없습니다. 병원에서 환자를 치료할 때도 전문의 선생님들의 상의를 통해 수술 여부를 결정합니다. 아무리 외과수술을 잘 한다해도 마취과에서 사인이 나지 않거나 내과나 다른 과에서 동의하지 않으면 할 수 없습니다. 전쟁을 할 때도 마찬가지입니다. 보병이 전선을 취하고 고지를 탈환하지만 후방포병의 화력지원 없이는 불가능 합니다. 무슨 경영이든지 하나의 목적을 이루기 위해서 의논하고 상의해야 합니다. 그래서 모략을 끌어올리는 것은 한 사람이 한 것이 아닙니다.

경영은 모략으로

모략 없이 경영해서는 안 됩니다. 전쟁에서 승리라는 목적을 이루고 장사해서 이윤이라는 목적을 이루며 수술해서 환자를 낫게 하는 목적을 이루는 것이 경영입니다. 여기서 필요한 것이 바로 모략입니다.

같이 해서 모략을 얻는 중에 가장 확실한 모략을 얻는 길이 있습니다. 바로 하나님과 같이 하는 것입니다. 하나님은 "나는 기묘자요 모사요 전능한 하나님이라" 하셨습니다. 여기서 모사가 바로 모략을 가진 자를 말합니다. 책사 또는 참모입니다. 또한 주님은 "나는 무슨 경영이든 못 이룰 경영이 없다"고 하셨습니다.

주님을 인생의 모사요 경영자로 모실 때에 모든 문제에 해결이 될 줄 믿습니다.

기도 : 하나님 아버지! 우리는 어리석고 미련하여서 모략이 없습니다. 우리 인생의 모사가 되어 주시옵소서! 예수님 이름으로 기도 합니다! 아멘

폐회 : 주기도문

듣는 귀와 보는 눈

개회 : 사도신경 / 찬송 138장 / 성경 잠20:8~12

보고 듣기 위해서

오늘은 주님께서 "듣는 귀와 보는 눈은 다 여호와의 지으신 것이니라"는 말씀을 주고 계십니다. 귀는 하나님이 지으셨습니다. 왜 지으셨냐면 듣기 위해서 입니다. 눈도 하나님이 지으셨습니다. 눈을 지으신 이유는 보기 위해서 입니다. 시편 94편 9절을 보면 이렇게 되어 있습니다. "눈을 지으신 자가 보지 아니하시랴 귀를 지으신 자가 듣지 아니하시랴" 입니다.

어딜 가든지 무엇을 하든지 하나님의 눈을 피할 수 없습니다. 하나님의 눈 앞에서 사는 사람이 신앙입니다. 하나님의 귀 앞에서 사는 사람이 믿음이 깊은 사람입니다.

안결같은

오늘 본문 8절에서 "심판자리에 앉은 왕은 그 눈으로 모든 악을 흩어지게 한다" 했습니다. 죄는 하나님이 안 보시는 줄 알고 짓습니다. 경찰이 옆에서 보고 있는데 도둑질 하는 사람은 없습니다. 그러나 하나님을 속일 수 없습니다. 눈 가리고 아웅하는 것입니다. 가장 높은 자리에 앉아계신 심판자이신 하나님의 눈과 하나님의 귀가 있습니다.

심판은 보고 들은 증거가 있어야 가능 합니다. 증인은 다른 사람이 아니라 보고 들은 사람입니다. 하나님은 증인이 필요 없으십니다. 당신 스스로 다 보고 들으셨습니다.

주님은 10절에서 말씀 하십니다. "한결 같지 않은 저울추와 말을 여호와께서 미워하시느니라"고 하셨습니다. 추는 물건을 달고 측량하는 것인데 이것을 움직이면 속이는 것입니다. 사람은 속였을지 모르지만 하나님은 아닙니다. 하나님께서 다 보고 계셨습니다.

한결 같지 않은 말도 마찬가지입니다. 말을 여기서 이렇게 바꾸고 저기서 저렇게 바꾸고 하면서 거짓말 하는 것은 자기 말을 들은 사람이 없는 줄 알기 때문입니다. 그러나 하나님이 다 들으셨습니다.

어디서 무얼하든지

하나님의 존재가 인정되었다면 그분이 나의 모든 삶을 환히 보고 계신다는 사실을 항상 인식해야 합니다. 또한 내 입에서 나오는 모든 말도 듣고 계신다는 것을 믿어야 합니다.

예배드릴 때만 나를 보시고 계신 것이 아니라 내가 머릿속에서 탐심을 품고 음심을 품을 때도 하나님이 내 머릿속을 들여다 보고 계십니다. 기도할 때만 내 기도를 들으시는 것이 아니라 내가 푸념하고 원망하는 말을 하고 있을 때도 하나님이 다 들으셨습니다.

하나님께서 항상 날 보고 계신다는 사실이 싫거나 부담이 되지 않고 큰 기쁨과 소망으로 들리는 믿음의 성도가 모두 되시기를 축복합니다.

기도 : 하나님 아버지! 우리가 어디서 무엇을 하고 있든지 하나님 앞에서 그 일을 감당하는 믿음이 있게 하여 주시옵소서! 예수님 이름으로 기도합니다! 아멘

폐회 : 주기도문

태도의 중요성

111

개회 : 사도신경 / 찬송 519장 / 성경 잠20:11

중심으로 가기 위하여

하나님 앞에는 우리의 마음과 더불어 우리의 몸을 바르게 해야 합니다. 어떤 경우를 보면 하나님은 우리의 중심을 받으시는 분임으로 하나님 앞에는 마음만 중요하지 겉은 중요하지 않다 해서, 겉으로 나타난 부분에 있어서는 마음대로 행할 때가 있습니다. 교회에서 외식하는 바리새인 이야기를 너무 많이 들은 결과입니다. 그러나 바리새인이 주님의 커다란 질타를 많이 받았지만 주님께서도 바리새인들의 본받을 것은 본받으라고 하셨습니다. 하나님 앞에는 외적인 자세도 중요합니다. 바리새인은 외적인 부분에 모든 것이 다 치우쳐 있어서 문제가 되었지만, 중요한 것은 외적인 자세를 바로 갖지 않으면 내적인 중심이 결코 바로 서지 않는다는 것입니다.

자세 교육

우리가 어려서 태도를 바로 해야 한다 자세를 바로 가져야 한다는 교육을 많이 받은 이유는 그것으로 내 중심을 보이기 위함입니다. '자세' 하면 왠지 군사정권 유물이란 느낌이 들었는지 요즘에는 자세의 중요성에 대한 교육이 예전 같지 않은 것 같습니다. 그러나 오늘 말씀에서 "비록 아이라도 그 동작으로 자기의 품행의 청결하며 정직한 여부를 나타내느니라" 했습니다. 아주 기초적인 부분에 속하는 것입니다. 어른 보면 인사할 줄 알고, 어른 앞에서 공손할 줄 알고, 어른을 대할 때 조금은 어려워 할 줄 알아야겠는데 많은 부모들이 자식 기 살릴 줄만 알았지 어른을 대하는 태도를 바로 가르치지 못한 것 같습니다. 태도와 자세는 동기간에도 해당되지만 주된 방향은 어른을 향한 것입니다.

성공의 조건
바른 자세, 바른 말씨, 바른 행동은 참 아름다운 덕성을 나타내는 외적인 모습입니다. 몇 년 전에 리더스 다이제스트에 기재된 '성공한 사람이 지닌 것'에 대한 연구발표를 보고 사뭇 놀란 적이 있습니다. 흔히 생각하기로 학벌이 좋고, 머리가 명석하고, 대인관계가 넓은 것 등등이 상위에 랭크되어 있었습니다. 그런데 당당히 1위에 랭크되어 있는 것이 저를 놀라게 했습니다. 그것은 Attitude(태도, 몸가짐)였습니다. 사회적으로 성공한 대부분의 사람들은 자세가 바르다는 것입니다. 그것이 성공조건의 1위라는 말에 놀라지 않을 수 없었습니다. 삶의 자세와 정신 자세를 넘어서서 몸가짐의 자세도 삐뚤지 않고 바르다는 사실입니다. 우리의 몸을 바르게 함으로 우리의 중심인 영혼이 바로 세워지는 은혜가 있기를 소망합니다.

기도 : 하나님 아버지! 하나님 아버지 앞에 항상 바른 몸가짐을 가질 수 있도록 우리의 행실을 붙들어 주시옵소서! 예수님 이름으로 기도합니다! 아멘

폐회 / 주기도문

입술이 귀한 보배

개회 : 사도신경/ 찬송 196장/ 성경 잠20:15~19

보배 중의 보배

이 세상에는 보화가 많이 있습니다. 그 많은 보화와 보배 중에 성경은 입술이 보배라고 합니다. 15절입니다. "세상에는 금도 있고 진주도 많거니와 지혜로운 입술이 더욱 귀한 보배니라" 지혜롭게 말하는 것이 보배입니다. 지혜롭게 말하는 입술이 정말 보배처럼 보여야 합니다. 돈 많은 남편감을 고르기보다는 지혜롭게 말할 줄 아는 입술이 보배인 남자를 골라야 합니다. 얼굴이 예쁜 아내를 골라야 겠지만은 정작 중요한 것은 입술이 보배인지를 살펴야 할 것입니다. 그 입에서 나오는 보배를 팔아 인생을 사는 동안 힘을 얻고 위로를 얻고 능력을 얻을 것이기 때문입니다. 수중에 있는 은과 금은 수중에서 떠날 때가 있지만 입술에 달린 보배는 떠나지 않기 때문입니다.

시간이 좀 없었으면 좋겠습니다

오늘 나오는 이 보배 같은 지혜의 말이 무엇인지 저 뒤에 나오는 19절 말씀과 연결해서 보도록 하겠습니다. 이미 잠 11장에서 다루었던 말이기도 합니다. "두루 돌아다니며 한담하는 자는 남의 비밀을 누설하나니 입술을 벌린 자를 사귀지 말지니라" 입니다. 남의 비밀을 두루 다니면서 여기저기 옮기는 사람을 보게 됩니다. 뭘 그렇게 두루 다니면서 남의 말 하고 다니는지 이것이 얼마나 쓰레기 같은 말인지를 성경 잠언은 거듭해서 강조하고 있습니다.

바쁘게 살아서 두루 다닐 시간이 없었으면 좋겠습니다. 두루 다니면서 남의 한담하고 다닐 시간이 없을 만큼 그렇게 정신없이 하루하루 바쁘게 사시는 성도가 되시기를 바랍니다. 요즘에는 전화가 있어서 발로 두루 다니지 않아도 한담이 가능 합니다. 손가락으로 꾹꾹 누르면 누구와도 한담이 가능합니다. 그러나 한담하면 어리석은 자가 됩니다.

복이 새 나가지 않게 합시다

한담하고 살면 오늘 성경은 입술이 벌어진 채로 사는 자라고 합니다. 성경은 입술이 벌어진 자를 사귀지 말라고 합니다. 입술이 다물어져 있어야 보물이 보관 됩니다. 입술이 열려 있으면 복이 새어 나갑니다. 입술을 지키는 것이 복을 지키는 것입니다. 엉뚱하게도 세상살이 쌓인 스트레스 푼다고 남의 비밀을 누설하고 남의 약점을 이야기하는 것으로 낙을 삼는 사람들이 있습니다. 그러나 남을 비난하고 한담하고 있을 때 내 보화가 다 새어 나가고 있다는 것도 잊지 말기 바랍니다.

기도 : 하나님 아버지! 입술의 보배를 지키게 하옵소서! 금과 같은 입술로 남의 비밀을 지키고 보호해 주는 입술이 되게 하여 주옵소서! 예수님 이름으로 기도합니다! 아멘

폐회 : 주기도문

속히 잡은 산업

개회 : 사도신경 / 찬송 399장 / 성경 잠 20:21~23

단기간에

"처음에 속히 잡은 산업은 마침내 복이 되지 아니 하느니라"로 시작되는 오늘 본문은 장사하시는 분들에게 하나님께서 주시는 말씀입니다. 장사를 새로 시작하면서 개업을 하게 되면 우리는 누구나 손님이 물밀듯이 몰려와서 단시간에 많은 돈을 벌기를 원합니다. 그러나 많은 부분에 있어서 갑자기 들어온 재물은 정말 그에게 복이 되지 못하는 경우를 흔히 보게 됩니다. 가장 갑자기 돈을 버는 것 중에 대표적인 것이 복권입니다. 그러나 미국의 한 통계조사에 의하면 복권당첨자 중에 상당수가 복권당첨 후에 불행한 인생을 살고 있다고 합니다. 착실하고 성실하게 살던 부부에게 갑자기 많은 돈이 들어오니까 일은 안 하려고 하고, 바람이 나고, 노름에 빠지고 하면서 가정이 파탄 나는 경우가 비일비재하다는 것입니다.

물질만능

재물은 사람으로 하여금 복을 줄 수도 있지만 반대로 사람을 세상의 허탄한 곳에 이끌고 갈수도 있습니다. 대부분의 사람들은 재물이 복이 되는 것으로만 알지 재물이 도리어 사람을 불행하게 한다는 것은 전혀 모르는 것 같습니다. 우리 사회가 물질만능주의로 병들어 있어서 그렇습니다.

재물이 사람에게 진정한 복이 되기 위해서는 옛 어른들의 말씀처럼 재물을 쫓는 인생이 되어서는 안 되고 재물이 따라오게 하는 인생을 살아야 합니다. 재물을 따라가는 형상이 바로 단기간에 많은 돈을 벌고자 하는 경우입니다. 그래서 23절 말씀처럼 추를 속이는 부정한 방법을 쓰고 서로 속고 속이는 치열한 경쟁을 통해서 산업을 얻으려고 합니다.

재물이 따르는 인생은 그것에 지나치게 집착치 않는 것입니다. 뒷장의 잠23에는 재물이 새처럼 날개가 있다고 합니다. 재물에 너무 집착해서 그것을 잡으려 하면 금방 날아가 버릴 것이지만 여호와를 기다리며 하나님께 구원을 바라보는 자 앞에는 재물도 날개를 접고 그 곁에 머물 것입니다.

빨리 끓는 냄비

그러나 참으로 지혜로운 자는 22절 말씀처럼 여호와를 기다리며 하나님의 구원을 바라봅니다. 물질에 초점을 맞추지 않고 일 자체에서의 즐거움을 얻습니다. 목회자로서 교회를 보아도 그렇습니다. 단기간에 많은 성도가 오는 교회를 많은 목사님들이 부러워 하시지만 저는 그다지 반기지 않습니다. 거기에는 목사와 교인 간의 끈끈한 정이 없습니다. 우르르 교회 몰려다니시는 분들 중에는 또 아무렇지도 않게 교회를 옮기는 경우를 심심치 않게 보게 됩니다. 그래서 어떤 목사님은 이리저리 옮겨 다니는 교인들을 교인이라고 하지도 않고 철새라고(?) 합니다. 교회의 외적인 성장도 중요하지만 목회자가 성도 한 분 한 분과의 깊은 관계를 맺는 일이 목회의 더 중요한 부분이라고 생각 됩니다! 한 가지 더 우리가 기억해야 할 것은 빨리 끓는 냄비가 빨리 식는다는 진리입니다.

기도 : 살아계시는 하나님 아버지! 우리가 마음이 급한 것으로 인해서 무엇이든지 빨리 해결을 보려는 마음에 많은 일을 그르칠 때가 있습니다. 하나님을 바라보고 기다릴 때에 참으로 우리에게 복이 되는 산업으로 허락하실 줄을 믿습니다! 예수님 이름으로 기도합니다. 아멘!

폐회 / 주기도문

속히 잡은 산업 2

개회 : 사도신경 / 찬송 388장 / 성경 잠20:25

반석위에 세우기

지난 시간에 이어서 오늘도 "속히 잡은 산업이 복이 되지 못한다"는 말씀으로 시작합니다. 무슨 일이든 급하게 이루어 놓으면 그 기반이 쉽게 흔들린다는 말씀입니다. 오랜 인고의 시간이 있고서야 그 일이 반석위에 세워 집니다. 오랜 동안의 기다림이 뿌리를 내리는데 필요한 시간이라고도 할 수 있습니다. 무슨 일을 하건 급하게 이루려고 하지 말아야 할 것입니다. 급하게 먹은 밥은 체하게 됩니다. 급하게 번 돈은 해가 될 수 있습니다. 급하게 되어진 일은 그르치게 되는 경우가 많습니다. 사람도 그런 것 같습니다. 마음 같아서는 속히 변화 되었으면 좋겠는데 더딥니다. 교회도 그렇습니다. 개척하면 금방 부흥이 되었으면 싶은데 더딥니다. 예수님의 다시 오심도 그렇습니다. 생각보다 더딥니다. 그러나 때가 있을 것입니다. 그 때를 믿음으로 바라보고 기다리는 사람이 크리스천입니다.

'속히' 와 '함부로'

25절의 오늘 말씀과 연결해 봅니다. "함부로 이 물건을 거룩하다하여 서원하고 그 후에 살피면 그것이 그물이 되느니라" 하나님께 서원을 했습니다. 그런데 갑자기 한 것입니다. 오랫동안 기도하는 중에 서원한 것이 아니라 한 순간 은혜 받으면서 얼떨결에 서원 했습니다. 이게 이제 이 사람에게 걸리는 그물이 되어 버렸습니다. 성경에 하나님께 한번 서원한 것은 해가 될지라도 갚으라고 하셨는데 서원을 잘못한 것 같습니다.

그래서 20절에 '속히' 라는 말은 '함부로' 라는 말과 연결됩니다. '속히'가 반드시 '함부로'가 된다는 말은 아닙니다. 속히 해야 할 부분도 분명히 있습니다. 무엇을 결정하고 난 다음이 그렇습니다. 결정하기까지는 심사숙고하고 결정해야 합니다. 그러나 한번 결정이 되었으면 일사천리로 밀고 나가야 할 것입니다. 여기서는 지지부진하게 끌면 안 됩니다. 성경이 잠언을 통해 '속히'를 경계하고 있는 것은 '함부로' 되어 질까봐 입니다.

숙성되기

우리에게 있는 산업이 복이 되어야 합니다. 화가 되어서는 안 됩니다. 복이 되게 하기까지 시간이란 부분이 필요합니다. 오랜 시간 갈등하고, 고민하고, 기도하며 숙성이 됩니다. 사람도, 인생도, 산업도, 교회도, 숙성이 되어야 합니다. 그때 비로소 성숙해지는 것입니다.

기도 : 하나님 아버지! 오래 참고 기다리며 하나님의 뜻하시는 바가 우리의 삶속에 나타나기를 소망하는 믿음의 사람들이 되게 하여 주시옵소서! 예수님 이름으로 기도합니다. 아멘

폐회 / 주기도문

믿음은 기다림입니다

개회 : 사도신경 / 찬송 214장 / 성경 잠 20:22

여쭙고 싶은 것

우리는 고난의 시간을 지날 때마다 하나님께 묻고 싶은 것이 있습니다. 그것은 '언제까지 입니까?' 라는 물음입니다. 욥이 고난을 받으면서 하나님께 외칩니다. "나의 침 삼킬 동안도 나를 놓지 아니하시기를 어느 때까지 하시겠습니까"(욥7:19) 합니다. 하나님과 마음이 합했다고 하는 다윗은 시편 곳곳에서 "주여 도대체 어느 때까지 입니까" 하고 소리를 높였습니다. 믿음의 사람들이 정말 견디기 힘들었던 것은 정신과 육체의 고역이라기보다는 시간이라고 하는 부분이었습니다.

믿음의 조상 아브라함은 아들 주시겠다고 말씀하시고 13년을 아무 말씀도 없으시자 기다림에 지쳐 엉뚱한 일을 벌였습니다. 이스마엘을 본 것입니다. 아들 이삭도 아브라함 처럼 결혼 후 20년을 불임으로 살아갑니다. 불임을 괴로워할 때 육신의 아들 이스마엘은 이미 12방배을 이루고 있었습니다. 이삭의 아들 야곱 또한 사랑하는 아내를 얻기 위해 무려 21년을 종살이 하며 기다립니다. 요셉은 억울한 13년 시간과의 싸움에서 승리했습니다. 모세는 40년을 광야에서 기다렸습니다. 40년 기한 받아 놓고 기다린 것이 아닙니다. 군대생활처럼 3년 받아 놓고 하는 생활이 아니었습니다. 모세 그는 그대로 광야에서 인생을 마감하는 것으로 알았습니다.

신약으로 와도 이 기다림은 이어집니다

마24장을 보면 세상에 악한 종들이 그 마음에 생각하길 '주인이 더디 오리라' 하여 나쁜 짓을 하고 있습니다. 주인이 생각보다 더디 오십니다. 마25에서도 주님은 열 처녀 비유를 말씀하시면서 이번에는 '신랑이 더디

온다' 고 하십니다. 어리석은 다섯 처녀가 신랑이 더디옴으로 다 졸며 잤다고 합니다. 그렇게 늦어질 줄을 몰랐습니다. 그래서 기름을 준비하지 않았습니다. 주님을 뵈올려면 더딜 것을 미리 준비해야 합니다. 기독교 2000년의 오랜 역사가 주님의 재림을 기다리는 시간이었습니다. 사도바울도 고린도전서 13장에서 사랑은 오래참고로 시작해서 모든 것을 견디고 모든 것을 참는다고 연속해서 말씀하고 있습니다. 사도바울이 말한 모든 것 중에 특별히 시간을 참고 견디는 것이 아닌가 하는 생각입니다. 기다리면서 우리의 기도가 깊어지고 우리의 믿음이 온전해 집니다. 기다리면서 우리의 삶이 성결해집니다. 욥의 말을 빌리자면 정금 같이 됩니다.

주님은 기도하고 실망치 말 것을 말씀하시면서 불의한 재판장에게 나간 과부의 비유를 들으셨습니다. 불의한 재판장에게 나간 억울한 과부는 논리를 가지고 나간 것이 아닙니다. 이론과 지식과 정당함이 아닙니다. 불의한 재판관인데 무슨 말이 통하겠습니까? 이루어 줄 때까지 찾아가는 겁니다. 그리고 기다리는 것입니다.

이루어 질 때까지

기도는 이루어질 것 같으면 하고 이루어질 것 같지 않으면 안 하는 게 아닙니다. 우리가 일상 생활하듯이 하는 것입니다. 주님 다시 오실 때 우리에게 바라시고 요구하시는 믿음은 도무지 이루어 질 것 같지 않은 상황에서 기도하는 바로 그 믿음입니다. 주님은 "끝까지 견디는 자는 구원을 얻을 것이라"고 하셨습니다. 끝까지 견디는 것은 다름 아닌 시간입니다. 오랜 기다림을 통해 주를 향한 나의 사랑이 확인되며 내 믿음이 정금이 되며 내 기도가 진실임이 밝혀지는 때가 여러분들에게 있기를 소망합니다.

기도 : 하나님 아버지! 우리에게 기도하고 기다릴 수 있는 인내와 믿음을 허락하여 주시옵소서! 예수님 이름으로 기도합니다. 아멘

폐회 / 주기도문

여호와의 등불

개회 : 사도신경 / 찬송 196장 / 성경 잠20:27~30

하나님의 영

오늘 본문 27절을 보니까 하나님 손에 들린 등불이 있습니다. 바로 우리의 영혼입니다. 우리의 영혼이 곧 하나님이 비춰시는 등불 역할을 합니다. 어디를 비춰냐면 우리 안 깊숙한 곳을 다 살펴 보십니다. 등불은 캄캄하고 어두운 곳을 밝히고 보기 위함입니다. 우리 안에 있는 깊숙한 곳을 다 비춰보시고 살펴보기 위해서 하나님은 우리 안에 두신 '영'을 등불로 사용하십니다. 우리 안에는 하나님의 것이 있습니다. '영'입니다. 다른 피조물 중에는 아무데도 없습니다. 오직 사람에게만 있습니다. '영'입니다. 본래는 하나님의 것입니다. 우리 속 깊숙한 곳에 자리 잡고 있는 우리도 알지 못하는 부분을 비추고 밝힙니다.

하나님을 알만한 것

로마서에 보면 하나님께서 우리 속에 하나님을 알만한 것을 두셨다고 했습니다. 바로 하나님의 영입니다. 하나님은 사람을 창조하실 때 애당초 하나님을 찾고, 하나님을 알고, 하나님께로 나아가게 지으셨습니다. 그런데 사람들 마음에 죄가 가득하게 되면서 사람들은 하나님께 나아가기를 싫어했습니다. 로마서의 표현대로 하면 어둠이 좋고, 죄가 좋기 때문에 빛이 임했지만 빛 가운데로 나아가지 않았다고 했습니다. 그러니까 성경의 표현대로 하면 이 세상에는 무신론자는 없습니다. 하나님을 싫어하는 사람만 있을 뿐입니다.

같이 쫓겨 갑니다.

　하나님이 우리 속에 두신 등불이 거의 꺼져있는 사람이 있고, 그 사람 속에서 밝게 비취고 있는 사람이 있습니다. 어두우면 일차적으로는 사물을 인식하지 못하게 됩니다. 그리고 좀 더 나아가면 빛이 비취지 않는 어두운 곳에는 곰팡이가 피고 이어서 더럽고 역한 냄새가 납니다. 성령이 우리 안에서 당신의 영으로 높게 빛을 비추시면 구석구석 숨어있던 어둠이 물러가면서 동시에 악한 마귀가 뿌려놓은 두려움과 걱정근심의 곰팡이와, 미움과 시기심으로 인해 우리 마음 한 구석에서 부패하고 썩어있던 역한 것들이 일시에 다 쫓겨 가게 됩니다. 우리 안에 영으로 계신 성령의 불을 밝혀서 항상 밝고 깨끗하고 거룩하게 사시는 성도여러분의 삶이 되시길 축복합니다.

　기도 : 사랑하는 하나님 아버지! 우리 안에서 밝은 빛이 되어 주시고 우리안의 어두움과 더러운 것들을 몰아내 주시옵소서! 예수님 이름으로 기도합니다. 아멘

폐회 / 주기도문

물길을 보지 말고
삽을 드신 분을 봅시다

개회 : 사도신경 / 찬송 219장 / 성경 잠21:1

봇물

오늘 본문에 '보의 물'이 나옵니다. '봇물이 터졌다' 할 때 바로 그 보(洑)입니다. 농부가 봄에 미리 높은 곳에 받아 두었던 저수지의 물을 말합니다. 이 물을 끌어다가 물길을 내서는 논에 모내기하고 밭에 물을 댑니다. 삽으로 물길을 터주는 대로 물은 흘러갑니다. 오른쪽으로 트면 오른쪽으로 가고 왼쪽으로 트면 왼쪽으로 갑니다. 오늘 말씀에 의하면 보의 물은 왕의 마음입니다. 그리고 삽으로 물길 내는 사람은 바로 하나님입니다. 왕이 오른쪽으로 마음이 흘러갔다면 하나님이 삽으로 오른쪽 물길을 냈기 때문입니다. 왕의 마음이 깊은 곳으로 떨어졌다면 하나님이 물길을 깊이 파신 것입니다.

물길

본문에 기록된 왕은 권력을 가진 사람의 대표입니다. 또한 높은 사람이기도 합니다. 사람들은 권력을 가진 왕에게 잘하려고 합니다. 힘 있는 자들에게 잘하려고 합니다. 높은 사람에게 잘 합니다. 그 마음을 얻어서 그 밑에 있는 내 인생에 밭에 시시때때로 물 좀 잘 대려하기 때문입니다.

그러나 우리가 기억해야 할 것이 있습니다. 성경은 하나님을 모르는 왕이라 할지라도 왕을 세우고 또한 폐하시는 분은 하나님이라고 하십니다. 일례로 페르시아의 왕이었던 아하수에로 왕의 마음을 주장하신 일입니다. 왕후 에스더는 왕의 부름을 받지 않은지 30일이 넘었습니다. 왕의 부름 없이 왕의 처소로 나갔을 때 왕이 금홀을 내밀지 않으면 곧 죽음입니다. 에스더는 동족을 살리기 위해 금식기도를 선포하고는 결단하고 왕에 앞에 나갔습니다.

에스더5:2을 보면 "에스더가 뜰에 선 것을 본즉 심히 사랑스러움으로 왕이 금홀을 내어미니" 하나님이 왕의 마음에 도랑을 파셨습니다. 에스더가 사랑스럽게 보이도록 깊은 물길을 파셨습니다. 또한 왕으로 잠이 오지 않게 하셔서 지나간 역사책을 들여다보게 하심으로 지나간 역사의 폐해를 보게 하시고 죽을 이스라엘을 살리셨습니다.

삽

우리는 지금 누구의 마음을 움직여서 당장 물길을 내게로 흘려야 합니까? 당장은 남편의 마음, 아내의 마음, 자녀의 마음, 그리고 직장 상사의 마음, 거래처 사장님의 마음일 수 있을 것입니다. 사람은 물길만 봅니다. 그러나 물길을 보지 말고 지금 물길을 내는 사람이 누구인지 보아야겠습니다. 삽을 들고 사람 마음의 물길을 내시는 분 앞에 엎드리는 은혜가 저와 여러분들에게 있기를 소망합니다.

기도 : 하나님 아버지! 사람 앞에 잘하기 이전에 하나님 앞에 먼저 기도하며 무릎 꿇는 인생이 되게 하여 주시옵소서! 예수님 이름으로 기도합니다. 아멘

폐회 / 주기도문

눈이 높은 것

118

개회 : 사도신경 / 찬송 114장 / 성경 잠 21:2~6

하나님이 싫어하시는 것

오늘 말씀에 하나님은 심령을 감찰하신다는 말씀이 나옵니다. 우리의 마음 깊숙한 곳에서 이루어지는 이 감찰에 의해서 우리의 의로운 행위와 죄된 행위들이 모두 드러나게 됩니다. 하나님이 싫어하시는 것들이 오늘 말씀에 드러나 있습니다. 하나님은 속이는 것과 거짓을 무척 싫어하십니다. 또한 하나님은 우리가 익히 아는 바와 같이 교만을 미워하십니다. 이것들은 모두 다 하나님 앞에 죄가 됩니다. 그런데 오늘 말씀 중에는 우리가 평소에 자주 접하지 못한 아주 생소한 것이 죄라고 기록되고 있습니다. 4절에 기록된 "눈이 높은 것과 교만한 것과 악인의 형통은 다 죄니라" 했을 때 "눈이 높은 것이 죄"라는 말씀입니다.

눈이 어디에 있습니까

왜 눈이 높은 것이 죄인가 했더니 우리의 모든 불평과 불만이 눈이 높기 때문에 나오는 것이었습니다. 눈이 낮은데 있으면 불평이 나오지 않습니다. 눈이 높은 곳에 있는 사람은 무엇이든 눈에 들어오는 것이 없습니다. 만족이 없습니다. 성에 차지 않았습니다. 내 눈을 빌 게이츠 회장에 맞추면 아무리 좋은 차도 아무리 좋은 집도 아무리 좋은 물건도 다 싸구려에 별 볼일 없는 것들이 됩니다. 그러나 내 눈을 저 아프리카 빈민들에게 맞추면 비록 초라한 집이라도 그만하면 궁궐이 됩니다. 마찬가지로 옛날 소달구지에 비하면 제 티코는 왕실용(?)입니다. 행복한 사람은 눈이 낮은 곳에 있는 사람입니다. 언제나 만족입니다. 언제나 감사합니다. 언제나 흡족합니다.

성실하게 정직하게 의롭게

눈이 높은 곳에 있다는 말은 또한 허탄한 곳에 마음이 가 있다는 말씀도 됩니다. 성실하게 정직하게 의롭게 살 수 없습니다. 언제나 한탕을 노리고 일확천금을 찾습니다. 부지런하게 착실히 일해서 사는 것에 적응하지 못합니다. 눈이 높다는 말을 6절 이하 말씀과 연결시키니까 악인은 속이는 말로 재물을 모으지만 안개 같이 사라질 것이라고 합니다. 또한 악인은 공의 행하기를 싫어합니다. 그리고 8절 말씀처럼 그의 모든 행위가 굽어 있습니다.

눈이 높은 곳에 가 있으니까 죄를 짓지 않을려고 해도 안 지을 수 없네요. 우리 모두 눈을 낮추고 삽시다.

기도 : 하나님 아버지! 눈이 높을 때 죄 짓는 것을 알게 되었습니다. 우리들의 눈을 낮추시고 항상 감사하며 만족하며 살아갈 수 있도록 인도하여 주시옵소서! 예수님 이름으로 기도합니다! 아멘

폐회 / 주기도문

말 밭이 있습니다.

개회 : 사도신경 / 찬송 289장 / 성경 잠21:23

하나님의 형상

사람이 하나님의 형상을 입었다고 할 때 그 형상이 바로 말하는 자로 창조되었다는 것을 의미합니다. 사람만이 하나님처럼 말을 합니다. 하나님은 말을 통해서 지성과 감성을 전달하고 의지와 뜻을 알리는 것만이 아니라 말한대로 그대로 되게 하시는 능력을 주셨습니다.

참으로 신비한 일이 아닐 수 없습니다. 하나님이 이르시되 '빛이 있으라!' 말씀하면 거기 빛이 있었던 것처럼, 예수님께서 '파도야 잠잠하라!' 하면 자연이 순복하는 것과도 같이, 하나님의 형상을 입은 우리가 말을 하면 우리 앞에 상황이 그리고 자연이 순복합니다.

마가복음에 보면 예수님을 향하여 저가 도대체 뉘기에 바람과 바다도 순종하는고 했습니다. 예수님은 전지전능하시기에 말씀하신 바가 시공을 초월해서 바로 눈앞에 나타나지만 사람이 한 말은 바로 나타나지는 않습니다. 시간이라는 한계아래 살아가는 유한한 존재이기 때문입니다.

말 농사

그러므로 사람의 말은 씨를 심는 것과도 같습니다. 지금은 안보이지만 땅속에 심기어지는 겁니다. 그리고 그 열매를 한참 후에 먹는 것입니다. 그래서 우리가 말할 때 말이 씨가 된다는 말을 하는 겁니다. 말은 말밭에 뿌리는 겁니다. 심는 겁니다.

사람들은 기억력이 나빠서 자기가 한 말을 잊어버립니다. 자기가 무슨 씨를 뿌렸는지도 모릅니다. 그러나 우리의 현재는 우리가 과거에 말로 심어 놓은 것 지금 먹고 있는 겁니다. 당장 나타나지 않는다고 함부로 말할 수 없습니다. 씨 뿌리고 빨리 자라 그 해에 먹는 상추 같은 것도 있지만 심고 나서 몇 년 있어야 먹게 되는 사과나무 감나무 같은 것이 있습니다.

우리의 말도 그렇습니다. 그 해에 심어서 그 해에 먹게 되는 말도 있고 몇 년 전에 심은 것 지금 먹고 있을 수도 있습니다. 오늘 심은 말이 내일이고 내년이고 그 언제가 되었든지 우리 인생의 밥상위에 올라올 것입니다. 중요한 것은 심고 농사했으니 언젠가는 반드시 먹어야 한다는 것입니다.

입술의 열매

말 농사를 잘 지어야 겠습니다. 밭농사, 논농사, 자식농사만 있는 것이 아니라 말 농사가 있습니다. 말 농사는 곡괭이나 삽으로 짓지 않고 혀로 짓고 입술로 짓습니다.

그래서 성경은 단순히 말이라고 하지 않고 꼭 입술의 열매라고 합니다. 성경이 하나님을 수식할 때 즐겨 쓰는 표현이 있습니다. "나 입술의 열매를 짓는 여호와가 이르노라"란 말입니다. 성경에 자주 나오는 말씀입니다. 그냥 '나 말하는 여호와'라고 하셔도 될 텐데 꼭 '나 입술의 열매를 짓는 여호와'라고 하십니다.

우리가 하는 말은 공중에서 흩어지는 것이 아니라 말밭에 뿌려지고 심겨지는 것이고 열매 맺는 성질을 가지고 있다는 진리의 말씀입니다.

기도 : 사랑이 많으신 하나님 아버지! 우리의 입술농사를 잘 짓게 하셔서 입술의 열매를 지으시는 하나님의 형상을 본받게 하여 주시옵소서! 예수님 이름으로 기도합니다. 아멘

폐회 : 주기도문

이김은 여호와께

개회 : 사도신경 / 찬송 388장 / 성경 잠21:30~31

성경의 관심

성경은 유독 이김을 이야기하는 책입니다. 승리를 말합니다. 사람은 출세와 성공에 관심이 많은데 성경은 인생에 있어서 성공과 출세보다는 승리에 초점이 맞춰져 있습니다. 그렇다고 성공을 말하고 있지 않은 것은 아닙니다. 단지 악한 죄악 세상과의 전쟁에서 승리함으로 성공하는 비법을 말씀하고 있다는 것입니다. 죄짓고 성공한 것은 옳지 못하기 때문입니다. 그래서 기독교인의 인사는 '승리' 입니다. 만나며 헤어지며 '승리' 라고 말하는 사람은 기독교인 밖에 없습니다.

세상이라는 전쟁터

하나님의 사람들이 저 세상이라는 전쟁터에서 영적 전쟁을 할 때 승리해야 합니다. 그런데 이 싸움은 어떤 사람을 대상으로 하는 싸움이 아닙니다. 감정대결하고 실력대결하고 무력대결해서 이기는 것이 아닙니다. 사랑으로 믿음으로 성령으로 죄를 이기고 나 자신을 이기고 병을 이기고 유혹을 이기는 싸움입니다. 성경을 보니까 우리의 싸움은 혈과 육에 대한 것이 아니요 하늘에 있는 악한 영들과 공중 권세 잡은 자들에게 대함이라고 말씀하고 있습니다. 찬송도 분투와 승리를 다루는 찬송이 많습니다. 대표적인 것이 348장입니다. "마귀들과 싸울지라 저기 악한 적병과" 마치 전쟁터 나가는 전사들이 부르는 노래 같습니다.

오직 믿음으로

　이겨내야 합니다. 환자는 병을 이겨 내야하고 학생은 힘든 공부를 이겨내야 합니다. 직장인은 업무와 스트레스 이겨내야 하고 사업하는 분들은 불경기를 이겨내야 합니다. 사람들은 이기기 위해서 지혜와 모략을 짜내고, 실력을 키우며 힘을 키웁니다. 사람을 모으고 세력을 행사 합니다. 그러나 하나님은 오늘 본문에서 말씀합니다. 30절입니다.

　"지혜로도 명철로도 모략으로도 여호와를 당치 못하느니라" 하나님이 준비돼야 합니다. 다른 것이 다 준비되도 하나님이 없으면 안 됩니다. 하나님이 준비된다는 뜻은 하나님을 향한 믿음을 말합니다. 믿음은 결정적인 순간에 그 진가가 나타나는 것입니다. 평상시에는 잘 모릅니다. 그러나 결전의 날을 위해 칼을 갈아 놓고 무기를 정비해 두듯이 믿음을 준비해 두어야 합니다.

　"싸울 날을 위하여 마병을 예비하거니와 이김은 여호와께 있느니라" (21:31)

　기도 : 하나님 아버지! 인생의 전쟁터에서 오직 하나님 믿는 믿음의 검을 들고 악한 세상을 이기며 우리 앞에 있는 거대한 문제들을 이기며 살 수 있도록 도와 주시옵소서! 예수님 이름으로 기도합니다! 아멘

　폐회 : 주기도문

내 것으로 만들기

개회 : 사도신경 / 찬송 202장 / 성경 잠22:3~6

얼른 피합시다

오늘 본문에 나오는 슬기로운 자는 재앙을 만나면 숨어 피한다고 합니다. 그런데 '어리석은 자는 그 앞으로 나아가다가 해를 받는다' 라고 말씀하고 있습니다. 재앙을 보는데 왜 숨지 않고 그 앞으로 나아간다고 했는지 이상 했습니다.

우리가 세상을 살면서 행복과 불행을 경험할 때 내가 할 수도 있지만 다른 사람이 할 수도 있습니다. 지혜로운 자는 남이 경험한 것을 자기화 하는 사람입니다. 남이 뜨거운 곳에다 손가락 넣어보고 데웠으면 내가 굳이 넣어보지 않아도 '아 저기 손 넣으면 데는구나!' 하고 깨달아야 합니다. 이 사람이 지혜로운 사람입니다. 그런데 그것을 꼭 자기가 경험해봐야 인정하겠다고 하는 사람들이 우리주변에 많이 있습니다.

짧은 인생입니다

인생은 짧습니다. 모든 경험을 다하고 살수는 없습니다. 그래서 하나님께서 우리에게 성경을 주셨습니다. 성경은 수천 년에 걸쳐서 인생을 통해서 경험한 것을 기록해 놓은 지혜의 책입니다. 더 이상의 검증이 필요 없는 진리의 말씀입니다. 성경에서 하지 말라는 것은 하지 말아야 합니다. 술 먹고 방탕하면 안된다 했으면 술 먹으면 안 됩니다. 보증 서면 망한다 했으면 보증 서면 안 됩니다. 음녀의 집에 가는 것은 도살장에 가는 것이다 했으면 거기 가면 안 됩니다. 설마 내가 당하겠어 하다가 데이고 나면 이미 돌이킬 수가 없습니다. 인생에 연습이 있다면 까짓 한번 데였어도 다시하면 됩니다. 근데 인생은 다시가 없습니다.

그래서 오늘 4~5절에서 연이어 말씀합니다. 여호와를 경외함의 보응은 재물과 영광과 생명이지만 패역한 자의 길에는 가시와 올무가 있다고 합니다.

어릴 때부터 이게 돼야 합니다.

"마땅히 행할 길을 아이에게 가르치라 그리하면 늙어도 그것을 떠나지 아니하리라" 6절 말씀입니다. 어릴 적부터 하나님 말씀대로 살면 헛디딜 일이 없습니다. 데일 일이 없습니다. 그래서 성경은 인생이 구만리 같은 어린이들에게 마땅히 행할 길을 가르치라 합니다. 오른쪽으로 행할지 왼쪽으로 행할지 모를 때 성경을 보면 인생 방향의 표지판이 나와 있습니다.

인생의 행할 길은 오직 여호와를 경외하며 그 말씀대로 지키고 사는 길인 것을 믿습니다.

기도 : 하나님 아버지! 우리의 행할 길은 오직 주의 말씀에 있는 줄 믿습니다. 주의 말씀 그대로 순종하고 따를 수 있는 믿음이 우리에게 있게 하여 주시옵소서! 예수님 이름으로 기도합니다! 아멘

폐회 / 주기도문

덕을 세우는 인생

개회 : 사도신경 / 찬송 502장 / 성경 잠22:11~15

덕장

우리가 흔히 '저 사람은 참 덕이 있다!' 라고 말할 때가 있습니다. 후덕한 인품이 그 사람의 말과 품행을 통해 나타날 때입니다. 말과 품행 그 중에서도 성경은 말에 비중을 더 두고 말씀하고 있습니다. "정결을 사모하는 자의 입술에는 덕이 있음으로 임금이 그의 친구가 되어 준다"고 합니다. 입을 덕스럽게 하면 높은 자가 친구가 되어 준다는 뜻입니다. 지도자들에게 필요한 것이 다윗 같은 용기와 솔로몬 같은 지혜라면 거기에 하나 더 해서 덕을 갖추어야 합니다. 덕은 사람을 움직이는 힘이 되기 때문입니다. 용장, 맹장, 지장 해도 덕장을 이기지 못한다는 말이 있으니까요.

정결한 마음

마음이 정결해야 합니다. 마음이 맑아야 덕 있는 말을 한다고 합니다. 마음이 깨끗해야 지혜가 잘 보입니다. 시야가 가리우면 앞을 보지 못하듯이 마음이 더러운 자는 미련한 길을 행하고 있음에도 그것을 알지 못합니다. 덕 없는 자의 입술은 황망한 말을 합니다. 미련한 말을 서슴지 않습니다. 집밖에 나가면 사자가 있다는 소리를 합니다. 13절입니다. 자기 집 앞마당이 아프리카에 있는 세렝게티 평원도 아닌데 이게 도대체 무슨 소리입니까! 게으름이 그의 마음을 흐려 놓았고 모든 것이 부정적으로 보이게 했습니다. 저 21절 이하로 가면 남의 빚에 보증이 되지 말라는 말씀이 있건만 그의 눈이 어둡고 미련함으로 침상채로 날리우는 화를 당하게 되고 말았습니다.

말씀대로 살아야

　평생을 사는 동안 덕을 세우는 인생으로 살아야 합니다. 가정과 교회의 덕을 세우고 범사에 헤아려서 하나님 영광을 돌려야 합니다. 덕을 세우려면 지켜야 할 것을 지켜야 합니다. 하나님 말씀대로 살아야 덕을 세우는 인생이 됩니다. 덕을 세우는 인생은 참고 견디고 인내하는 마음입니다. 용서하고, 이해하고, 덮어주는 생활입니다. 14절 처럼 달콤한 음녀의 유혹에 넘어가지 않는 정결한 마음입니다. 15절 처럼 징계를 받고서라도 미련을 쫓아내는 결단입니다. 덕으로 사람을 세우고, 가정과 교회를 세우는 성도가 되시기를 축복합니다.

　기도 : 하나님 아버지! 오직 덕을 세움으로 우리의 가정과 교회를 든든히 지키는 성도가 되게 하여 주시옵소서! 예수님 이름으로 기도합니다! 아멘

　폐회 : 주기도문

규모 있는 인생

개회 : 사도신경 / 찬송 376장 / 성경 잠언 22:26~27

빚보증

지난 주간 보증에 대해서 말씀을 드렸습니다. 인생을 살아가면서 빚보증 정말 없었으면 좋겠습니다. 그러나 정 설수 밖에 없는 상황이라면 그 빚 내가 대신 갚는다고 생각하고 서야 합니다. 금융감독원 통계에 따르면 보증 선 사람이 빚을 대신 갚는 경우가 3건 중 하나라고 합니다.

보증은 서지도 말아야겠지만 서 달라고 하지도 말아야 합니다. 왜, 내 범위를 넘어가는 일을 해야 합니까! 왜, 내 한계를 넘어서서 남 잠 못 자게 하면서까지 꼭 사업을 해야 하고 집을 사고 차를 사야 합니까! 보증 서서 사업하고, 보증 서서 차사고, 보증 세워 이자놀이 하고.

신용사회

현대사회를 신용사회라고 합니다. 그러면 신용사회가 무엇을 만들었습니까? 수백만 명의 신용불량자들을 만들었습니다. 사람은 원래 신용의 대상이 아닙니다. 세상은 사람에게 점수를 많이 줍니다. 사람을 믿으라고 합니다. 그러나 성경은 그 코에 호흡이 있는 자를 믿지 말라고 하십니다. 사람은 믿음의 대상이 아니라 사랑의 대상이라고 말씀합니다. 현대사회가 부추긴 신용은 일단 쓰고 보자는 사행심만 만들었지 거기에 따른 책임은 없습니다. 그러니 경제가 여기저기 부실 투성이가 됩니다.

보증서지 말라는 성경의 가르침은 조금 그 의미를 넓히면 매사에 규모 있는 인생을 살라는 뜻입니다. 단정하고 절제 있게 살 것을 말씀합니다. 내 봉급 안에서, 내 능력 안에서, 내 한계 안에서, 알뜰살뜰 지출을 세우고 쏨쏨이를 세우는 것이 지혜입니다. 이것이 안되면 남편봉급 150만원으로는 도저히 못산다고 개인 파산신고 내는 주부가 됩니다. 능력은 없는데 능력 있는 행세는 해야 겠습니다. 그래서 월세 살아도 차는 번쩍거리는 것을 타고 품위유지를 해야 한다는 허세를 버려야 합니다.

윤리보감

예전에 현대차 그룹에서 직원들의 윤리도덕적 가치기준과 실천항목을 담은 『윤리보감』을 만들었다고 신문기사가 났는데 눈에 쏙 들어 왔습니다. 이런 내용입니다.

'월급만으로 생활하도록 하라. 고급식당과 고급 술맛에 맛들이지 말고 월급에 생활수준을 맞추라' '도저히 월급만으로 살수 없다면 사직하고 사업을 해서 돈을 벌어라' '평소 자신의 한 달 소득의 3배 이상의 부채를 지지 말도록 하라' '도박과 투기적인 주식투자를 철저히 삼가라' '청탁(보증)을 해오는 사람을 무안하지 않게 거절하는 방법을 평소에 연습하라'

아무리 읽어도 유치원에서 배웠음직한 내용입니다. 너무 당연한 이야기가 크게 들리는 이 사회가 문제인 것 같습니다. 그러나 예수 믿는 성도들은 그 마음에 절제와 규모와 내실이 있습니다. 주님 주신 행복이 규모 있는 살림살이와 절제된 쏨쏨이와 내실 있는 삶속에 충만하기를 기도합니다.

기도 : 하나님 아버지! 우리의 삶이 규모 있는 인생이 되게 하여 주시옵소서. 세상의 헛된 가치에 이끌리지 않게 하시고 하나님을 바라고 의지하는 것으로 참된 만족과 기쁨을 찾게 하여 주시옵소서. 예수님 이름으로 기도합니다. 아멘

폐회 : 주기도문

날개달린 재물

개회 : 사도신경 / 찬송 492장 / 성경 잠23:1~6

밥 먹기

오늘 본문을 보니까 주인공이 누구와 함께 밥을 먹고 있습니다. 값비싼 음식을 그럴듯한 곳에서 먹고 있는데 영 밥맛은 없을 것 같습니다. 만일 먹는 것을 좋아하는 탐식자거든 목에 칼을 두라고 합니다. 이유는 그 자리가 부당한 청탁을 위해 간사하게 베푼 자리이기 때문입니다. 목에 칼을 두라고 한 것은 그거 먹다가 네 목이 달아날 수 있으니 조심하라는 경고의 메시지입니다. '마침 돈이 필요했는데 잘됐네. 하나님이 어떻게 아시고' 하고 봉투를 덥석 받으면 큰일 납니다. 하나님은 부당한 돈으로 당신의 자녀들에게 줄만큼 그렇게 검은돈으로 일하시는 분이 아니십니다.

사사로운 지혜

사람들은 모두들 돈을 모으려 합니다. 부자가 되려고 합니다. 그러나 오늘 성경은 4절에서 부자 되려고 너무 애쓰지 말고 너의 사사로운 지혜를 버리라고 합니다. 너무 애쓰지 말라는 말씀은 수단 방법 없이 재물을 모으지 말라는 말씀입니다. 우리말에 짐승처럼 벌어서 정승처럼 쓴다는 말이 있는데 '궂은 일 가리지 말고 열심히 일해서 벌어라' 는 뜻에서는 받을 수 있지만, 짐승처럼 탐욕스럽게 또는 도리에 어긋나게 번다는 뜻에서는 받을 수 없습니다. 도리에 맞는 돈을 벌어야 하고 정직하게 벌어야 합니다. 사사롭게 지혜를 짜낸다는 표현도 부당한 이익을 계산하는 것을 말합니다.

그러나 부당하게 벌어드린 재물은 다 허무하게 날아간다고 오늘 5절에서 말씀하고 있습니다. "네가 어찌 허무한 것에 주목하겠느냐 정녕히 재물은 날개를 내어 하늘에 나는 독수리처럼 날아가리라"

날개 달린 돈

재물이 없어질 때 흔히 쓰는 표현 중에 '날아갔다' 는 말이 있습니다. 새만 날개가 있는 줄 알았는데 오늘 성경본문은 재물도 날개가 있다고 가르쳐 주고 있습니다. 그런데 재물이 평상시에는 날개를 접고 있습니다. 그러나 어느 날 갑자기 한 순간에 날아가 버립니다. 그래서 사람들이 재물이 없어지는 경험을 할 때 하루아침에 혹은 하룻저녁에 새처럼 날아가 버렸다고 하는 것 같습니다. 이 세상의 모든 재물은 하나님 소유임으로 하나님이 재물의 날개를 펴고 접게 하시는 분이십니다. 부당한 이익을 얻어 돈이 날개를 내어 날아가는 일이 없도록 하나님 앞에 정직하고 의롭게 재물을 모으고 또한 하나님 기쁘시게 하는 일에 사용하는 성도가 되시길 축복합니다.

기도 : 하나님 아버지! 우리에게 주신 재물이 날개를 펴서 날아가는 일이 없도록 지켜주시고 정직하게 번 돈을 의롭게 사용할 수 있게 하옵소서! 예수님 이름으로 기도합니다. 아멘

폐회 / 주기도문

쉼 속으로

개회 : 사도신경 / 찬송 204장 / 성경 잠23:4

나무꾼

두 나무꾼 친구가 산에 나무를 하러 갔습니다. 두 사람은 경쟁적으로 나무를 해 나갔습니다. 한 사람은 유달리 승부욕이 강해 친구에게 지지 않으려고 이른 새벽부터 해가 질 때까지 잠시도 쉬지 않고 열심히 도끼질을 했습니다. 그러나 다른 한 친구는 50분 일하고 10분씩 쉬면서 숨을 돌려 가며 일했습니다.

산에서 내려갈 때가 되어서 두 사람은 각자 수고한 결과를 비교해 보았습니다. 그런데 어찌된 일인지 쉬면서 일한 친구가 더 많이 나무를 장만했습니다.

도끼날

승부욕이 강한 친구는 투덜거리며 친구에게 이유를 물었습니다. "내가 더 열심히 쉬지 않고 일을 했는데 왜 자네 것이 더 많은가?" 그러자 친구는 점잖게 대답했습니다. "나는 10분간 쉴 때마다 도끼날을 갈았다네!"

열심만 낸다고 다 되는 것은 아닙니다. 주님이 주시는 쉼 속으로 들어가서 능력을 충전 받아야 합니다. 쉼의 숲에, 말씀과 기도의 그늘에 앉아 풍성한 내일을 위해 기꺼이 10분간 도끼날을 가는 지혜로운 인생의 나무꾼이 되어야 할 것입니다.

사사로운 지혜

오늘 말씀은 "부자 되기에 애쓰지 말며 네 사사로운 지혜를 버릴지어다" 입니다. 부자 되기 위해서 요즈음에 인터넷에 회자되는 말 중에 〈일억 모으기〉라는 것이 있어서, 수돗물 쓸 때는 똑똑 떨어지는 물 받아서 쓰라고 하는 것에서부터 시작해서 안 먹고 안 쓰는 방법과 함께 한 푼이라도 더 벌어야 한다고 휴일도 없이 일하도록 하는 것을 보았습니다.

물론 성경은 우리가 절약하고 부지런히 살아야 하는 부분을 말씀하고 있지만 그렇다고 자린고비 왕소금으로 살아가는 것이 부자 되는 길은 아니라고 합니다. 또한 무조건 쉬지 않고 일하는 것만이 부자 되는 길은 아니라고 합니다. 부자 되게 하시는 분이 계십니다. 그분이 우리 하나님이십니다.

도끼날을 가는 시간은 나의 사사로운 지혜와 능력을 버리고 하나님의 지혜와 능력을 구하며 기도하는 시간입니다.

기도 : 하나님 아버지! 하나님 주시는 참된 안식을 맛 볼 줄 아는 우리의 삶이 되게 하여 주시옵소서! 하나님의 지혜와 능력을 충전 받는 은혜의 시간이 우리의 삶에 뒤따르게 하여 주시옵소서. 예수님 이름으로 기도합니다. 아멘

폐회 / 주기도문

하나님 없는 인생

개회 : 사도신경 / 찬송 456장 / 성경 잠23:17~19

여우와 신포도

이솝우화에 나오는 이야기 중에 여우와 신포도라고 하는 이야기가 있습니다. 본래 이야기는 여우가 높은 포도나무에 달린 탐스런 포도열매를 보고는 어차피 못 먹을 포도임으로 저 포도는 틀림없이 신 포도일꺼야! 하고 지나가는 이야기인데 이 이야기를 조금 각색한 이야기가 더 유명해 졌습니다. 너무 높아 오르지 못할 나무이지만 여우 중에서도 특별히 꾀가 많은 여우가 자신의 명석한 두뇌와 출중한 능력을 이용해서 포도나무 정상에 올라 포도열매를 따 먹었습니다. 그런데 그 맛이 아래서 보는 것과 달리 의외로 시더라는 것입니다.

거짓인생

밑에 있던 모든 다른 여우들은 자신들이 이루지 못한 것을 성취한 여우에게 박수를 치고 환호를 보냈습니다. 그런데 문제는 이 똑똑한 여우가 내려와서는 자신이 그렇게 노력하고 힘들여서 오른 포도열매의 맛이 시다는 말을 차마 못했다는 것입니다. 거짓으로 맛있다고 하면서 다른 여우들의 부러움을 받으며 살다가 죽었고 그 다음 똑똑한 여우 역시 온갖 노력을 기울여서 올라가서는 그 맛을 보고는 속으로 '이걸 맛있다 그래!' 하고는 내려와서 역시 저번 여우처럼 사람들의 환대를 받으며 거짓으로 맛있다고 하면서 사는 것이 인생이라는 것입니다.

신기루

전 세계 남성들의 우상처럼 군림했던 미국의 여배우 마릴린 먼로는 이렇게 말했습니다. "나는 한 여성이 가질 수 있는 모든 것을 가졌습니다. 나는 젊고 아름답습니다. 나는 돈도 많고 사랑에 굶주리지도 않았습니다. 수백 통의 팬레터도 매일 받습니다. 누구보다도 건강하고 부족한 것이 없습니다. 미래에도 그렇게 살 수 있을 것이라고 확신합니다. 그런데 웬일인지 나는 너무나도 공허하고 불행합니다. 뚜렷한 이유를 찾을 수는 없지만 나는 불행하다고 느끼고 있습니다." 결국 먼로는 1962년 어느 날 밤 "나의 인생은 파장하여 문 닫는 해수욕장과 같다"는 글을 남기고 자살했습니다.

하나님 없는 인생은 세상의 많은 것을 이룬 것 같이 보여도 그것은 모래성이고 신기루에 불과한 것입니다.

기도 : 사랑이 많으신 하나님 아버지! 오늘도 우리에게 인생의 진리를 가르쳐주시니 감사합니다. 세상 거짓된 맛에 취하지 아니하고 하나님 주신 신령한 말씀의 맛에 취하는 은혜가 있게 하여 주시옵소서! 예수님 이름으로 기도합니다. 아멘

폐회 : 주기도문

네 마음을 내게 주며

개회 : 사도신경 / 찬송 196장 / 성경 잠23:22~26

물려받기

오늘 말씀은 사랑하는 부모님이 사랑하는 자녀에게 주시는 말씀입니다. 아버지가 하시는 말씀을 귀 기울여 듣고 어머니의 말씀을 청종하는 사람은 지혜를 얻습니다. 한 시대를 먼저 사신 부모님은 살면서 얻은 지혜를 사랑하는 자녀에게 물려주려 하십니다. 인생을 살면서 직접 깨닫는 방법이 있고 간접적으로 들어서 깨닫는 방법이 있습니다. 모든 것을 다 경험해서 깨달을 수는 없습니다. 그래서 지혜로운 자는 들어서 깨닫습니다. 특별히 사랑하는 부모님에게서 들은 것은 틀림 없습니다. 사랑해서 주시는 말씀이기 때문입니다.

환산이 안 됩니다

어리석은 사람일수록 눈에 보이는 물질을 물려주려 하고 또한 받으려고 합니다. 그러나 성경은 물질보다는 정신을 물려주라고 하십니다. 우리가 잘 아는 유대인의 탈무드 교육방법이기도 합니다. 고기보다는 고기잡는 방법을 물려주는 것을 말합니다. 이것이 곧 진리고 지혜며 명철입니다. 어리석은 사람은 물질주의적 사고방식에 갇혀서 모든 것이 돈이면 다 해결인 줄 압니다. 그래서 오늘 말씀 23절에 진리를 사고팔지 말고 지혜와 명철도 그리하라고 하십니다. 진리는 물질주의적 가치에 따라 수치화 될 수 없다는 말씀입니다. 돈이 들어가서 도리어 해를 입는 것이 많다는 것을 아는 것이 인생을 알아가는 과정입니다. 정말 중요한 것은 돈으로 환산이 되지 않습니다.

아버지의 기쁨

24절을 보면 진리를 얻고 지혜를 얻은 아들을 의인이라고까지 말합니다. "의인의 아비는 크게 기뻐하고 지혜로운 자식을 낳은 자는 그로 인해 즐겁다" 했습니다. 25절에서는 "네 부모를 즐겁게 하며 네 낳은 어미를 기쁘게 하라 내 아들아 네 마음을 내게 주며 네 눈으로 내 길을 즐거워하라"고 말씀하심은 부모의 뜻과 그 길을 따르고 순종하는 것이 곧 지혜를 얻는 길이 된다는 성경의 가르침입니다.

또한 우리의 부모님을 즐겁게 하는 길은 우리의 마음을 드리는 것임을 말씀합니다. 마음을 드리는 길은 그분들의 걸어오신 인생길을 자녀인 우리가 인정해 드리는 일입니다. 우리가 부모님께 효도할 때에 물질도 드려야 하지만 그보다 더 큰 효도는 그분들의 삶을 높여 드리는 것입니다.

그것이 곧 "네 눈으로 나의 길을 즐거워하라"는 말씀입니다. 우리의 부모님께서 평생을 통해 이루어 놓으신 길을 즐거워하고 그 길을 따르고 순종함으로 인해 참된 지혜를 얻게 되시길 소망합니다.

기도 : 하나님 아버지! 우리의 부모님이 가신 인생길을 자녀인 우리가 즐거워하며 그 길을 따르는 것으로 복을 받는 주의 자녀가 되게 하여 주옵소서! 예수님 이름으로 기도합니다! 아멘

폐회 / 주기도문

악인의 형통

개회 : 사도신경 / 찬송 502장 / 성경 잠23:17 24:1 시73

딜레마

성경 말씀에 의하면 하나님 말씀대로 순종하고 의를 행하는 사람은 그 후손에 걸쳐 천대에 이르도록 복을 주시지만, 악인은 심판을 면치 못하고 그 자손이 삼대를 넘지 못할 것이라고 말씀합니다. 그런데 이상한 일이 벌어집니다. 악한 사람이 잘 되는 것입니다. 악한 사람이 심판을 받기는 커녕 그 흔한 감기 한번 안 걸리고 잘만 삽니다. 하는 일마다 잘 되어서 엄청난 돈을 벌게 됩니다. 그 자식들은 더욱 강포하고 교만하여져서 더욱 악한 악을 행하는데도 하나님은 벌을 내리시기는커녕 죽을 때도 아무 고통 없이 죽게 하십니다. 여기서 딜레마에 빠지게 됩니다. 이 악인의 형통에 관해서 좀 더 자세히 다루고 있는 본문은 시편 73편입니다.

성소에 들어 갈 때

이 일로 인해서 믿음의 사람인 시편 73편의 기자는 힘들어 합니다. 실족함으로 거의 발이 미끄러질 뻔 하였다고 합니다. 하나님이 정말 살아계신다면 이런 일은 있을 수 없다고 하며 믿음이 떨어져서 신의 존재자체를 의심하게 까지 된 것입니다. 그렇게 한참을 고통스러워하다가 73:16절에서 "내가 어찌면 이를 알까하여 생각한즉 심히 곤란하더니 하나님의 성소에 들어갈 때에야 내가 저희의 결국을 깨달아 알았나이다" 하고 고백하고 있습니다. 하나님의 전에 들어가서 예배드리던 중에 알게 되었습니다.

뭘 알게 되었냐면 악한 자의 형통이 결코 오래지 않으며 졸지에 황패케 된다는 깨달음입니다. 하나님을 예배하던 중에 천년이 하루 같으신 하나님의 시간으로 들어가게 된 것입니다. 인생을 길게 느끼면 악인의 형통이 오래가는 것 같지만 하나님의 시간과 영원의 시간으로 들어가니까 악인의 영화가 극히 짧은 시간으로 경험된 것입니다.

꿈같은 악인의 형통

시편 73:20을 보면 "사람이 잠을 깬 후에는 꿈을 무시함같이 주께서 깨신 후에 저희 형상을 멸시 하신다"는 말씀을 통해 알 수 있듯이 악인의 형통은 꿈속에서 잠깐 일어난 일장춘몽에 불과합니다. 하나님은 성경잠언을 통해 한결같이 악인이 잘 되는 것을 부러워하지 말라고 합니다. 아니 거기 같이 있지도 말라고 합니다. 같이 있다가는 급속한 하나님의 심판이 임할 때 같이 화를 입기 때문입니다. 하나님의 사람은 잠언 23:17 말씀처럼 오직 하나님을 경외함으로 마음으로 죄인의 형통을 부러워하지 않고, 더 나아가 시험에 들지도 않고 오직 여호와를 경외하면서 사는 사람인 줄을 믿습니다.

기도 : 하나님 아버지! 악인의 형통을 보고 부러워하거나 시험에 들지 말게 하옵시며 하나님만 경외하는 성도가 되게 하여 주시 옵소서! 예수님 이름으로 기도합니다! 아멘

폐회 / 주기도문

원수가 넘어질 때에

개회 : 사도신경 / 찬송 244장 / 성경 잠24:16~18

실족

길을 걷다 보면 넘어질 때가 있습니다. 돌부리에 채여 넘어지기도 하고 부주의해서 넘어지기도 합니다. 인생길을 걸을 때도 넘어질 때가 있습니다. 넘어지면 상처를 입습니다. 무릎이 깨지고 다칩니다. 우리의 인생도 실족하게 되면 상처를 입고 고통을 경험합니다. 그러한 고통가운데 또한 누구를 만나게 되기도 합니다. 하나님입니다. 정신없이 앞만 보고 뛰어만 갈 때 보이지 않던 하나님이 넘어져 주저 앉아 있을 때는 보이게 되는 경우가 있습니다. 넘어져 있는 것은 연약해 있는 것과 같습니다. 하나님은 내가 연약할 때 만나게 됩니다. 그러나 하나님이 잠깐 앉아서 이야기 좀 하자고(?) 넘어지게 하신 것임으로 다시 일어나게 하실 것을 믿습니다.

주의할 점

오늘 본문에 의인은 일곱 번 넘어져도 일어나려니와 악인은 재앙으로 엎드려진다고 하셨습니다. 똑같은 넘어짐이지만 의인에게는 하나님 만나는 기회가 되는 것이고 악인에게는 멸망의 단초가 되는 것입니다. 넘어짐은 은혜로서의 넘어짐이 있고 멸망과 심판으로서의 넘어짐이 있습니다. 그러나 예수 믿어 의인된 사람들에게는 은혜로서의 넘어짐만 있을 것입니다. 하나님의 손이 그를 잡아 일으켜 주실 것입니다. 그러나 악인은 온갖 거짓과 악독으로 말하기를 내가 이렇게 악을 행하는데도 아무 탈이 없는 것을 보니 하나님은 없다고 합니다. 의로운 자들이 고통 받는 것을 볼 때도 네 하나님이 어디 있느뇨! 하면서 손가락질을 하다가 그만 하나님의 심판이 홀연히 불로써 내려와 일시에 패망케 됨을 경험합니다. 그런데 오늘 본문은 악인이 하나님의 심판을 받을 때 그것을 지켜보는 사람들이 주의해야 할 것을 말씀해 주고 있습니다. 17~18절입니다. "네 원수가 넘어질 때에 즐거워하지 말며 그가 엎드려질 때에 마음에 기뻐하지 말라 여호와께서 이것을 기뻐 아니하사 그 진노를 그에게 옮기실까 두려우니라" 입니다.

끝까지 사랑하는 자

심판의 때를 기다렸던 사람들은 속이 시원합니다. 그동안 답답했던 갈증이 일시에 해갈 됩니다. 그러나 기억할 것이 있습니다. 하나님은 악인을 심판하실 때 옆에서 참소하는 것을 싫어하십니다. '저 사람들은 벌 받아도 마땅한 사람들 입니다. 후련합니다. 고소합니다' 이러고 있으면 하나님이 싫어 하십니다. 하나님은 진노 중에도 저들을 용서해 달라고 말하는 사람들을 찾으십니다. 다윗이 그랬고, 스데반이 그랬고, 예수님도 그랬습니다. 성경의 인물들이 이렇게 살았습니다. 끝까지 사랑하는 자로 사시는 성도들이 되시길 소망 합니다.

기도 : 하나님 아버지! 악인이 심판받는 것을 도리어 불쌍히 여길 줄 아는 사랑하는 마음이 있게 하여 주옵소서! 예수님 이름으로 기도합니다. 아멘

폐회 / 주기도문

행한 대로 갚겠다 하지 말며

개회 : 사도신경 / 찬송 196장 / 성경 잠24:29

신구약의 하나님

간혹 성경을 잘못 이해하는 사람들이 있습니다. 구약성경의 하나님과 신약성경의 하나님이 다른 하나님이라고 생각하는 사람들입니다. 구약의 하나님은 호전적이고 전투적이고 눈은 눈으로 이는 이로 상대하는 그러한 무서운 하나님인데 반해, 신약의 하나님은 용서하는 하나님 사랑하는 하나님이라는 잘못된 이해입니다. 구약성경의 하나님이 무섭게 보이는 이유는 죄에 대한 심판 때문에 그렇습니다. 죄에 대한 철저한 응징과 심판이 무서운 하나님으로 나타내 보이게 합니다. 신약에서는 하나님께서 사람의 죄로 인한 모든 진노와 저주를 아들이신 예수님의 십자가 위에 부으셨습니다. 그러므로 죄 문제가 해결 됐습니다. 무서운 심판이 없습니다. 이제는 예수님이 그렇게 하셨던 것처럼 용서하고 사랑하고만 살면 됩니다. 이 부분이 신약입니다.

사랑의 하나님

구약에서 율법은 '이것이 죄다!' 라고 가르쳐 줍니다. 동시에 어겼을 경우는 이렇게 끔찍한 형벌을 당한다는 인과응보와 상선벌악의 기준이 들어 있습니다. 행한대로 보응 받는다는 뜻으로 이해할 수 있습니다. 어떻게 보면 율법 안에는 용서와 긍휼과 사랑은 없고 보응과 형벌만 있는 것 같습니다. 그러나 구약성경의 율법을 자세히 들여다 보면 그 속에 진하게 녹아 있는 하나님의 용서와 긍휼 그리고 사랑을 볼 수 있습니다.

죄란 누군가를 향하여 상처와 해를 입히는 것입니다. '남에게 해를 끼치면 너도 그만큼 보응 받고 형벌을 당하게 될 테니까 네 것이 귀한 줄 알면 남의 것도 귀하고 중요한 줄 알고 사랑할 줄 알아라' 하는 것이 구약율법의 참 뜻입니다.

보응하지 말라

오늘 주님께서 "그가 내게 행함같이 나도 그에게 행하여 그 행한 대로 갚겠다 하지 말라"고 우리에게 말씀 하십니다. 내게 해를 끼치고 나를 상처 입히고 괴롭힌 아무개를 향해 보응하지 말라는 것입니다. 날 상처 입힌 사람을 향한 복수의 마음은 결국 그를 병들게 합니다. 보응과 복복의 마음 속에는 안식과 평화가 결코 자리할 수 없습니다.

기억합시다! '네가 당했으니 너도 보응하지 않는다면 너는 바보가 된다' 고 하는 것은 마귀의 음성이지만 '용서하라!' 는 마음은 주님의 음성입니다. 지혜로운 자의 마음은 용서하는 자의 마음 안에 있습니다. 어리석은 자의 마음은 보복하고자 하는 자의 마음 안에 있습니다. 보복하는 일을 꾸미고 추진하는 동안 그의 마음은 지옥을 경험할 것이지만 용서하고자 하는 자의 마음 속에서는 천국이 경험될 것입니다. 결국 용서는 나 좋자고 하는 것입니다. 보복하는 일은 백번이고 내가 손해 보는 일이기 때문입니다. 내가 죄를 지을 때 마다 나를 향한 진노를 오래 참으셨고, 내가 평생 살면서 지은 죄 값을 예수님이 십자가 위에서 대신 치뤄 주신 것을 믿는다면 이제는 나를 향해 죄를 지은자도 용서할 수 있어야 합니다.

기도 : 하나님 아버지! 우리 죄를 용서하신 하나님의 사랑이 얼마나 큰 것인지를 알게 하시고 그 사랑 안에서 내게 죄를 지은 사람을 용서하게 하옵소서! 예수님 이름으로 기도합니다! 아멘

폐회 : 주기도문

좀~더

개회 : 사도신경 / 찬송 425장 / 성경 잠 24:30~34

게으른 자의 포도밭

오늘 본문에는 왕이 민정시찰을 나왔다가 게으른 자의 포도밭을 보게 됩니다. 온데 가시덤불이 퍼졌고 지면에는 거친 풀이 덮였으며 돌담은 무너져서 들짐승들이 드나듭니다. 이것을 보고 32절에서 왕이 생각이 깊어집니다. 무슨 생각을 하게 되냐면 지금 이 포도원주인이 뭐하고 있는지를 상상해 봅니다. 아마도 그 포도원 주인은 이미 해가 중천에 떴음에도 아직 잠에서 깨어나지 못하고 있을 것입니다. 손을 모으고 좀 더 졸자 좀 더 자자 좀 더 눕자 하고 있을 그의 마음까지도 다 들여다 보고 있습니다. 문제는 일어나야 한다는 것을 포도원주인 본인도 압니다. 그런데 또 다른 음성이 있습니다. 조금만 더 자자는 음성입니다. 많이 자자는 것 아닙니다. 조금만 더 자자는 것입니다.

이러면 안 되는데

마귀는 언제나 조금이란 단어로 성도들을 유혹합니다. 조금만 죄 짓자! 조금만 불순종하자! 주일예배 한번만 빠지자! 조금만 늦게 가자! 그러나 주먹 만한 작은 물꼬라도 한번 터지게 되면 커다란 댐이 무너지는 것은 한 순간입니다. 영적으로도 마찬가지입니다. 신앙의 물꼬를 내어줘서는 안됩니다. 죄짓고 타락하는 것을 보니까 이러면 안 되는데 하고 있으면서 죄 가운데 끌려가는 것을 봅니다. 그 마음에서는 이러면 안 되는 데가 있습니다. 그때 돌이켜도 늦지 않습니다. 그러나 이래선 안 되는데 하면서도 계속 죄 가운데 끌려가다가 결국은 멸망하게 됩니다. 조금만 조금만

했던 게으른 자의 마지막 모습은 눈앞에 곤핍과 빈궁이 군대 같이 이른 것입니다.

달콤한 유혹

오늘 본문에 게으른 자의 누워 잠자는 모습을 매우 사실적으로 묘사한 글이 있습니다. '손을 모으고' 입니다. 단잠을 잘 때의 모습입니다. 사탄은 달콤함으로 유혹합니다. 새벽잠이 얼마나 달콤합니까! 성경에서 게으름은 죄입니다. 시간은 기회이기 때문입니다. 기회는 아무에게나 주어지는 것이 아닙니다. 하나님께서 나를 믿고 그 시간에 그 일을 맡기신 것입니다. 다른 사람에게 갈 수도 있었습니다. 그런데 그 일을 소홀히 하면 그 일을 맡기신 하나님을 무시한 결과가 됩니다. 달콤한 게으름의 유혹을 믿음으로 이기는 성도가 되시길 축복합니다.

기도 : 하나님 아버지! 게으름이 죄인 것을 알았습니다. 하나님 앞에서 게으르지 말고 부지런히 살아가는 성도가 되게 하여 주시옵소서! 예수님 이름으로 기도합니다. 아멘!

폐회 / 주기도문

은밀한 일

개회 : 사도신경 / 찬송 412장 / 성경 잠25:9~10

변론과 누설

남의 은밀한 일을 누설하는 것을 하나님께서 좋아하지 않으십니다. 은밀하다는 것은 감춰진 것을 말합니다. 상대의 부끄러운 과거나 상처 같은 것을 말합니다. 다투다가 그냥 해서는 분이 안 풀릴 것 같으니까 엉뚱하게도 상대의 부끄러운 부분을 누설해 버림으로 분을 삭였습니다. 성경은 이러한 행위를 매우 금기시 하고 있습니다. 오늘 말씀 9절 10절에서 "너는 이웃과 다투거든 변론만하고 남의 은밀한 일은 누설치 말라 옆에서 듣고 있던 자가 너를 꾸짖을 터이요 수욕이 네게서 떠나지 아니 할 것이다"라고 말씀 합니다. 사실 부끄러운 부분은 사람이면 누구나 가지고 있습니다. 사람마다 몸에 부끄러운 곳이 있듯이 마음에도 남에게 드러내기 창피한 부분이 있습니다. 이곳은 하나님과만 상대하는 곳입니다. 이곳을 사람이 파헤치면 하나님이 싫어하십니다.

하나님과 나만이 아는 은밀한 일

하나님만 아시는 나의 부끄러운 일들이 있습니다. 이런 것은 사람들 앞에서 말해서는 안 됩니다. 남이 말해도 안 되고 내가 드러내도 안 됩니다. 지금 앞에 사람들이 다 듣고 있는데 '과거의 죄를 숨김없이 낱낱이 다 고백 하라' 고 해서는 안 됩니다. 흔히 무슨 부흥집회 같은데 잘못 가면 이런 걸 하고 있습니다. 성경적이지 않고 어리석은 행위입니다. 또한 말하지 않고는 답답해서 못 베긴다고 해서 남편에게 남편 모르는 과거를 다 드러내면 안 됩니다. 진실과 사실을 말해야 된다는 의무감에 하나님에게만 고백하고 살아야 될 부분을 사람에게 말해서는 안 됩니다. 오늘 말씀처럼 수욕이 떠나지 않을 것입니다.

깨끗이 잊어야

은밀한 부끄러움은 오직 하나님께로만 가지고 가야 합니다. 거기서만 보이고 말해야 할 것입니다. 그리고 철저히 회개하고 주님 주시는 용서를 받고는 그 이후로는 그 일을 기억도 하지 말아야 합니다. 하나님이 기억 안하시겠다는데 왜 자꾸 내가 기억합니까! 과거의 나의 부끄러운 부분을 내가 들추는 것도 불신앙입니다. 예수 믿기 전 과거의 죄는 하나님 앞에서의 고백입니다. 물론 사람 앞에도 용서를 받아야 하는 부분이 있습니다. 그러나 상대에게 거짓이 없어야 한다는 이유로 하나님 앞에 다 해결한 것을 다시 꺼내서 사람에게 가져 가서는 안 될 것입니다.

뱀 같은 지혜와 비둘기 같은 순결이 필요 하겠습니다.

기도 : 하나님 아버지! 뱀 같은 지혜와 비둘기 같은 순결로 이 땅을 지혜롭게 살아갈 수 있도록 도와 주시옵소서! 예수님 이름으로 기도합니다!

폐회 / 주기도문

얼음 냉수

개회 : 사도신경 / 찬송 219장 / 성경 잠25:13

충성된 자

오늘 본문에 얼음 냉수가 나옵니다. 주인에게 충성된 자는 추수하는 날 마시는 시원한 얼음 냉수 같다고 말씀 하십니다. 참으로 절묘한 표현 같습니다. 마침 요즘이 추수철입니다. 누렇게 익은 들판에서 땀 흘려 곡식을 추수하고 마시는 냉수는 주인의 큰 기쁨입니다.

오늘 본문에서 냉수는 다름 아닌 사람입니다. 충성된 사람이 곧 '얼음 냉수' 라고 비유하여 말씀하고 있습니다. '하나님께 충성하는 것이 하나님을 이렇게 기쁘게 해 드리는 것이구나' 라는 생각이 듭니다. 다른 번역을 보니까 충성된 사자를 믿음직한 심부름꾼으로 표현 했습니다.

온전한 복종

하나님 보시기에 믿음직한 성도들이 되어야 겠습니다. 주님은 맡은 자에게 구할 것은 충성이라고 했기 때문입니다. 충성은 군대 용어이기도 합니다. 명령을 받은 자는 자기 것을 내세울 수 없습니다. 온전한 복종만이 있을 뿐입니다. 하나님은 어린아이처럼 온전히 순종할 하나님의 사람들을 찾으십니다. 그들로 하여금 일을 맡기시고 영광 받으시길 원하십니다.

주인이 일을 시켰는데 종이 나서서는 '이건 이렇고 저건 저렇고' 하면서 사사건건 말이 많으면 충성된 종이 아닙니다. 달란트 비유에서 나온 착하고 충성된 종들도 주의 말씀에 기쁨으로 복종한 사람들입니다.

추수 때에

또한 오늘 충성된 자들이 일하는 배경은 추수 때입니다. 영적으로도 추수 때가 있습니다. 이 세상 마지막 때입니다. 하나님께서 알곡을 천국창고에 드리시는 날입니다. 그 일을 위해서 미리 일꾼으로 보내신 사람들이 있습니다. 바로 먼저 믿은 우리들입니다. 하나님은 우리의 입과 손과 발을 통해서 하늘나라 사역을 이루시길 원하십니다.

오늘도 하나님은 이사야 6장에서 처럼 "내가 내일을 위하여 누굴 보낼꼬" 하시면서 찾고 계십니다. 하나님의 일은 영혼구원 하는 일입니다. 하나님의 일은 이 땅에서 하나님나라를 확장하는 일입니다. 이 시대에 하나님의 부름 받은 일꾼으로 답답한 하나님의 마음을 시원케 해드리는 얼음 냉수가 되시길 소망합니다.

기도 : 하나님 아버지! 주의 마음에 추수 때 얼음 냉수 같은 사람으로 평생을 살 수 있도록 역사하여 주시옵소서! 예수님 이름으로 기도합니다. 아멘

폐회 / 주기도문

좋은 것도 적당히

개회 : 사도신경 / 찬송 188장 / 성경 잠25:16~17

꿀을 만나거든

오늘 말씀은 "너는 꿀을 만나거든 족하리만큼 먹으라 과식함으로 토할까 하노라"로 시작합니다. '넘치는 게 모자란 것만 못하다' 라는 말이 생각나게 하는 구절입니다. 우리의 모든 삶이 그런 것 같습니다. 적당히 아쉬운 것이 좋은 것 같습니다. 밥을 먹어도 오늘 본문처럼 적당히 배부르면 수저를 놓아야지 맛난 것 있다고 식탐을 부리면 결국 그것이 몸에 큰 해악이 된다는 말씀입니다. 먹는 것만이 아니라 사람 사이의 관계에 있어서도 마찬가지인 것 같습니다. 친하고 가까운 사이라고 너무 지나치게 알 것 모를 것 다 내비치는 것 보다는 오히려 적당한 거리가 그 관계를 더욱 돈독하게 유지시키는 것 같습니다.

사람 사이도

17절에서 "너는 이웃집에 자주 다니지 말라 그가 너를 싫어하며 미워할까 두려우니라" 라는 말씀에서 우리는 사람 사이의 관계를 유지하는 지혜를 볼 수 있습니다. 우리가 흔히 인사로 하는 말이 있습니다. '자주 놀러 오세요' 라는 말입니다. 그런데 이 말을 인사로 듣지 않고 문자 그대로 듣는다면 어리석은 사람입니다. 매일 찾아가고, 시도 때도 없이 제집 마냥 들락거린다면 참 곤란합니다. 그 앞에서는 내색을 못 한다고 할지라도 상당히 부담스러워 할 것입니다. 가정에는 하나님이 그어 주신 선이 있기 때문입니다. 다른 사람이 들어갈 수 없는 부분입니다.

적당한 것

인생살이에서 적당한 부분이 참 중요한 것 같습니다. 그래서 지혜로운 사람은 중용의 길을 갑니다. 먹는 것도, 사람 사이도, 살아가는 데도 지나치게 넘치지도 또한 지나치게 모자라지도 않게 사는 부분이 필요한 것 같습니다. 권력이나 재산을 너무 필요 이상으로 넘치게 가지고 있어서 오히려 훗날 어려움을 겪고 해를 입는 것을 볼 때가 있습니다. 절대 권력자들의 말로가 대부분 그리 좋지 않기 때문입니다. 또한 지나치게 많은 재산이 자녀들을 황폐케 하고 병들게 만드는 것을 보기 때문입니다.

적당함 속에 감춰져 있는 은혜를 발견하는 지혜가 있기를 소망합니다.

기도 : 하나님 아버지! 우리의 인생 속에서 스스로 족한 줄 알고 감사할 수 있는 마음을 허락하여 주시옵소서! 예수님 이름으로 기도합니다. 아멘!

폐회 : 주기도문

좋은 기별

개회 : 사도신경 / 찬송 499장 / 성경 잠25:25

냉수

소식을 듣고 사는 것이 인생이 아닌가 합니다. 먼저 이 글을 읽고 있는 모든 분들에게 평생을 사는 동안 좋은 소식이 전해지길 축복 합니다. 오늘 본문에는 좋은 기별이 냉수라고 합니다. 저번에는 충성된 자가 그 주인에게 있어서 추수 때 마시는 냉수라고 했는데 이번에는 좋은 기별이 목말랐던 자에게 냉수라고 말씀합니다. 우리나라 말에는 냉수가 주로 냉수 먹고 속 차리는 것(?)으로 나오는데 성경에는 냉수가 막혀있고 답답한 마음을 시원하게 뚫어주고 풀어주는 말로 기록되어 있습니다. 힘들고 어려울 때 들려오는 좋은 소식은 우리에게 기력을 회복시켜 줍니다. 그러나 좋지 않은 소식은 있던 기운마저 다 빼버립니다.

낭보

좋지 않은 기별을 비보라고 합니다. 좋은 기별은 낭보라고도 합니다. 낭보를 많이 듣고 사는 인생은 행복한 인생입니다. 그러나 허구한 날 들리는 소식이 어둡고 우울한 내용이라면 참 인생이 힘들어 집니다. 우리는 누구나 낭보에 목말라서 살아갑니다. 입시를 치룬 학생은 합격의 낭보를. 오랜 시간 아기가 없는 부부는 임신에 낭보를, 직장인은 진급에 낭보를, 저 같은 목사는 힘들게 살던 성도들이 잘 됐다는 낭보를.

특별히 오늘 본문의 기자는 멀리서 오는 낭보를 기다리고 있었습니다. 오래전에 헤어진 사람으로부터 좋은 소식이 오기를 오랫 동안 기다렸습니다. 무소식이 희소식이라고 살았습니다. 간절히 기대하고 있었습니다.

마음에 항상 품고 있었습니다. 그런데 어느 날 잘 있다는, 잘 산다는 좋은 소식이 전해 졌습니다.

복음

　좋은 소식 중에 가장 시원한 냉수가 되어 우리를 기쁘게 하는 기별은 우리가 천국 간다는 소식일 것입니다. 세상 살면서 하나님 앞에 죄를 짓고는 무서운 지옥에 가야 하기에 죽음에 대한 두려움과 공포에 떨고 있었는데 어느 날 지옥 안 간다는 소식이 전해졌습니다.
　그 이유는 누군가가 우리의 죄 값을 대신해서 다 치르고 죽었다는 것입니다. 그 소식이 바로 우리가 믿는 예수 십자가 보혈의 복음입니다. 우리를 대신해서 하나님의 아들이신 예수께서 돌아가셨습니다. 이 기쁜 소식을 듣고 오늘 본문의 기자처럼 기뻐하는 성도가 되시길 축복합니다.

　기도 : 하나님 아버지! 평생을 사는 동안 좋은 기별을 듣고 사는 은혜를 허락하여 주시옵소서! 예수님 이름으로 기도합니다! 아멘!

　폐회 / 주기도문

미련한 자

개회 : 사도신경 / 찬송 460장 / 성경 잠26:1~12

어울림

잠언 예배서를 시작하고 가장 긴 본문인 것 같습니다. 긴 본문을 통해서 오늘은 계속 미련한 자를 언급하고 있습니다. 1절에서 미련한 자에게는 영예마저 '여름에 눈 오는 것 같고, 겨울에는 비오는 것 같다'고 합니다. 어울리지 않는다는 것입니다. 성경은 항상 미련함을 어울리지 않음과 관련시키고 있습니다. 먼저 번에는 돼지 코에 걸린 금고리 같다고 한 것과도 같습니다. 아무리 좋은 것도 어울려야 합니다. 미련한 자에게는 영예도 존귀도 재물도 어울리지 않고 그에게 어울리는 것이 있으니 곧 채찍이라고 합니다. 3절입니다. "말에게는 채찍이요 나귀에게는 자갈이요 미련한 자의 등에는 채찍이니라"

거듭 행함

마련한 자의 특성이 있습니다. 미련을 거듭 행하는 습성을 가집니다. 마치 11절의 말씀처럼 "개가 그 토한 것을 도로 먹는 것 같이 미련한 자는 그 미련한 것을 거듭 행하느니라"고 말씀한 것과 같습니다. 때로는 어리석은 일인 줄 알면서도 미련임을 보면서도 그 길로 행하고 있습니다. 그리고 또한 미련이 더욱 치명적인 것은 27:22절로 가면 더욱 사실적 표현을 써서 말씀하고 있습니다. "미련한 자를 곡물과 함께 절구에 넣고 공이로 찧을 찌라도 미련은 벗겨지지 아니하나라"고 합니다. 곡물의 껍질은 벗겨질지 언정 사람의 미련한 것은 쉽게 고쳐지지 않는다는 것입니다.

스스로 지혜롭게

미련이 쉽게 고쳐지지 않는 이유는 스스로 지혜 있게 여기기 때문입니다. 5절과 12절입니다. 여기 보면 "스스로 지혜롭게 여기는 자를 보느냐 그보다 미련한 자에게 오히려 바랄 것이 있으니라" 마치 신약의 바리새인들이 스스로 소경이면서 소경인 줄 몰랐던 고로 그들에게 구원이 멀었던 것처럼 미련한 자들은 스스로 지혜 있다고 여기기 때문에 길이 없다는 것입니다.

병든 자에게 제일먼저 필요한 것이 자기 병의 인정인 것처럼 스스로 지혜 있다 여기지 않고 하나님 지혜를 의지할 때 그가 곧 참 지혜자가 되는 것을 믿습니다.

기도 : 하나님 아버지! 우리가 우리의 지혜를 의지하지 않습니다! 오직 하나님을 경외함으로 참 지식을 얻는 하나님의 자녀들이 되게 하여 주시옵소서! 예수님 이름으로 기도합니다! 아멘

폐회 : 주기도문

어처구니 없는 일

개회 : 사도신경 / 찬송 499장 / 성경 잠26:17~21

개 귀

오늘 본문은 아주 흥미롭습니다. 17절에서 "길로 지나가다가 자기와 상관없는 다툼에 간섭하는 자는 개 귀를 잡는 것과도 같다"라고 말씀합니다. 개는 목덜미를 쓰다듬고 다루어야지 귀를 잡으면 이내 물려고 합니다. 아무 상관없는 괜한 싸움에 끼어드는 것을 좋아하는 사람이 있습니다. 개 귀를 잡는 것과 다름 없습니다. 중재한답시고 끼어 들었다가 봉변을 당합니다. 본래 싸우던 사람은 없어지고 어처구니 없게도 자신이 싸우고 있습니다. 개입해서 중재해야 할 상황과 그렇지 않은 상황을 잘 분별하는 지혜가 필요합니다. 그러나 길가다가 구경하게 된 싸움중재는 분명히 아닙니다.

희롱

18절입니다. "횃불을 던지며 활을 쏘아서 사람을 죽이는 미친 사람이 있다"는 말씀 속에서 우리는 또한 어처구니 없는 일을 보게 됩니다. 살면서 어처구니 없는 일, 어이없고 기가막힌 일 안 당하는 은혜가 있기를 소망합니다. 그래서 주님은 성도들에게 잠언이라는 지혜의 글을 주시고 대처하게 하셨습니다. 18절에 미친 사람이 나오는데 미친 사람은 다름 아닌 19절에의 "자기 이웃을 속이고 말하기를 내가 희롱하였다 하는" 사람이었습니다.

'속이는 말' 이 곧 미친 사람의 말입니다. 화살 쏘고 횃불 던져 놓고 한다는 말이 '장난이야!' '뭘 그 정도 가지고 그래!' 이러고 있습니다. 남의 가슴에 비수를 꽂고 상처 낸 다음에 하는 말이 '농담이야 삐쳤어?' 이러고 있습니다.

말장이

19절에 "나무가 다하면 불이 꺼지고 말장이가 없어지면 다툼이 쉬느니라"에서 말장이는 아무렇게나 말하는 사람을 가리킵니다. 오늘 잠언은 입에서 나온 말이 던져진 횃불이 되고 쏜 화살도 된다고 합니다. 말이 사람을 해칩니다. 말장이가 없어져야 다툼이 없겠는데 우리 주위에는 말을 아무렇게나 하는 사람이 있을 수 있습니다. 그가 없길 바랄 수는 없고 피하는 방법 밖에는 없습니다. 때로는 피하는 것이 지혜입니다. 21절 말씀처럼 다툼이 숯불이라면 시비는 그 위의 장작이라고 했기 때문입니다. 숯불 옆에서 장작이 되어 주면 열불(?)만 타오릅니다. 평생을 어처구니 없는 시비와 다툼에 얽매이는 일이 없기를 소망합니다.

기도 : 사랑하는 하나님 아버지! 인생을 살아가면서 무익한 싸움에 말리는 일이 없게 하시고 혹이라도 우리 주위에는 싸움을 일으키는 말장이가 없도록 역사하여 주시옵소서! 예수님 이름으로 기도합니다! 아멘!

폐회 : 주기도문

궤휼

138

개회 : 사도신경 / 찬송 425장 / 성경 잠26:23~28

상한 감정

오늘은 사람이 겉과 속이 다른 이야기를 성경이 말씀하고 있습니다. 입술은 온유한 데 마음은 악한 경우입니다. 겉으로는 꾸미고 있으나 속으로는 감정을 숨기고 있습니다. 이런 사람 참 상대하기 힘듭니다. 요즘 힘든 사람이 좀 많이 나오네요(?). 23절에서 "온유한 입술에 악한 마음은 낮은 은을 입힌 토기니라"는 말씀은 쉬운 말로 가짜라는 겁니다. 아무리 그럴듯한 말을 해도 사탕 발린 말에 불과 합니다. 24절에 기록된 "감정 있는 자"라는 말씀에서 감정은 상한 감정을 말합니다. 누군가에 대한 분노와 증오심으로 그 마음이 가득 차 있습니다. 25절에 의하면 이 사람의 말은 믿을 수 없습니다. 그 마음에 일곱 가지 가증한 것이 있기 때문입니다.

위장 전술

상한 감정이 한 사람을 망가뜨려 놨습니다. 보통 감정이 상해서 그 마음에 쌓인 사람은 '나 지금 감정 상해 있다' 하고 자신의 감정을 잘 노출시키지 않습니다. 아닌 것처럼 감추고, 위장하고, 자신을 해한 자를 복수할 날을 노리며 비수를 품고 있습니다. 이 비수가 오늘 말씀 24절에 나오는 '궤휼' 이라는 말입니다. 기회를 보고 있다가 비수를 뽑아드는 때가 있습니다. 본문 27절의 말씀처럼 함정을 파고 기다렸다가 빠지길 바랍니다. 지나가는 길에 기다렸다가 돌을 굴립니다. 함정 있는 곳으로, 돌이 구르는 곳으로 오라고 입술로 꾸미고, 속이고, 거짓말하는 것입니다.

감정치유

끝까지 감춰지는 악은 없습니다. 그래서 26절에서 "궤휼로 감정을 감출지라도 그 악이 회중 앞에 드러나리라"고 한 것입니다. 자기 악에 스스로 빠지게 됩니다. 스스로 파논 함정에 걸리고 스스로 굴린 돌에 자신이 치이게 됩니다. 하나님이 살아계시기 때문입니다. 하나님을 모르는 사람은 자신이 판 함정은 자기만 알거라고 생각합니다. 거짓말도 서슴없이 행합니다. 그러나 하나님이 다 보고 계십니다. 듣고 계십니다. 그래서 하나님을 믿는 사람은 궤휼이 없습니다. 겉과 속이 같습니다. 속일 것도 없고 속일수도 없다는 것을 알기 때문입니다. 하나님의 성도들은 상한 감정을 궤휼로 품지 않고, 하나님 앞에 다 위로받고, 치료받고 사는 사람인 것을 믿습니다.

기도 : 하나님 앞에 우리의 상한 감정을 내어 놓습니다. 주께서 만지시고 치유하여 주시옵소서! 우리 안에 어떤 궤휼도 없게 하여 주시옵소서! 예수님 이름으로 기도합니다. 아멘!

폐회 : 주기도문

내일 일을 자랑하지 말라

개회 : 사도신경 / 찬송 197장 / 성경 잠 27:1

자만하지 맙시다

　내일 일을 자랑치 말라는 오늘 본문 1절의 말씀은 바로 오늘 모든 일이 술술 잘 풀리고 잘 나가고 있는 사람에게 주시는 말씀입니다. 사람은 내일 일을 알 수 없습니다. 내일도 오늘처럼 살겠거니 하는 마음 일 뿐입니다. 오늘 잘 풀렸다고 내일까지 풀린다고 장담하지 말라는 말씀입니다. 오늘 건강이 좋다고 해서 내일도 건강할 것이라고 자랑하지 말라는 말씀입니다. 가만히 보면 자기 건강에 자신하며 사는 사람들이 어느 날 갑자기 쓰러지는 것을 보게 됩니다. 오히려 평상시에 건강이 좋지 않은 사람은 미리미리 조심하며 대비함으로 오래도록 건강을 유지하는 것을 보게 됩니다. 무슨 일에서든지 자만해서는 안 되겠습니다.

권불십년

　"거만은 넘어짐의 앞잡이"라고도 했습니다. 또한 "선줄로 생각하는 자는 넘어질까 조심하라"고도 하셨습니다. 자만은 자기를 스스로 높이는 마음입니다. 주로 자기와 관련된 능력과 지식을 자랑합니다. 내가 드린 노력과 공을 무시하자는 것이 아닙니다. 내 능력과 지식보다 큰 힘이 오늘의 나를 있게 했음을 볼 수 있는 은혜가 있어야 한다는 것입니다. 일을 풀기도 하고 메이게도 하시는 분이 계십니다. 사람을 건강하게도 하고 병들게도 하시는 분이 있습니다. 나라를 일으키기도 하시고 쓰러 뜨리고, 흥하게 하시고 쇠하게도 하시는 분이 계신다고 성경은 말씀합니다. 아무리 큰 권력을 쥔 사람도 권불십년이라 했고, 큰 재산을 가진 사람도 부자 3대 못간다는 말이 있기 때문입니다.

하루를 단위로

성경은 내일 일을 자랑하는 사람과 내일 일을 맡기는 사람이 있다고 말씀하고 있습니다. 하나님의 자녀들은 내일 일을 자랑하고 사는 사람들이 아니라 하나님께 맡기고 살아가는 사람입니다. 하루하루 살아갈 때 하나님 은혜로 살아가는 것을 알기 때문입니다. 하루를 단위로 살아가면서 아침이면 하나님의 도움을 바라며 은혜를 구하는 기도로 하루를 시작하고, 하루를 마감할 때도 하나님 주신 은혜로 마쳤음을 감사하며 살아갈 때 우리의 내일은 항상 하나님의 손에 붙들리게 되는 것입니다. 내일 나의 삶 속에서 무슨 일이 일어날지 알고 계신 분이 계십니다. 그렇기 때문에 그분을 믿고 의지하는 사람이 되라는 말씀이 오늘 말씀 속에 녹아 있습니다.

기도 : 하나님 아버지! 내일을 온전히 하나님께 맡기며 살 수 있는 믿음을 우리에게 허락하여 주시옵소서! 예수님 이름으로 기도합니다!

폐회 : 주기도문

숨은 사랑보다 나은 면책

140

개회 : 사도신경 / 찬송 216장 / 성경 잠27:5~6

칭찬과 아첨

사람에게는 본능이 있습니다. 칭찬받고 인정받고 싶은 마음입니다. 아이들은 가정과 학교에서 부모님과 선생님에게 칭찬받고 싶어 한다면, 어른들은 사회에서 동료들과 상사들에게 인정받고 싶어 합니다. 아무리 칭찬을 받고 싶다고 자기가 자기를 칭찬하는 경우는 없습니다. 칭찬은 다른 사람에게 들어야 합니다. 자기가 자기를 칭찬하면 어색하고 민망합니다. 그런데 이 민망한 일들을 사람들이 잘 하는 것을 보면 참 당황스러울 때가 있습니다.

그리고 칭찬은 아첨과도 구분되어야 합니다. 아첨은 자기의 이익을 위해서 보상을 바라고 한 말입니다. 청탁을 위해 마음에 없는 말을 과장해서 말하는 것이 아첨입니다. 그러나 칭찬은 마음에 있는 말입니다. 보상이나 청탁을 바라는 것이 아니라 순수한 동기에서 한 것입니다.

비난과 책망

칭찬과 아부를 구분해야 하듯이 비난과 책망도 구분해야 합니다. 성경은 비난하지 말라고 합니다. 상대를 향해 잘못을 지적하고 비판하지 말라고 합니다. 그런데 또 책망과 훈계는 해야 한다고 가르치고 있습니다. 이 둘을 구분하는 가장 쉬운 이해는 미움과 사랑입니다. 비난은 미워서 하는 것입니다. 주로 그 사람이 없는 곳에서 다른 사람에게 합니다. 혹 그 사람 앞에서 한다면 '누가 그러던데요' 로 시작합니다. 그러나 자기 이야기입니다. 책망은 사랑해서 하는 것입니다. 그리고 주로 그 사람 앞에 두고 합니다. 상대방이 미워서 나무라고 있다면 그것은 아무리 자기는 책망했다고 해도 그것은 비난입니다. 그러나 상대를 진심으로 사랑하는 마음에서 지적했다면 그것은 책망과 훈계가 됩니다.

면책과 통책

오늘 본문의 면책은 숨은 사랑보다 낫다는 말씀에서 면책은 책망입니다. 지금 사랑하는 친구가 뻔히 보이는 멸망의 길로 가고 있다면 가서 알아듣게 책망하고 그 길을 바로잡아 주는 것이 속으로 저를 사랑한다고 하고서 그냥 멸망하도록 내버려 두는 것보다 낫다는 말씀의 뜻입니다. 여기서의 책망은 6절 표현으로 하면 강한 '통책'이 됩니다. 사랑하는 친구를 향한 통책이 친구를 향한 사랑과 충성에서 나온 것이라면 원수의 잦은 입맞춤은 거짓에서 나온 것이라고 합니다. 아무리 기분 좋은 말이라도 그 말이 거짓 입맞춤인지 아니면 나를 사랑해서 하는 것인지 구별하는 지혜가 성도들에게 있기를 소망합니다.

기도 : 사랑하는 하나님 아버지! 이웃을 향해 사랑할 수 있는 마음을 심어주시고 항상 칭찬하게 하시고 더욱 나아가 멸망의 길로 가는 자를 이끌어 낼 수 있는 훈계와 책망을 우리에게 허락하여 주시옵소서! 예수님 이름으로 기도합니다! 아멘!

폐회 / 주기도문

우리는 서로의 거울입니다

개회 : 사도신경 / 찬송 168장 / 성경 잠27:17~20

사람을 존귀하게

하나님께서 한 사람을 존귀하고 영화롭게 하실 때 사용하시는 것이 있습니다. 바로 옆에 있는 사람입니다. 자기혼자 영예로운 것은 없습니다. 존귀와 영예는 주어지는 것입니다. 옆에 있는 사람으로 하여금 그를 인정하게 하시고 높여주게 하십니다. 마치 17절에 "철이 철을 날카롭게 한다"는 말씀과 같이 사람이 서로를 빛나게 한다는 말씀입니다. 한 사람을 빛나게 하시는데 옆 사람을 사용하십니다. 옆 사람을 높여 주면서 본인도 높아지게 하십니다. 서로가 빛이 나는 것입니다. 이것이 하나님의 방법입니다. 옆 사람이 높아지면 상대적으로 내가 내려 갈 것이라는 생각은 시기 질시에서 나온 마음입니다. 성경적이지 않습니다.

자기의 영예

18절에 "자기주인을 시종하는 것으로 자기의 영예를 삼는다"는 말씀이 또한 그러합니다. 내 옆에 어떤 사람이 있던지 내가 그를 섬기는 정도에 따라 나의 신분이 결정된다는 말씀입니다. 설사 내 옆에 있는 사람이 높은 사람이라고 해도 내가 그를 보잘 것 없이 여기면 나도 별 볼일 없는 사람에 불과합니다. 반대로 내 옆에 있는 사람이 좀 부족해도 내가 왕처럼 그를 섬기면 나는 왕실사람이 됩니다. 내 옆에 있는 사람을 어떻게 높이느냐는 내 마음입니다. 내 남편을 종으로 만들어서 내가 종의 부인이 될 수도 있고 왕으로 섬겨서 왕비가 될 수도 있습니다.

물이 얼굴을 비취듯

19절 말씀에 "물에 비취면 얼굴이 서로 같은 것 같이 사람의 마음도 서로 비취느니라" 는 말씀의 뜻은 물이 얼굴을 비취듯이 사람은 서로 비친다는 말씀입니다. 서로가 서로에게 거울이 되어 주는 것입니다. 내 옆 사람을 통해서 날 본다는 진리의 말씀입니다. 내 옆에 있는 사람의 모습이 별 볼일 없는 사람처럼 보인다면 그것은 다름 아닌 나의 모습이라는 것입니다. 내가 그 안에서 투영되었기 때문입니다. 하나님이 그렇게 보이게 하셨습니다. 옆에 있는 내 아내가 내 남편이 존귀한 사람처럼 보인다면 건강한 자존감을 가지고 있는 내 모습이라고 할 수 있습니다. 참 신비롭습니다. 우리는 서로의 거울입니다. 평생을 살면서 옆에 사람들이 좋게 보이기를 소망합니다.

기도 : 사랑의 하나님 아버지! 옆 사람을 높이므로 내가 높아지고 옆 사람의 모습에서 내 모습을 볼 수 있는 지혜와 혜안이 있게 하여 주시옵소서! 예수님 이름으로 기도합니다! 아멘!

폐회 : 주기도문

142 칭찬으로 사람을

개회 : 사도신경 / 찬송 388장 / 성경 잠 27:21

칭찬으로 사람을

"도가니로 은을 풀무로 금을 칭찬으로 사람을"로 시작하는 오늘의 말씀은 어릴 적 섬기던 교회 목사님이 많이 강조하신 말씀이셨습니다. 아이들 교육에 대해 말씀하실 때는 늘 입에 달고 계셨던 말씀이셨습니다. 흙 속에 묻혀있던 돌덩어리에 불과한 원석이 순수한 금과 은이 되기까지 도가니 속에 들어가고 풀무 속에 들어가는 과정을 통해 불순물이 떨어져 나가고 순수한 정금이 되듯이 사람 또한 불순물이 떨어지게 하는 방법이 있는데 그것은 바로 칭찬이라는 말이었습니다. 성경은 마치 사람을 흙속에서 꺼낸 원석에 비유하고 있습니다. 사람들을 가리켜서 흙속에 묻힌 금이나 은과 같은 존재들이라고 말하고 있습니다.

불순물 떨구기

모두가 다 보석과 같이 아름답고 존귀하고 순수한 모습들을 지니고 있음에도 불구하고, 더러운 흙과 불순물들이 섞여있고 가루형태로 흩어져있는 고로 진품의 가치를 발견하지 못하게 됩니다.

성경은 불순물을 떨어뜨리고 흩어있는 것들을 하나로 뭉치게 하며 순수한 물질로 빛나게 하는 것이 칭찬이라고 합니다. 얼핏 들으면 이해가 어렵습니다. 고난을 통해 정금이 될 것이라고 말했던 욥과 같이 도가니와 풀무불 속에 들어가는 것과도 같은 뜨거운 연단의 시간이 사람됨을 이룬다고 하면 이해가 쉽지만, 칭찬이 어떻게 사람을 금과 같은 사람으로 만드는지 쉽게 받기가 어렵습니다.

정금 같은 사람

사람은 말에 반응하기 때문입니다. 금과 은이 뜨거운 열에 반응한다면 사람은 하나님의 형상인 고로 말에 반응합니다. 하나님의 형상은 곧 지성이고 지성은 언어적 지성입니다. 단순한 반응이 아니라 이 말에 사람이 살기도 하고 죽기도 합니다. 살리는 언어가 칭찬입니다. 칭찬을 받으면 그도 알지 못하고 숨어있고 흩어져 있던 능력들이 합쳐집니다. 칭찬을 들으면 그의 생각을 막고 있던 모든 불순물과 장애물들이 걷혀 집니다. 흙덩어리에 불과한 금과 은이 열을 받음으로 순수한 정금이 되듯이 사람은 칭찬을 받음으로 하나님의 형상인 정금 같은 사람이 되는 것을 믿습니다.

기도 : 하나님 아버지! 칭찬에 인색하지 않게 하시고 칭찬하는 입술이 되게 하여 주시옵소서! 예수님 이름으로 기도합니다! 아멘!

폐회 / 주기도문

143 의인은 사자 같이 담대합니다

개회 : 사도신경 / 찬송 415장 / 성경 잠 28:1

경찰과 도둑

오늘 본문에서 '악인은 쫓아오는 자가 없어도 도망한다' 는 말씀은 악인의 심리상태를 말씀하고 있는 것입니다. 죄짓고 마음 편한 사람 없다는 말이기도 하고 도둑이 제발 저린다는 말이기도 합니다. 쫓아 오는 사람도 없는데 왜 도망을 하고 있겠습니까? 그런데 사실은 쫓아오는 자가 있습니다. 바로 자신의 양심입니다. 로마서 2:15을 보니까 하나님은 양심을 우리 속에 두시고 그 양심에 따라 반응하게 하셨습니다. 우리마음 속에 있는 경찰이 바로 양심입니다. 도둑과 경찰은 영원한 앙숙입니다. 섞일 수 없는 물과 기름입니다. 그런데 경찰(법)과 도둑(죄)이 마음이라고 하는 같은 집에 살고 있다면 참 곤란 합니다. 그 마음이 편하지 못합니다.

무뎌진 양심

양심이 무뎌지는 때가 있습니다. 점점 더 악을 행할 때입니다. 흔히 우리가 쓰는 말로 하면 마음이 완악해지고 강퍅해 졌다는 말을 쓰기도 합니다. 경찰이 있으나마나 무서워하지도 않습니다. 죄짓고도 뻔뻔하고 악을 행하고도 당당합니다. 이런 경우를 성경은 "양심에 화인을 맞았다"고 표현합니다. 인두로 지져서 아무감각이 없다는 것입니다.

그러나 우리가 조금만 솔직해 진다면 부인할 수 없습니다. 우리의 죄를 두꺼운 거적으로 가리워 놓았을 뿐이라는 사실을.

하나님은 가리워 놓은 거적때기를 빨리 치우고 냄새나고 더러운 우리의 죄된 모습 그대로를 가지고 당신 앞에 나오기를 바라십시다. 오직 주님 앞에 나가야 해결될 수 있습니다. 부패한 곳은 빨리 도려내야지 가린다고 해결 될 것이 아닙니다.

거적 데기와 거즈

우리의 몸이 상처가 나고 곪았다면 치료하고 덮어야 합니다. 그냥 덮으면 그 안에서 썩습니다. 어떤 때는 우리가 지은 죄로 인한 상처를 대하는 모습이 주님과 악한 영에 구별이 없어 보입니다. 주님도 상처를 덮어 주시고 마귀도 덮으라 합니다. 그런데 마귀는 그냥 무조건 거적때기로 덮으라고 합니다. 그러나 주님은 치료하고 소독된 거즈로 덮어 주십니다. 죄를 무조건 가리우고 덮어두고 사는 것은 거짓 담대함입니다. 그것을 만용이라고 합니다. 성경에서 담대한 사람은 오직 예수보혈의 피로 죄 문제를 해결한 사람들입니다. 그 사람들을 의인이라고 합니다. 죄를 가지고 하나님 면전에 나가겠다고 하는 것은 미련함의 극치입니다. 죄를 해결한 의인만이 바로 이 세상을 살 때 사자 같은 담대함으로 살아갈 수 있습니다.

기도 : 하나님 아버지! 우리의 더러운 죄를 예수 보혈의 피로 씻으시고 우리를 받으시며 위로 하시고 이 세상을 살아갈 때 사자같이 담대하게 하옵소서! 예수님 이름으로 기도합니다! 아멘

폐회 / 주기도문

착하고 능력 있는 사람

개회 : 사도신경 / 찬송 356장 / 성경 잠28:6~9

능력 있는 사람

새 정부가 들어서면 각료들이 청문회를 기다리고 있습니다. 그런데 청문회는 해 보지도 못하고 낙마하는 인사가 많이 있습니다. 다각도로 검증을 했다고는 하지만 능력을 중시하는 실용주의 정부가 도덕성이나 인품보다는 능력위주로 인물을 추천받았기 때문이라고 합니다. 소위 능력이 있다고 하는 사람들이 도덕성에서는 미달되는 것을 보고 안타까움을 금할 수 없었습니다. 능력이 있으니까 돈도 많이 벌고 높은 자리 올랐겠지만 그 절차와 방법에 있어서 정당하지 못했기에 국민들의 원성이 높은 것 같습니다.

착한 사람

똑똑하고 능력 있는 사람들이 착하고 정직한 것과도 비례하면 더할 나위 없겠는데 이 부분이 같이 가지 않는 경우는 그 능력이 극히 이기적인 자신의 유익만을 위해 쓰이는 것을 보게 됩니다. 반대급부로 '착하고 정직하면 무능하다' 라는 이상한 논리가 퍼지게 된 것도 능력 있는 사람들이 자신의 부도덕함을 정당화하기 위해 만들어낸 말이라는 것입니다.

오늘 성경은 6절에서 "성실히 행하는 가난한 자가 사곡히 행하는 부자보다 낫다"고 말씀합니다. 그리고 또한 8절에서 땅 투기를 하고 이자놀음 하면서 재산을 많아지게 하는 것은 가난한 자에게 돌아 가야 할 물질을 중간에서 가로채는 것이라고 말씀합니다.

믿음이 능력

이어지는 9절의 "귀를 돌이키고 율법을 듣지 아니하면 그 기도도 가증하다"는 말씀 속에서 부정한 방법으로 재산을 축재하고, 부패를 일삼은 것은 능력의 유무를 떠나서 하나님의 공의를 가리우는 죄라고 말씀합니다. 또한 자신만 아는 이기적인 인생을 살면서 하나님을 믿는다고 하는 것은 하나님 앞에 가증한 행위라고 말씀합니다.

여기서 우리가 흔히 세상에서 쓰는 능력이라는 말도 단순히 재리에 밝고 처세에 능한 것에만 국한되는 것이 아니라, 그리스도인의 능력이라는 것은 하나님 말씀에 순종하고 믿음으로 행하는 것을 능력이라고 말씀하십니다.

기도 : 하나님 아버지! 오직 하나님 앞에서 약한 자를 돌보고 선을 베푸는 것으로 하나님 앞에 의를 행하는 자녀가 되게 하여 주시옵소서! 예수님 이름으로 기도합니다! 아멘!

폐회 : 주기도문

성실

개회 : 사도신경 / 찬송 169장 / 성경 잠 28:18~24

성실히 행하는 자

18절에서 성실히 행하는 자는 구원을 얻을 것이라고 하고 이어서 20절에 나온 충성된 자는 복이 많다고 하십니다. 성실치 못한 자는 헛된 망상 속에서 살아갑니다. 그러므로 언제나 현실에 불만족하며 원망가운데 살아갑니다. 18절의 사곡히 행한다는 것은 20절의 속히 부하고자 하는 것에서 그 뜻이 서로 만납니다. 충실하고 성실하지 못한 사람은 정도의 길을 생각지 못하고 거짓된 길만 쫓아갈려고 합니다. 무위도식하려 하고 한탕주의에만 관심을 갖습니다. 이러한 사람들은 오늘 말씀에서 반드시 넘어질 것이라고 하고 형벌을 면치 못할 것이라고 말씀합니다. 성실하고 충성된 자에게 하나님은 복을 허락하십니다.

소중한 가치

재미있는 말씀이 24절에서 이어집니다. "부모의 물건을 도적질하고는 죄가 아니라 하는 자는 멸망케 하는 자의 동류라"고 하는 말씀입니다. 어느 나라든 부모의 재산은 자녀에게 상속되게 되어 있습니다. 그러나 상속되기 전에 미리 부모의 재산을 탐을 내고 그것에 의지해서 놀고먹는 자는 탕자와 다름 없습니다. 누가복음에 기록된 방탕한 탕자 역시 아버지의 재산을 미리 축내고 방탕하다가 패망의 길을 가게 되었습니다. 아버지의 재산을 미리 탐을 내면 성실을 잃어버리기 때문입니다. 그래서 지혜로운 부모는 미리 자녀들에게 유산에 마음을 두지 않도록 가르쳐야 합니다. 성실은 재산과도 바꿀 수 없는 가장 소중한 가치이기 때문입니다.

꾸준함

성실이 능력이 있는 것은 꾸준함에 있습니다. 천재가 꾸준히 노력하는 자를 이기지 못한다는 말이 있습니다. 우리나라 일류대학 출신들이 서구의 유럽 대학 출신보다 뒤지고 노벨상도 나오지 않는 이유가 있다고 합니다. 대학만을 목표로 했기 때문에 대학 입학 후에는 입시 때처럼 공부를 꾸준히 하지 않는다는 것입니다. 이 세상에서 꾸준함을 이길 수 있고 성실을 당할 수 있는 것은 아무것도 없습니다.

시편 37편에서도 "여호와를 의뢰하여 선을 행하라 땅에 거하여 그의 성실로 식물을 삼을지어다"라고 말씀하시면서 하나님의 성실이 그의 백성들의 먹을 양식이라고 말씀하고 있습니다. 요한복음 5:17절에서는 주님께서 "내 아버지께서 이제까지 일하시니 나도 일한다"고 하셨습니다. 우리주님은 지금 이 순간도 일하고 계시는 하나님이십니다.

티끌이 모여 태산이 된 것이고, 물 한 방울이 모여 바다가 된 것이며 겨자씨만한 믿음이 모여 큰 믿음이 된 것입니다.

기도 : 하나님 아버지! 저희와 저희 자녀들에게 성실히 행하는 것이 가장 아름다운 인생을 사는 복된 인생인 것을 깨닫게 하여 주시옵소서. 예수님 이름으로 기도합니다. 아멘

폐회 / 주기도문

146 묵시가 없으면 방자히 행하거니와

개회 : 사도행전 / 찬송 145장 / 잠29:18

묵시

오늘 말씀에 기록된 묵시는 예언된 하나님의 말씀을 가리킵니다. 하나님의 종인 선지자들을 통해 계시된 하나님의 예언의 말씀이 각 시대마다 그 말씀이 그대로 이루어지는 것을 보면서 사람들은 하나님의 살아계심을 깨닫게 됩니다. 공허한 말을 흘리시는 하나님이 아니라 말씀하신 것을 이루시고 계시는 분으로 그의 살아계심과 섭리와 능력을 알게 됩니다.

말씀을 이루신다는 대표적인 구절은 이사야 55장에 기록되어 있습니다. "하늘에서 비와 눈이 내려서는 다시 그리로 가지 않고 파종하는 자에게 씨앗을 주며 주린 자에게 양식을 줌과 같이 내 입에서 나온 말도 헛되이 내게로 돌아오지 아니하며 나의 일을 이루며 나의 명하여 보낸 일에 형통하리라" 입니다.

말씀의 기갈

사람은 들은 것에 따라 행동합니다. 부모의 말씀이 자녀의 머리를 떠나지 않는 것처럼 하나님의 자녀들은 항상 하나님의 말씀이 삶 속에 살아 있습니다. 말씀이 없는 사람은 오늘 본문처럼 방자히 행합니다. 어느 시대건 간에 하나님의 성령이 말씀으로 살아 역사하던 시대는 하나님을 두려워함으로 섬겼습니다. 그런데 성령이 떠나고 말씀이 떠난 시대가 되면 백성들이 방자히 행하기 시작합니다. "주 여호와의 말씀이니라 보라 날이 이를지라 내가 기근을 땅에 보내리니 양식이 없어 주림이 아니며 물이 없어 갈함이 아니요 여호와의 말씀을 듣지 못한 기갈이라" 말씀의 기갈과 함께 백성들은 하나님을 두려워하지 않고 방자히 행하게 됩니다.

성령을 사모함

우리의 모든 삶에 말씀이 살아있기를 바랍니다. 말씀이 우리 안에서 살아 역사하기 위해서는 성령을 사모해야 합니다. 성령의 역사가 말씀의 역사로 나타나기 때문입니다. 말씀과 함께하는 성도는 헛된 길 어두운 길로 빠지지 않습니다. 그 말씀이 빛이 되기 때문입니다. 또한 그 말씀은 우리에게 긴장을 주고 경각심을 줍니다.

죄악세상을 살아가는 우리의 마음을 흐트러지지 않게 해줍니다. 세상을 살아갈 때에 하나님의 자녀답게 천국백성답게 거룩한 모습으로 살게 해 줍니다. 말씀과 함께 임하시는 성령을 사모함으로 하나님 주시는 큰 은혜를 누리시기를 축복합니다.

기도 : 하나님 아버지! 인생길을 살아갈 때 그릇된 멸망 길로 들지 않도록 주의 말씀을 품고 살 수 있도록 성령으로 역사해 주시옵소서! 예수님 이름으로 기도합니다. 아멘!

폐회 / 주기도문

147 주권자이신 하나님을 의지하라

개회 : 사도신경 / 찬송 502장 / 성경 잠29:25~26

크신 하나님

예수를 믿는 사람들은 하나님을 두려워하는 사람들입니다. 하나님 한 분만이 유일하신 신이시고 심판자이시며 세상의 조성자요 주인이시기 때문입니다. 믿음이 커진다는 것은 다시 말해 내 안에서 하나님이 커진다는 것을 의미합니다. 하나님은 항상 그대로입니다. 그런데 우리의 믿음이 커졌다 작아졌다 하면서 우리 안에 하나님이 같이 작아졌다 커졌다를 반복합니다. 우리 안에 하나님이 커지면 세상이 두렵지 않습니다. 사람이 무섭지 않습니다. 환경에 흔들리지 않습니다. 그런데 우리 안에 하나님이 작아지면 즉 다시 말씀드려서 믿음이 작아지면 사람이 두렵습니다. 세상이 무섭고 환경에 요동치게 됩니다.

커다란 세상

오늘 본문은 사람을 두려워하게 되면 올무에 걸리지만 하나님을 의지하는 자는 안전할 것이라고 말씀 하십니다. 사람들은 큰 대상 앞에 두려움을 느낍니다. 또한 큰 대상은 의지의 대상이기도 합니다. 그래서 사람들은 권력이 크던지 크기가 크던지 커다란 대상 앞에 엎드리기 좋아하고 도움을 구하곤 합니다. 어느 마을이든 마을 앞 큰 나무는 그 마을을 지켜주는 당산 나무라고 하고 큰 바위 앞에는 제단이 올려져 있습니다. 또한 명절 때가 되면 큰 권력을 지닌 사람 앞에도 많은 줄이 서 있는 것은 말할 것도 없겠습니다. 어찌 보면 세상에 있는 것이 크게 느껴지기 때문에 당연하다고 할 수도 있습니다.

주권자 하나님

하나님을 믿는 사람들은 세상을 크게 경험하지 않는 사람들입니다. 오직 하나님만을 크신 하나님으로 믿고 의지하는 사람들입니다. 세상을 지으신 분이 또한 세상의 주인이십니다. 그 분이 사인을 하셔야 통과 됩니다. 공중을 나는 새 한 마리도 하나님 결재 없이는 안 떨어진다고 했습니다. 우리의 모든 머리카락도 세시는 하나님이라 하셨습니다. 하나님이 세심하게 돌보고 계십니다. 세상을 살면서 어려울 때 힘들 때 도움을 받기 위해 세상으로 나가는 사람이 있습니다. 반면에 세상이 아니라 그 세상을 지은 주권자인 하나님에게로 나가는 사람이 있습니다. 후자의 사람이 오늘 잠언이 말씀하는 지혜자인 것을 믿습니다. 세상으로 향하면 올무에 걸릴 것이지만 하나님께로 나가면 안전할 것입니다.

기도 : 사랑하는 하나님 아버지! 세상에서 어렵고 힘들 때 어리석게 세상으로 향하지 말고 세상을 지으신 하나님께로 나아갈 수 있는 믿음을 허락하여 주시옵소서! 예수님 이름으로 기도합니다. 아멘!

폐회 / 주기도문

이단 구별하기

개회 : 사도신경 / 찬송 443장 / 성경 잠30:5~6

말세가 가까울수록

말세가 될수록 거짓 선지자들이 창궐하게 일어난다고 성경은 말씀하고 있습니다. 순전한 하나님의 양떼들이 거짓선지자에게 이끌려 독이든 젖을 먹고는 영적으로 방황하며 그의 삶 또한 피폐해지는 것을 보면 안타깝기가 이를 데 없습니다. 그래서 오늘은 이단을 간단히 구별하는 방법을 말씀 드리려고 합니다. 먼저는 무슨 역사가 내 눈앞에서 일어난다고 해서 그것을 다 하나님의 역사라고 믿으면 안 된다는 것입니다. "너희가 영들을 다 믿지 말고 하나님께로서 말미암았는지 시험하라(요일4:1)" 하셨기 때문입니다. 사람들이 속는 것은 능력이 나타나기 때문입니다. 방언하고 예언하고 기적이 나타난다 해서 무조건 믿으면 안 되는 것은 예수님이 말씀하시길 "거짓선지자가 내 이름으로 귀신도 쫓아내고 하늘에서 불도 내릴 것이다"고 하셨기 때문입니다.

더하기

거짓선지자들은 한 마디로 해서 성경을 두껍게 하거나 성경을 얇게 하는 자들입니다. 본문 6절에 하나님 말씀에 더하지 말라고 했습니다. 계22장에서도 "이 책에 예언에 말씀을 더하는 자들은 책망을 받을 것이요 제하여 버리는 자도 거룩한 성에 참여치 못하게 된다"고 하셨습니다. 말씀 위에 무엇을 더해서 성경을 두껍게 하는 자들은 대부분 자신들의 행위를 믿음 위에 더 하는 자들입니다. 성경은 오직 믿음으로 구원받는다고 했는데도 이들은 믿음만으로는 안 되고 방언해야 되고, 뭐해야 되고, 자기들 하라는 것 해야 한다면서 성경을 두껍게 만듭니다. 진리를 희석시킵니다.

사도바울은 사실상 이 성경을 두껍게 하는 자들과 싸웠습니다. 유대주의자들이 교회 안에 들어와서는 구원받으려면 믿음만으로는 안 되고 할례 받고, 구약율법을 행해야 한다는 주장에 대해 목숨 걸고 싸우며 오직 믿음으로 구원 얻는다고 외친 서신이 로마서와 갈라디아서입니다. 또한 은사와 신비적 행위를 믿음보다 더 중요시하는 자들과 맞서서 오직 믿음만이 구원이다라고 기록한 글이 고린도서신입니다.

빼기

반대로 성경을 얇게 만드는 이단이 있습니다. 모든 성경을 하나님의 말씀으로 받지 않고 자기들의 경험과 이성으로 받아 드릴 수 있는 부분만 믿고 나머지는 다 잘라버리는 이단입니다. 예수님의 교훈만 들으려고 하고 예수님의 기적은 믿지 않습니다. 흔히 자유주의 신학자들이라고 부르는 사람들입니다. 이 사람들에게 예수님은 그저 훌륭한 도덕선생님이실 뿐입니다. 그러나 성경에 나오는 모든 기적과 초자연적 사건들은 무에서 유를 창조하시며 없는 것을 있는 것처럼 부르시는 창조주께서 일으키신 역사입니다. 무에서 유를 창조하시는 분이 우리 하나님이신데 있는 것에서 조금 더 있게 하시는 것을 못 믿겠다는 것은 지금 나를 있게 하는 모든 것을 부인하는 것과도 같습니다. 적어도 구원론에 있어서 이단의 구별은 간단합니다. 행위가 믿음보다 위에 있으면 성경을 두껍게 하는 이단인 것이고 지성이 믿음보다 위에 있으면 성경을 얇게 하는 이단인 것입니다.

기도 : 사랑하는 하나님 아버지! 지혜를 허락하셔서 영을 분별할 수 있게 하시고, 말세에 진리를 지키고 수호하며 오직 하나님의 말씀인 성경을 통해 바로 세움 받는 믿음의 자녀가 되게 하여 주시옵소서! 예수님 이름으로 기도합니다. 아멘

폐회 : 주기도문

두 가지 소원

개회 : 사도신경 / 찬송 268장 / 성경 잠30 : 7~9

두 가지 소원

오늘 본문의 기자는 두 가지 기도제목을 놓고 기도하고 있습니다. "나의 죽기 전에 주시옵소서"라고 기도한 것으로 보아 지금 상황이 매우 종말적이고 절박한 마음인 것이 드러나 있습니다. 다급한 마음으로 경제적 어려움이나 현실적인 문제를 놓고 기도하는 것으로 보여집니다. 그러나 지금 이 순간 '아굴'이라고 이름하는 이 지혜자가 기도하고 있는 것은 물질도 아니고, 출세도 아니고, 병 고침도 아닌 현실과는 좀 동떨어진 것이었습니다. 첫 번째로는 곧 '허탄과 거짓'을 멀리하게 해 달라고 하는 기도제목이었고, 또 하나는 '가난하게도 말고 부하게도 말라'는 다소 생뚱맞은 기도제목이었습니다.

허탄과 거짓

잠언의 기자는 한평생이라는 세월을 살면서 아무것도 아닌 헛된 일에 시간을 쏟고 정열을 허비한 것이 너무 안타까웠던 것입니다. 허탄한 것은 곧 거짓된 것이기도 합니다. 거짓은 곧 죄악 입니다. 세상은 사람으로 하여금 쓸모없는 허탄한 것을 붙잡고 살게 합니다. 그리고 나중에 '다 헛되다'라는 전도서에 탄식을 하게 합니다. '다 헛되다'라는 말속에는 세상을 잘못 살았다는 깊은 후회와 회한이 들어 있습니다. 그러나 이미 돌이킬 수 없는 세월입니다. 세상에 살면서 죄 가운데 속하여 살고서는 아무리 그럴듯한 인생을 살았다 해도 다 헛된 인생이라고 말할 수 밖에는 없습니다. 세상을 살면서 거짓과 그에 속한 죄 가운데 살아서는 안 되고 진리에 속한 의 가운데 살아야 그 인생은 하나님 앞에 가치 있는 존귀한 인생이 됩니다. 하나님의 의는 아들이신 예수를 통해 나타났습니다. 그러므로 예수 안에 있는 사람들은 언제나 하나님의 의로움 가운데 살아가는 사람들입니다.

부유하게도 가난하게도

오늘 지혜자는 바로 그 부분을 보고 있습니다. 죄를 멀리하려는 기자의 간절함이 묻어 있습니다. 아무리 돈이 많게 살아도 그 돈 있는 것으로 하나님 모른다 하는 죄를 범한다면 차라리 그 물질은 없는 게 낫다고 합니다. 초점은 하나님께 범죄치 않으려는 마음입니다. 그 반대도 마찬가지입니다. 돈이 또한 너무 없어서 옹색하고 구차한 모습으로 사는 것으로 사람들이 "하나님 섬기는 사람이 뭐 저러냐"라고 하면서 하나님을 모욕할 수 있으므로 물질을 달라고 합니다.

언제나 기준은 하나님 앞에서 의로움을 지키려고 하는 마음뿐입니다. 왜냐하면 의로움을 떠나게 되면 곧 죄 가운데서 허탄한 세상의 것으로 살아가게 되며 반드시 나중에 "모든 것이 헛되다!"라는 말을 하게 된다는 것을 알기 때문입니다. 헛되지 않은 인생을 살기 위해서 우리는 반드시 하나님의 의로움인 예수 믿는 믿음 안에서 살아야 합니다.

기도 : 하나님 아버지! 이 세상의 허탄한 것을 쫓지 않게 하옵시고 거짓된 것을 멀리하게 하옵시며 우리를 죄악에서 지켜 주시옵소서. 예수님 이름으로 기도합니다. 아멘!

폐회 : 주기도문

패역한 세대

개회 : 사도신경 / 찬송 469장 / 성경 잠30:11~13

부모의 권위

오늘 본문에 세상에 대한 깊은 탄식을 나오게 하는 3부류의 무리가 등장합니다. 3부류의 '무리'를 '세상'으로 번역한 공동번역을 보면 이렇게 되어 있습니다. 11절부터 "아비를 욕하고 어미의 은덕을 모르는 세상 밑도 안 씻고 깨끗한 체하는 세상눈이 높아 하늘 높은 줄 모르는 세상"이라고 탄식합니다. 먼저 아비와 어미를 욕되게 하는 세상입니다. 하나님은 당신의 권위를 이 땅의 모든 부모들에게 주셨습니다. 십계명에서 사람을 향한 제1계명에 부모공경을 두신 것은 다름 아닌 부모공경을 통해 세상의 질서를 잡으시고 더 나아가서 하나님 공경을 위해서 였습니다.

계속된 출애굽기 21장을 보면 사형에 해당하는 무서운 중범죄 4가지가 나오는데 그 중에 두 가지가 부모를 욕되게 하는 자들에게 해당된 것이었습니다. 부모의 권위가 무너지면서 하나님의 권위가 같이 무너지는 것을 하나님은 아신 것입니다. 세상의 권위와 질서가 무너질수록 부모의 설 자리가 없어지는 것을 알 수 있습니다.

깨끗한 척

또한 패역한 세대는 스스로 깨끗한 척 하는 사람들이 많은 특징이 있습니다. 스스로 의인된 자들이 많은 세상이 악한 세대임을 말씀합니다. 자기 눈의 들보를 못보고 남의 눈에 티만 보는 사람들입니다. 하나님의 의를 기준으로 통과해야 하는데 스스로 정해놓은 의를 가지고 자기혼자 거룩한 것 행세하는 바리새인 같은 사람이 많이 사는 세상이 악한 세상이다라고 성경은 말씀하고 있습니다. 거룩한 척 하는 사람들이 하는 일이 있습니다. 남을 정죄하고 비난하고 가르치려 듭니다. 성경은 항상 나 자신을 향하여 말씀을 적용하라고 하지 남을 향하여 하지 말라고 합니다. 물론 성경이 사회개혁과 사회구원을 말하고 있지만, 그것도 하나님 앞에 한 사람 한 사람의 온전한 회개와 거듭남을 통해 이루어지는 사회를 말합니다. 개인의 온전한 회개 없이 공동체와 사회의 개혁과 구원은 없습니다.

교만한 자들

13절에서는 "눈이 높아 하늘 높은 줄 모르는 사람이 많은 세상이 패역한 세상이다"라고 말씀합니다. 눈이 높은 사람은 교만한 사람을 말합니다. 마음이 항상 높은 곳에 있어서 웬만한 일에는 만족할 줄도 감사할 줄도 모르고 인생을 살아갑니다. 하나님과 제일 멀리 있는 사람들의 무리라고 보면 틀림 없습니다. 하나님은 그 마음이 낮은 자를 사랑하시며 그 눈이 높지 않은 자들을 돌아보십니다.

그래서 하나님을 믿으면 교만하던 사람도 겸손해집니다. 하나님이 그렇게 만드십니다. 생각하는 것과 말투에 있어서도 행동에 있어서도 결코 교만치 않습니다. 내가 가진 알량한 지식으로 하나님을 이렇쿵 저렇쿵 판단하지 않습니다. 사람들을 향하여도 섣불리 판단하고 정죄하지 않습니다. 내가 가진 지식과 경험이라는 것이 하나님 앞에 얼마나 초라한 것인지 알게 되는 것이 은혜입니다.

기도 : 사랑하는 하나님 아버지! 하나님을 섬기는 자로 끝까지 겸손하게 살아갈 수 있도록 도와 주시옵소서! 예수님 이름으로 기도합니다. 아멘

폐회 / 주기도문

부족함을 안다는 것

개회 : 사도신경 / 찬송 169장 / 성경 잠 30:24~28

작지만 지혜로운

오늘 본문에는 작지만 지혜로운 동물에 대해서 언급하고 있습니다. "힘이 없는 종류로되 먹을 것을 여름에 예비하는 개미와 약한 종류로되 집을 바위사이에 짓는 사반과 임금이 없으되 다 떼를 지어 나가는 메뚜기와 손에 잡힐만 하여도 왕궁에 있는 도마뱀이니라"

성경에서 지혜는 내가 약하다 할 때 생깁니다. 내가 강하다 하면 벌써 성경에서 말하는 지혜와는 거리가 멀다고 볼 수 있습니다. 개미는 약하고 힘이 없기 때문에 서로서로 힘을 모으게 됩니다. 아무리 강하다고 해도 혼자보다는 모인 것이 더 강하기 때문입니다. 동물의 왕국에서 개미 떼나 메뚜기 떼에 당하는 커다란 동물을 흔치 않게 보게 됩니다. 내가 강하다 하면 벌써 힘을 모으려고 하지 않습니다. 지식도 마찬 가지입니다. 내가 다 아는 것이다 하면 더 이상 알려하지 않습니다. 그러나 내가 모른다 할 때 지식의 길이 열립니다.

겸손이 곧 지혜

지혜는 나라고 하는 사람을 작게 경험할 때 생깁니다. 내가 얼마나 연약한 존재인지 알 때 곧 강해질 수 있습니다. 신약에서 사도바울이 "내가 약할 때 곧 강함이라" 한 말씀의 뜻입니다. 내가 약할 때 하나님을 의지하게 되기 때문입니다. 스스로 강하다고 생각하면 그는 아무도 의지하지 않습니다. 성경은 이것이 곧 교만이라고 말씀합니다. 그래서 먼저 겸손하지 않고는 지혜를 얻을 수 없고 하나님을 만날 수도 없습니다. 하나님을 믿는 사람들을 다른 말로 하면 하나님을 의지하는 사람들입니다. 내 지식과 내 경험을 의지하는 사람들이 아니라 전능하신 하나님의 지혜와 도우심을 바라는 사람들입니다. 하나님의 도움을 입는 사람이라면 이 세상 그 무엇도 두려울 것이 없게 됩니다.

티끌과 벌레

사람들은 자신이 가진 힘을 과대평가 합니다. 자기가 가진 지식을 크게 생각합니다. 그래서 정치적인 힘이든지 물리적인 힘이든지 조금 힘이 생겼다하면 바로 교만해집니다. 공부를 많이 했다고 하는 사람도 교만하게 되는 경우가 있습니다. 그러다가 덜커덕 불치병에 걸리거나 천재지변 같은 것 한번 겪고 나서는 그때서야 스스로 자신이 얼마나 연약한 존재인지 조금 느끼게 됩니다. 지혜로운 사람은 빨리 내가 얼마나 부족하고 모자란 사람인지를 알게 되는 사람입니다. 그래서 은혜를 받으면 받을수록 티끌만도 못하고 벌레만도 못한 나의 존재를 깊이 생각하게 됩니다. 그리고 그러한 나를 위해서 하나님의 아들이 십자가를 지시고 돌아가셨다는 사실에 계속해서 놀라고 감격하는 사람이 곧 하늘나라의 성도입니다.

기도 : 하나님 아버지! 우리가 얼마나 연약하고 보잘 것 없는 티끌보다 못한 존재 인지를 깨닫게 하시고 그렇게 부족한 우리가 하나님의 큰 사랑을 입은 것에 대해 감사 할 수 있게 하옵소서! 예수님 이름으로 기도합니다! 아멘

폐회 / 주기도문

 152 사랑하는 어머니가 사랑하는 아들에게

개회 : 사도신경 / 찬송 219장 / 성경 잠31:1~10

무엇을 말할꼬

잠언의 마지막장인 31장은 르무엘왕의 어머니가 사랑하는 아들에게 주는 복된 말씀입니다. "내 태에서 난 아들아 내가 무엇을 말할꼬"로 시작되는 어머니의 말 속에서는 아들을 사랑하는 어머니의 마음이 아주 잘 녹아 있습니다. 이 세상에서 사람이 하는 사랑 중에 아들 사랑하는 어머니의 사랑이 가장 큰 사랑이라고 하는데 구구절절 아들을 생각하는 어머니의 마음이 들여다 보입니다. 사랑하는 어머니가 평생을 통해 얻은 진리 세 가지를 말씀해 주고 있습니다.

세 가지의 지혜

먼저는 3절입니다. "네 힘을 여자에게 쓰지 말며 왕들을 멸망시키는 일을 행치 말라" 입니다.

첫째는 여자에 힘쓰지 말라는 것입니다. 왕으로서 여색에 치우치면 정사를 돌보지 않고 간신배들에게 놀아나며 결국 나라를 망하게 하더라는 것이 첫 번째 권면의 말씀입니다. 또 하나는 정복전쟁을 일으켜 나라 사이에 원수가 되지 말라는 말씀입니다. 인생을 살면서 적을 만들지 말라는 지혜의 말씀입니다. 세 번째로는 술 먹는 행위가 마땅치 않다는 말씀입니다. 5절에 "술을 마시다가 법을 잊어버리고 모든 간곤한 백성에게 공의를 굽게 할까 두려우니라" 술에 빠진 왕이 정사를 잘 돌본 일이 없음으로 이 말씀도 반드시 받아야 할 말씀입니다.

끄트머리들

　오늘 말씀이 왕의 어머니가 아들인 왕에게 주시는 말씀으로 평범한 보통사람에게는 해당되지 않는다 하겠지만 그렇지 않습니다. 제가 중학교 때 나이 지긋하신 할아버지 선생님께서 '자고로 남자는 몸의 세 가지 끄트머리를 조심해야 한다' 고 하신 말씀이 지금도 기억에 있습니다. 그것이 여기 잠언에 말씀 중에 그대로 있었습니다. 놀랍고도 흥미로웠습니다. 그 첫째가 생식기 끝(여색)이고 둘째가 주먹 끝(혈기)이며 셋째가 혀 끝(음주)이었습니다. 이것을 다스리지 않으면 인생에 돌이킬 수 없는 낭패가 있다는 것입니다. 옛 현인들이 수세기에 걸쳐서 쌓은 지혜의 말입니다. 이와 같은 지혜의 글을 잘 마음에 새기고 인생을 사는 지혜로운 아들들이 되시기를 소망합니다.

　기도 : 사랑하는 하나님 아버지! 오늘 르무엘왕의 어머니가 아들에게 주는 잠언의 말씀을 사랑하는 하나님 아버지가 자녀인 우리에게 주시는 말씀으로 받습니다! 세 가지를 주의하고 멀리 할 수 있도록 도와 주시옵소서! 예수님 이름으로 기도합니다! 아멘

폐회 / 주기도문

현숙한 여인

개회 : 사도신경 / 찬송 434장 / 성경 잠31:10~31

하나님 선물

잠언의 마지막 시간입니다. 잠언의 마지막은 현숙한 여인의 글로 마치고 있습니다. 르무엘왕의 어머니가 사랑하는 아들이 이러한 여인을 아내로 맞이하기를 간절히 바라는 마음에서 기도하는 마음으로 기록하고 있습니다. 지난 시간은 아들에게 주시는 말씀이라면 오늘은 딸들에게 주시는 말씀입니다. 아내의 소중함은 이미 앞에서 몇 차례 했습니다. 전쟁터에 나갈 때는 열 번 기도하라고 하지만 아내를 얻기 위해서는 백번 기도하라는 말도 있습니다. 그만큼 배우자를 얻는 일은 중요한 일이 됩니다. 성경은 현숙한 여인을 가리켜서 그 값이 진주 보다 더하고 너의 다른 사모하는 것과 비교할 수 없다고 합니다. 혹 현숙한 여인을 얻었다면 그것은 너의 공로가 아니라 하나님의 선물이라고도 하십니다.

굵은 팔뚝

그런데 여자분들 입장에서는 오늘 이 구절이 그리 반갑지 않은 구절입니다. 특히 페미니즘에 젖어있는 여성운동권에 있는 분들에게는 더더욱 보고 싶지 않은 구절이 됩니다. 성경이 말하는 현숙한 여인을 가만히 읽어보면 그럴만도 합니다. 양털과 삼을 구하고, 먼데서 양식을 가져오며, 밤이 새기 전에 식물 나눠주고, 밭에 나가 포도원 일구고, 힘으로 허리를 묶고 그 팔을 강하게 하며, 밤에 등불을 끄지 않고, 방석 짓고, 세마포 자색옷 입고, 집안일 보살피고 엄청납니다. 이 시어머니 며느리는 언제 재울려는지 모르겠습니다(?). 여인은 일단 잠자는 시간이 별로 없을 것 같습니다(밤에 등불을 끄지 않고). 그리고 이거 다 하려면 실제로 팔뚝이 굵어야 할 것 같습니다(그 팔을 강하게 하며). 요즘 주가를 올리는 여인의 추세하고는 정반대입니다. 미인은 잠이 많다고 하면서 잠만 많이 자고 팔뚝은 얇아야 한다며 마사지 받으러 다닙니다.

부지런한 여인

그러나 성경에서 말하고 있는 참된 현숙한 여인상은 부지런한 여인상을 말하는 것입니다. 남자고 여자고 게으르면 안 됩니다. 특별히 집안일을 다스려야 하는 아내가 게으르면 죄송합니다만 집안 꼴과 아이들 꼴이 말이 아니게 됩니다. 그 남편으로 큰 근심을 갖게 합니다. 해가 중천에 떠야 일어나고 일어나서는 화장대 앞에서 두드리는 것만 알고, 집안일은 내팽개쳐 두고, 남편이 벌어다 준 돈으로 백화점 쇼핑 다니는 것만 좋아하는 여자를 얻으면 큰 일 납니다.

11절에 남편의 마음은 그를 믿는다고 되어있고 마지막 29절에서 그 자식들이 일어나 사례하고 그 남편은 칭찬하기를 덕행 있는 여자가 많으나 그대는 여러 여자보다 뛰어나다는 칭찬을 듣게 됩니다. 남편이 아내를 책임져야 하는 것처럼 아내 또한 남편의 마음에 기쁨이 되어야 합니다.

기도 : 하나님 아버지! 귀한 아내의 직분을 잘 감당하여 주께서 주신 가정을 아름답게 세우며 살아갈 수 있도록 모든 일에 있어서 우리를 부지런하게 하여 주시옵소서! 예수님 이름으로 기도합니다. 아멘

폐회 / 주기도문